세상과 구별된
삶

THE LIFE@WORK BOOK

Copyright ⓒ2000 by Cornerstone Companies

Published by Word Publishing, a unit of Thomas Nelson, Inc., P.O. Box 141000, Nashville, Tennessee 37214.

All rights reserved.
Korean Translation Copyright ⓒ 2004 by Chung Woo Publishing Co., Seoul.Korea.
Through the arrangement of KCBS.Inc., Seoul, Korea.

이 책의 한국어판 저작권은 KCBS, Inc.,를 통하여
Word Publishing과 독점 계약한 도서출판 청우에 있습니다.
저작권법에 의하여 한국 내에서 보호를 받는 저작물이므로
무단전재와 복제를 금합니다.

## 세상과 구별된 삶

크리스천의 소명과 영향력

빌 하이벨스 외 지음 | 조용만 옮김

# CONTENTS 차례

**서론** | 7

## 기초 The Foundations

1장 시장에서의 그리스도인 | 19
— 빌 하이벨스

2장 당신의 일은 하나님께 소중하다 | 37
— 도우그 셔먼과 윌리엄 헨드릭스

3장 소명으로서의 사업 | 59
— 마이클 노바크

## 장애물 The Hurdles

4장 소명 | 97
— 오스 기니스

5장 미국은 왜 일하지 않는가? | 113
— 찰스 콜손과 잭 에켈드

## 도구 The Tools

6장 성경 원리에 의한 기업 운영 | 137
— 래리 버케트

THE LIFE@WORK BOOK

7장  기업의 혼  | 163
  - 윌리엄 폴라드
8장  상식을 뛰어넘는 삶  | 183
  - 찰스 스윈돌

## 지도자 Taking the Lead

9장  최고 경영자 예수  | 213
  - 로리 베스 존스
10장  리더십의 예술  | 229
  - 맥스 드 프리
11장  당신 안에 잠재된 리더십을 키우라  | 239
  - 존 맥스웰

## 미래 The Future

12장  하프타임  | 269
  - 밥 버포드
13장  양들의 포효  | 287
  - 밥 브리너

**맺는말**  | 311

## 서론

## 개혁의 불꽃

「위대한 믿음의 사업가들」 Believers in Business이란 책의 저자인 로라 내쉬 Laura Nash는 경험담을 하나 들려준다. 그녀가 1990년대 초반 비행기를 타고 여행하고 있을 때 옆에 앉아 있던 사람으로부터 무슨 일을 하느냐는 질문을 받았다. 그리스도를 믿는 최고 경영자들에 대한 책을 집필 중에 있다고 대답하자, 옆사람은 그녀를 힐끗 쳐다보고 말았다. 내쉬는 다음과 같이 쓰고 있다. "나는 그때 경멸감과 호기심에서라도 나를 오래 바라보도록 대부분의 사람들이 흥미 있어 하는 고대 성도착증의 유형에 대해 쓰고 있다고 말하는 것이 나을 뻔했다."

만약에 오늘날 또 다시 이러한 대화를 한다면, 그것은 분명히 다른 반응을 보일 것이다. 현재 대다수의 직장 안에서는 영적인 분위기가 크게 무르익어 가고 있다. 1998년 후반, USA 투데이지는, "21세기에는 정통적인 교회 안에서보다 기업체 안에서 더 많은 종교 지도자들을 만나게 될 것이다."(1998. 11. 17)라고 예고한바 있다. 그로부터 1년 후 비즈니스 위크지는 영성과 노동에 대해 다음과 같은 내용의 글로 커버 스토리를 장식하였다. "지금 미국의 경제계는 영적 부흥 운동이 휩쓸고 있으며, 예전처럼 직장 안에서 하나님에 대해 말하는 것을 금하던 것은 사라진지 이미 오래되었다."(1999. 11. 1.)

처음에는 신앙과 노동의 상호 관계에 대해 관심을 가진 소수 집단에 의해 부분적으로 시작되었던 것이 오늘날 광범위한 운동으로 빠르게 확산되어가고 있다. 다시 말해, 문화적 추세가 직장 내에서의 영성 문제를 하나의 거대한 문화 운동으로 발전시키고 있는 것이다. 일간지마다 이것에 대해 앞다투어 보도하고, 잡지는 특집 기사로 다루며, 이것을 주제로 한 각종 세미나가 개최되고 있다. 1998년 우리가「라이프 워크 저널」지를 처음 출판했을 때만 해도 이러한 부류에 관한 책들이 많이 출판되고 있지 않았다. 그러나 지금은 우리가 여러 출판사로부터 매월 15~20 종류의 새로운 책을 받아보고 있다.

우리는 지금 삶의 모든 부분을 하나로 엮어 주는 통합된 존재를 매우 갈망하고 있다. 사람들은 노동을 교회와 취미 활동, 그리고 가정과 분리시켜 생각하지 않고 삶의 모든 요소를 어떠한 통합체로 통일시켜야 할 절박한 필요성을 느끼고 있다. 인구 통계학적인 관점에서 볼 때 건축 세대는 베이비붐 세대보다 삶의 서로 다른 부분들 사이가 분리되어 있는 것에 대해 더 관용적이다. 그리고 이것과 동일한 경향이 베이비붐 세대와 X 세대 사이에서도 똑같이 나타나고 있다. 베이비붐 세대는 자기들의 후반기 인생에서 보다 의미 있는 삶을 추구하고자 금요일에는 편리한 복장 차림을 하고 중년에는 직업을 바꾸어 보는 등의 방법을 시도해 보았다. 그러나 그 다음 세대는, "우리가 1주일 중 하루만 옷을 편하게 입어야 하는 이유가 도대체 무엇이지요?"라는 매우 타당성 있는 의문을 제기하였다. 그리고 그들은 자기들이 하는 모든 일이 삶 가운데 성공과 중요한 의미를 가져다 주기를 바란다. 때문에, 저들이 의미 있는 삶의 시작을 중년기까지 기다려야 할 필요는 없는 것이다.

노동과 신앙의 통합에 대한 오늘날의 갈망은 성경의 교훈을 따르고자 하는 매우 바람직한 문화적 욕구의 예가 된다. 성경은 창세기의 전반부를 통해 우리가 각자 개인적으로 소명받은 노동과 활기찬 신앙 생활 사이의 밀접한 관계 뿐 아니라, 노동의 중요성에 대해 확인시켜 주고 있다. 예수 님은 우리의 삶을 보다 온전케 하기 위해 오늘날의 사회가 추구해야 할 정확한 방향을 제시해 주고 계신다.

그러나 유감스럽게도, 노동에 관한 질문에 대해 주어지는 영적인 답변들 가운데 상당수가 그리스도 중심의 기독교적인 세계관을 반영해 주지 못하고 있다. 대부분의 결혼 생활이나 가정 생활과는 달리 영성과 노동에 있어 행복에 대한 견해는 성서적인 관점에서 비롯되는 것이 아니라 뉴에이지 운동가들의 사고나 혹은 그와 비슷한 것들의 영향을 받고 있다. 그리스도인들은 거의 예외 없이 이것에 관한 토론에 참여하는 일에 늘 소극적이었다.

본 책의 목적은 현재와 같은 문화 운동은 고사하고 아직 문화적 경향이 움트기 전이었던 시기에 토론에 참여했던 저자들의 입장에서 노동과 예수님을 향한 신앙 사이의 조화에 대한 가장 바람직한 견해들을 상기하여 그 것을 현실적으로 가능케 하는 데 있다. 본 책에 소개되고 있는 저자들은 여러 가지 측면에서 광야에서 외롭게 혼자 나무를 향해 외친 사람들이다. 그들의 메시지는 훌륭했지만 거기에 관심을 기울이고 듣는 청중이 없었다. 그들에게는 성경의 명령이 주어졌지만, 문화적으로 영적인 갈급함이 부족하였다. 따라서 그들의 글을 모아 한 권의 "훌륭한" 책으로 만들어 내려는 작업의 배후에는 독자들에게 이와 같은 근본적인 계획을 어렴풋이나마 깨닫게 하기 위한 목적이 있다.

우리는 이것에 대한 준비 작업으로 지난 30년 동안에 걸쳐 쓰여진 13권의 책을 선정하였다. 그 중 대부분은 이미 출간되었지만, 그렇지 않은 것도 있다. 사실, 본 주제에 관한 모든 훌륭한 자료를 다 참고하거나, 또는 그것과 관련된 모든 작가들의 견해를 다 포함시킬 수 없는 아쉬움이 있다. 우리는 독자들에게 그들의 신앙과 노동을 하나로 통합시켜 주기 위해 필요한 견고한 기초를 제공하고자 신앙과 노동에 대해 일부분이나마 매우 훌륭한 견해를 제시하는데 주력하였다. 따라서 본 책은 이러한 주제에 대해 완전한 자료라고는 할 수 없으며, 단지 하나의 시작에 불과할 뿐이다.

## 노동에 대한 견해

우리가 독자들에게 노동에 대해 본 책에 제시되어 있는 내용을 소개하기 이전에 벌써 그것에 대한 어느 정도의 견해가 역사적으로 체계화되어 있었다. 노동과 신앙에 대한 통합적 개념이 오늘날의 우리에게 있어서는 매우 획기적인 주제가 될지 모르지만, 사실 그것은 결코 새로운 것이 아니다. 신약시대 이후 노동과 신앙 사이의 통합적 개념은 당연한 것으로 받아들여졌으며, 또 잘 지켜졌다. 모두 4기로 구분되는 노동의 전체 역사는 노동과 삶 가운데 있어서의 다른 부분들과의 분리로부터 다시 하나로 통합되기까지 중요한 변천사를 보여주고 있다. 그리고 우리는 그것들을 다음과 같이 분류해 왔다. 분리기 : 성(聖)과 속(俗)으로 분리(300년~1517년). 종교개혁기 : 성과 속의 분리에 대한 치유(1517년~1730년). 분열기 : 산업혁명기(1730년~1980년). 통합기(1980년~현재).

주후 대략 300년~1517년 사이, 교회는 직업을 신성한 것(sacred)과 속된 것으로(secular) 구분하였다. 처음에는 그 구분의 정도가 미미했으나 나중에는 매우 극명하게 드러났다. 좀 더 구체적으로 말하면, 교회를 섬기는 직업은 모두가 거룩한 것으로 간주된 반면, 그 밖의 다른 직업은 세속적인 것으로 취급되었다. 따라서 직업에 있어서의 가치와 순위도 명백하게 구분이 되었다. 세속적인 직업은 모두가 하류급에 속하였다. 교회를 섬기는 것과 직접 관련된 일은 중요하고, 하나님께서 특별히 인정하시는 일로 간주되었다. 심히 안타까운 것은, 성경이 분명히 하나가 되어야 할 것을 가르친 것을 교회가 서로 갈라 놓았다는 사실이다.

다행히도 교회는 노동의 역사 가운데 제2기에 해당되는 1517년~1730년 사이 직업에 있어서의 '성' 과 '속' 에 대한 구분을 다시 하나로 통합시켰다. 종교개혁이 표방한 핵심적인 주장 가운데 하나가 바로 모든 노동은 신성하다는 것이었다. 그러므로 사람이 하나님께서 소명으로 맡기신 직업에 종사할 때, 그것 — 그것이 배관 공사를 하는 것이든 아니면 목회 사역이든 — 은 영원히 중요한 의미를 갖는 것이다. 이와 같이 성경적인 새로운 사고의 전환은 그동안 "신성한 것"으로 간주되어 온 노동의 테두리 밖에 있는 직업에 종사한 대다수의 남녀 근로자들에게 놀라운 존엄성을 부여하였다.

18세기 중반으로 접어들면서 문화는 종교개혁 기간 동안 교회가 재통합한 것을 다시 분리시키기 시작하였다. 산업혁명은 최소한 부분적으로

나마 노동이 효과를 거두기 위해서는 그것이 분리되어야 할 것을 주장하였다. 그때까지는 대부분의 노동자들이 자기가 하는 일의 전체 공정에 참여하였다. 예를 들어, 대장장이는 연장을 디자인하는 것에서부터 쇠붙이에 열을 가해 주형을 뜨고 완성된 제품을 파는 일련의 일들을 자신이 다 하였다.

아담 스미스 Adam Smith는 1776년 출판된 「국부론」 The Wealth of Nations에서 노동에 대한 그와 같은 종합적인 방법은 노동자로 하여금 한 가지 직무에 집중할 수 없게 하므로 자기의 시간을 효과적으로 사용하지 못하도록 만든다고 주장하였다. 따라서 그는 노동자에게 특정 업무를 전담시켜 조업 시간의 단축과 제품의 통일성을 기하기 위해서는 작업 공정을 세분화할 것을 제안하였다. 이것으로부터 비롯된 조립 라인 기술은 대부분 상품의 생산과 서비스의 공급에 일대 혁명을 가져왔다. 그러나 이것 역시 오늘날 근로자들이 종종 자신의 한정된 역할 영역 밖에서 일어나는 제품이나 서비스의 생산에 대해서는 무지할 만큼 작업 과정의 단절을 초래하였다.

스미스의 아이디어는 여러 가지 측면에서 훌륭했지만, 그 역시 제품의 생산보다 산업화에 따르는 근본적인 부작용으로 부에 대한 끝없는 욕망과 개인의 가치의 상실을 야기했다. 그러나 대체적으로 이와 같은 분권화의 경향이 인식된 것은 노동자들 사이에서 종합적인 품질 관리 제도가 관심을 끌기 시작한 1980년대 중반에 이르러서였다. 생산 공정에 참여하는 근로자들이 제품 생산에 대해 자기의 의견을 제시하지 못할 때 종합적인 품질 관리가 불가능하며, 자신의 작업에 대한 평가의 긍정적·부정적인 측면을 알지 못한 상태에서 상황을 제대로 파악한다는 것은 실로 어렵다. 이와 같이 처음에는 느린 속도로 시작되었으나 나중에는 빠른 속도로 진행된 그동안의 분리되었던 작업 과정이 다시 하나로 통합되기 시작하였다.

노동에 있어서의 특정한 부분에 대한 통합 작업 역시 노동과 삶의 다른 부분들 사이의 장벽을 무너뜨린 베이비붐 세대와 특별히 X세대에 의한 문화적 경향의 영향이 컸다. 이것은 아마 산업 혁명의 시작과 함께 일어났던 분열의 경향 만큼이나 의미심장할 것이다.

그리스도를 믿는 사람들은 종교 개혁 이후 처음으로 1970년대 초 빌 하이벨스 Bill Hybels가 쓴 「시장에서의 그리스도인」 Christians in the Marketplace 이란 책 가운데 간단히 소개되어 있는 노동 신학의 방법론을 수용하기 시작하였다. "참된 신자는 자기의 삶을 분리시켜서는 안된다. 경건이라는 신성한 가면을 쓰고 교회와 성경 공부, '그 밖의 다른 그리스도인의 활동'에 참여하면서 시장에 갈 때는 보다 편한 세상의 가면을 쓰기 위해 그것들을 팔아먹어서는 안된다…. 진정한 그리스도인은 시장에 갈 때도 그리스도와 함께 동행하여 그곳에 거룩한 영향을 주어야 한다."

## 거룩한 표증의 추구

The Life@Work 사는 오늘날 일과 삶에 대한 분리의 개념을 완전히 뒤엎어 놓는 운동으로부터 창설된 부산물이다. 우리는 이 운동에 대해 하나님께서 당신의 계획에 따라 통합된 삶을 살도록 의도하신 획기적인 사건이라고 자신 있게 말할 수 있다. 본 책의 편집자들로 하여금 각자 아주 다른 길을 가면서도 공통된 목적의 추구를 위해 교차로에서 함께 만나도록 그들을 하나로 묶어준 것은 바로 이처럼 획기적인 사건이 있었기 때문이다.

애딩톤, 그레이브스, 그리고 보마크는 The Life@Work.Co 사의 공동 창설자이다. 그리고 그리피스는 최고 경영자이다. 콜드웰은 The Life@Work Journal의 담당 편집자이다. 본 책의 표지에 써 있는, "이 책은 Life@Work 편집자들에 의해 편집되었다."는 말은 바로 이 사람들로 구성된 팀을 의미한다.

우리는 지금까지 함께 집을 청소하고, 대형 화물 트럭을 운전했으며, 물침대를 운반하기도 하고, 새로운 일을 추진하기도 하고, 신문을 편집하고, 상담도 해주며, 여러 조직을 지도하고, 대학에서 강의도 하였다.

애딩톤은 성장기의 대부분을 홍콩에서 보냈는데, 그는 거기에서 무엇보다도 자기 아버지가 개원에 크게 기여한, 선교적인 차원에서 세워진 병원 담장의 인테리어를 담당하여 일부를 페인트칠 하였다. 그리고 대학 시절에는 시민대 무전기(CB radio)를 통해 스스로를 "감독"이라 칭하며 18륜짜리 대형 트레일러를 운전하였다.

그레이브스는 대학교와 신학교 재학 시절 등록금을 납부하기 위해 사료 방앗간에서 아르바이트를 한 것에서부터 축구 경기의 심판을 보는 것과 물침대를 운반하는 것에 이르기까지 다양한 일을 하였다. 1990년대 초반 그레이브스와 애딩톤은 "성경의 지혜로운 원리를 사업의 성공에 접목시키는" 것을 주된 목적으로 하는 컨설팅 회사를 차렸다. 그들은 성경을 지침서로 사용해 모든 종류의 다양한 규모의 기업에 종사하는 지도자들에게 조직의 변화와 같이 매우 복잡한 문제를 다루는 것을 도와주기 시작하였다.

보마크는 대학 재학 시절 남의 집을 청소하고 은행에서 출납 업무를 보았으며, 이태리 음식점에서 파스타 요리를 만들고, 지방 신문의 사설 만화를 그리기도 하였다. 그리고 The Life@Work.Co 사의 공동 창설자로 동참할 때까지 데이스프링 그리팅 카드사의 경영진에서 근무하기도 하였다.

그리피스 — 플로리다 주에서 한때 낚시 사업을 경영했던 — 는 규모는 크지만 아직 성장 단계에 있던 교회의 관리자로 일하고 있을 때 자기가 갖고 있는 지도력을 사업에 활용해야 겠다는 비전을 품게 되었다.

콜드웰은 그때까지 자기의 전생애를 언론 사업에 투자하였다. 하지만 그는 자신의 생애를 그리스도를 위해 헌신하기로 결심한 후 신앙과 관련된 글을 더 많이 써야겠다는 강한 소명감을 느끼게 되었다. 그는 자신에게 있어 그것은 "기독교" 잡지에 자유롭게 글을 기고하는 정도의 일일 것이라고 생각하였다. 하지만 그것은 시장에서 일하는 그리스도인들을 위한 잡지의 창간을 의미하였다.

지금까지 언급한 이 사람들이 바로 본 책의 제작을 위한 자료의 선정에 참석한 사람들이다. 하지만 나는 우리가 이 운동에 있어 최초의 선구자가 결코 아니라는 사실을 분명히 밝히고자 한다. 이것은 그보다 훨씬 오래 전에 시작되었다. 또한 우리는 오늘날 이 세대에 있어서의 선구자도 결코 아니다.

우리가 이와 같은 하나의 팀을 이룰 수 있었던 동기 중 하나는 우리보다 앞서 이것을 개척한 사람들이 있었기에 가능하였다. 그들은 자기들이 마치 서 있는 나무를 향해서 외치고 있는 것과 같은 기분을 느낄 때도 종종 있었을 것이다. 그들의 메시지를 들은 사람들이 그들의 뜻을 발견하기까지는 많은 시간이 걸렸다. 그러나, 이렇게 해서 운동이 시작되었으며, 처음에 하나의 작은 불꽃으로 시작된 이 운동이 지금은 하나의 커다란 불덩어리를 이루게 되었다.

본 책의 내용을 이루는 13개의 작은 불꽃에 대해 살펴보았을 때 우리는 그것들이 노동과 신앙의 통합과 관련된 5개 영역으로 분류되어 있음을 발견하였다. 그것들은 기초와 장애물, 도구, 지도자, 그리고 미래편으로 구분되고 있다. 결론적으로 말해, 우리는 도우그 셔먼과 빌 헨드릭스가 지적하고 있듯이 우리의 일이 하나님께 중요할 뿐 아니라, 하나님 역시 우리의 일에 있어 중요하다는 사실을 인정해야 한다.

'기초' 부분에서는 하이벨스와 셔먼, 헨드릭스, 그리고 마이클 노바크의 글을 소개하고 있는데, 그것은 노동에 관한 하나님의 견해와 그러한 견해에 우리가 어떻게 반응해야 할 것인지에 대한 이해를 위해서 반드시 필요한 기초를 제공해 주고 있다.

'장애물' 부분에서는 그리스도를 따르는 성도들이 자기의 신앙과 노동을 조화시키려 할 때 부딪히게 되는 몇 가지의 장애물에 대해 다루고 있다. 오스 기니스 Os Guinness와 찰스 콜슨 Charles Colson, 그리고 잭 에켈드 Jack Eckerd의 작품에서 발췌한 3개의 장은 노동에 성경적 접근 방법을 적용시키고자 노력한 흔적을 보여주는 이론과 실제적 경험, 그리고 확고한 연구 결과를 제공해 주고 있다.

'도구' 부분에서는 노동과 신앙이 일치된 삶을 살기 위한 몇 가지의 실질적인 해결책을 제시해 주고 있다. 래리 버케트 Larry Burkett는 성경에 기초한 사업을 창업하여 경영하는 원리를 제시해 주고 있다. 윌리엄 폴라드 William Pollard는 혁신적이며 평생 학습자가 되기 위한 원리에 대해 가르치고 있다. 그리고 찰스 스윈돌 Charles Swindol은 비전이 가져다 주는 유익한 결과를 제시해 주고 있다.

'지도자' 부분은 리더십을 집중적으로 다루고 있으며, 로리 베스 존스 Laura Beth Jones, 맥스 드 프리 Max De Pree, 그리고 존 맥스웰 John Maxwell의 글로 구성되어 있다.

마지막으로 '미래' 부분은 밥 버포드 Bob Buford와 고(故) 밥 브리너 Bob Briner의 작품을 통해 우리의 미래를 위한 방향을 제시해 주고 있다.

본 책은 여러 저자들의 글로 이루어졌기 때문에 여러 가지 특징점이 있다. 어떤 것은 학문적인 내용이 배경을 이루고 있는가 하면, 어떤 것은 목회 사역, 어떤 것은 사업, 그리고 이 3가지가 모두 혼합되어 있는 것도 있다. 그러나 이러한 것들은 한결같이 신학적인 견해가 바탕을 이루고 있다. 그리고 그들의 문체는 직장에서 야유회를 갔을 때 나오는 도시락의 종류만큼이나 다양하다.

한 권의 책에서도 특별히 좋아하는 부분이 있듯이 본 책에서도 다른 저자들에 비해 쉽게 공감하고, 흥미있어 하는 읽을 거리가 있을 것이다. 어떤 것에서는 치킨 맛을, 어떤 것에서는 스파게티 같은 맛을 느낄 수 있을 것이다. 그러나 당신은 모든 작품에 각자의 신앙과 노동의 일치를 위한 연구에 도움을 주는 소중한 가치가 있다는 사실을 깨닫게 될 것이다. 우리는 이처럼 귀한 잔치에 당신을 초대하게 된 것을 기쁘게 생각한다. 그러면 지금부터 준비해 놓은 음식을 맛있게 즐기기 바란다.

## 1장

**빌** 하이벨스 Bill Hybels는 삶과 노동에 대해 한 걸음 앞선 사고로 널리 알려진 인물이다. 하이벨스는 대학교를 졸업하자마자 대학 선교를 주도해 나가는 활동에 참여하여 1970년대 교회의 쇄신과 부흥을 위해 전국적인 운동을 전개한 선구자 가운데 한 사람이 되었다.

시카고교외에 있는 윌로우크릭 연합 교회 Willow Creek Communiy Church의 개척 목사인 그는 모든 세대, 특별히 하나님과의 교제를 추구하는 자들을 위해 "교회"와 "목회"에 대한 정의를 재정립하는 데 기여하였다. 이같은 그의 혁신적인 활동의 중심에는 사람들의 영적, 지적, 그리고 육체적인 필요성을 충족시키고자 하는 강한 열망이 있었다.

우리는 하이벨스가 신앙과 노동에 관한 최초의 중요한 작품들 중 한 권을 쓴 것에 대해 조금도 놀랄 필요가 없다. 1982년 출간된 「시장에서의 그리스도인」Christian in the Marketplace은 노동과 관련해 하나님께서 말씀하고 계신 것에 대한 몇 가지의 기본적인 의문들에 대해 답변을 하고 있다.

하이벨스는 본 책의 제1장에서 노동은 순전히 저주의 부산물(창 3:17~19)로, 본질적으로 악한 인간의 마음이 가져다 준 타락의 상징이라는 전통적인 사고의 가면을 벗겨주고 있다.

나아가 하이벨스는 보다 온전한 노동 신학을 제시해 주고 있다. 그는 "인간의 노동, 필요악인가, 하나님의 계획인가?"Human Labor : Necessary Evil, or God's Design?란 자신의 글에서 노동은 우리에게 주어진 하나의 특권이자 의무로 하나님께서 정하신 훌륭한 제도라는 것을 주장하고 있다.

많은 사람들은 이 근본적인 진리를 오해하고 있다. 우리는 너무나 자연스럽게 노동을 타락으로 인한 저주의 결과로 간주하고 있다. 그러므로 일하지 않고도 잘 사는 것이 우리의 삶 가운데 하나의 목표가 되고 있다.

하이벨스는 이것에 대해 성경이 다른 견해를 말하고 있다는 것을 제시하고 있다. 그것은 노동이 하나님께서 제정하시고, 적극적으로 관여하고 계신 것이라는 사실이다. 타락 이전에도 인간은 노동을 했으며, 이것은 그리스도의 왕국이 온전히 회복될 때까지 계속될 것이다. 물론 노동이 쉽지는 않을 것이다. 그러나 노동은 분명히 악한 것이 아니다. 노동은 하나님의 계획 가운데 일부에 해당한다.

하이벨스는 "노동은 저주가 아니며, 인간의 범죄 후에 추가된 것도 아니다. 노동은 처음부터 계획된 것이다."라고 기술하고 있다.

하이벨스는 또 책에서 노동과 신앙의 상호 관계를 통해 배우는 진리는 초월적이라는 개념을 소개하고 있다. 시장의 한 복판에서 배우는 교훈은 종종 우리의 삶, 나아가서는 우리의 영적 생활에까지 영향을 준다.

그는 "우리가 장터에서 배우는 것은 우리의 영적 생활에도 그대로 적용이 된다."고 기술하고 있다.

노동에는 대단히 소중한 가치가 함축되어 있다. 거기에는 책임과 성취감, 그리고 존엄성이라는 위대한 가치가 있다. 근면한 노력은 '존귀' 라는 상급을 가져다 준다. 존귀는 모든 사람에게 소중한 가치를 부여한다. 그런데 우리는 왜 노동의 현장에서 벗어나려고만 하는가?

Bill Hybels의 「시장에서의 그리스도인」
Christians in the Marketplace에서

"노동 : 필요악인가, 하나님의 계획인가?"

"승용차나 한 대 구입하고 집세를 지불하고 직장에 사표를 내고 다시는 일을 안했으면 좋겠어!" 이것은 오늘날 복권에 당첨되거나 또는 많은 유산을 물려받은 상속자들에게서 나타나는 대표적인 현상이다. "절대 일은 하지 않겠어! 사람들의 눈치를 볼 필요도 없고! 앞으로는

아무것도 구애받을 것도 없고!" 나는 과연 얼마나 많은 사람들이 이렇게 말하고 싶어하고, 노동이란 사슬을 벗어던지고 싶어 하는지가 궁금하다.

아마도 노동은 우리 나라에서 필요악 가운데 가장 우선 순위에 올라 있을 것이다. 대부분의 사람들은 일하지 않는 주말을 기다리면서 한 주간의 고된 일을 참아낸다. 그 중에서도 많은 사람들은 조기 퇴직에 대한 계획을 갖고 있다. 이러한 생각은 그리스도인들에게 있어서도 마찬가지이다. 그들은 노동을 하나님의 계획이라기보다 죄로 인해 처음 시작된 것으로 믿고 있다. 그들은 하나님께서 준엄한 분노의 목소리로 아담과 하와에게 다음과 같이 꾸짖으신 것을 상상한다. "이 사악한 죄인들아. 너희의 불순종에 대해 너희가 받아야 할 마땅한 것은 가혹한 형벌 밖에 없다. 너희는 일을 해야 할 것이다. 너희는 장차 수고해야 할 것이다. 너희는 땀을 흘려야 할 것이다." 노동에 대한 우리의 견해는 이와 같이 잔혹하고 보복적인 징계로 얼룩져 있다.

그러면 우리로 하여금 노동을 타락한 인간에게 주어진 형벌로 보게 하는 것이 하나님의 뜻일까? 창세기 1장은 노동에 대해 처음으로 묘사하고 있다. "하나님이…창조하시니라…하나님의 신은 수면에 운행하시니라…하나님이…나누사…칭하시고…하나님이 만드사…하나님이 가라사대…모이고…하나님이…만드시니…하나님이…복을 주시고." 하나님께서는 매일 한 가지씩 창조사역을 행하셨다. 그러므로 노동은 하나님의 저주나 형벌이 결코 아니다. 노동은 하나님께서 택하신 것이었다. 하나님께서는 계획 가운데 자발적으로 그리고 기쁨으로 이 세상을 존재하게 하셨으며, 그분께서는 창조사역을 마치신 후 당신의 피조물을 자세히 보시고는, "야, 정말 보기에 너무 좋구나."라고 말씀하셨다. 하나님의 위대한 사역은 그분으로 하여금 기쁨과 놀라운 성취감을 누리게 하였다.

성경 가운데 노동에 대한 두 번째 묘사는 하나님께서 아담에게 에덴동산을 관리하고 지킬 것을 말씀하신 창세기 2장에 기록되어 있다. 그때까지는 아담이 아직 죄를 범하지 않은 상태였다. 그러므로 하나님의 이러한 명령에는 징계적인 성격이 결코 없었음이 분명하다. 오히려 그와 반대로 하나님께서는 아담에게 다음과 같이 말씀하셨다. "아담아, 내가 너를 사랑하노라. 나는 네게 이미 시간을 주었으며, 지금은 네가 그 시간을 통해 할 수 있는 소중하고 가치 있는 것을 주려 하노라. 내가 창조한 모든 아름다운 것들을 마음껏 누리고, 나를 도와 그것을 보존하게 하라." 아담은 이것에 대해 일체 불평하지 않았다. 그는 하나님께 어떠한 협상이나 보다 커다란 특혜, 또는 보다 많은 보수를 요구하지 않았다. 그는 자기에게 주어진 책임을 하나님께로부터 온 매우 가치있는 과업으로 여겨 기쁘게 받아 들였음이 분명하다.

노동은 결코 징벌이 아니었다. 노동은 인류의 범죄 후에 실시된 것도 결코 아니다. 노동은 처음부터 하나님의 계획에 의한 것이었다. 노동은 인간의 날들을 즐겁고 의미있는 활동으로 채우시기 위한 그분의 방법이었다. 유감스러운 것은 인간의 반역과 범죄 후, 노동의 성격이 다소 변질되었다는 사실이다. 땅은 이제 더 이상 산물을 낼 수 없었으며, 오히려 가시와 엉겅퀴를 산출하므로 인간의 노동을 더욱 어렵게 만들었다. 땀과 수고와 노력과 실패는 불가피하게 노동량을 증가시켰다. 하지만 죄로 인해 이렇게 복잡하게 되었음에도 불구하고, 인간의 노동에 대한 기본적인 가치는 변하지 않은 채 그대로 남아 있다. 노동의 멍에를 받아 들이고 노동의 원리를 우리에 대한 하나님의 계획으로 생각하는 자들에게는 풍성한 보상이 따른다. 노동과 관련하여 하나님께서는 우리의 근면한 노력에 대한 대가로 우리의 삶 가운데 엄청난 풍요를 허락하신다.

## 노동의 존엄성

당신은 숙련된 노동자가 자기의 의무를 열심히 행하고, 서서히 노동에 대한 결실이 무르익어 성숙해갈 때 그의 눈에서 빛이 반짝이는 것을 본 적이 있는가? 당신은 인내심을 갖고 신중하게 준비해 온 어려운 과업을 시작하는 것에서 오는 자긍심과 자기 확신, 그리고 건전한 자유를 누려본 적이 있는가? 만약 그렇다면, 당신은 근면한 노력의 존엄성을 이미 목격하고 체험한 사람이다.

얼마 전 나와 내 아내는 집을 도배하기 위해 전문 도배사를 고용하였다. 예전에, 우리가 직접 도배를 한 적이 있는데 그 때 우리는 대단히 중요한 교훈을 한 가지 얻었다. 그것은 우리가 도배를 제대로 하고, 또 결혼 생활을 계속 유지하기 위해서는, 전문가를 고용해야만 한다는 사실이었다. 우리는 신혼집의 가로×세로 약 1.6 크기의 작은 화장실을 도배하는 데 벽에서 종이가 떨어지지 않도록 붙이는 일에만 주말을 송

두리째 빼앗겼다. 우리는 벽지를 아주 멋있게 붙이는 것이 아니라, 단지 그것이 벽에서 떨어지지 않도록 붙이는 것에 만족해야 했다. 우리 부부는 그 일과 씨름을 하느라 투덜거렸으며, 비좁은 공간에서 벽지를 자르고 풀칠을 하느라 서로가 계속 부딪치고 뒤엉키다시피 하였다. 마침내 도배를 마치고 안도의 한숨을 쉴 때 벽지가 오그라들어 떨어지는 것을 목격했다. 따라서 우리는 벽지를 다 뜯어내고 처음부터 다시 시작해야 했다. 우리는 주말을 대부분 그 작은 화장실을 도배하는 데 다 보냈으며, 나머지 시간은 우리의 원만한 결혼 생활을 유지하는데 보냈다. 우리는 앞으로 다시는 그런 짓을 하지 않을 것이다.

숙련된 도배사를 만난 것은 우리에게 대단한 행운이었다. 그는 두루마리로 된 도배지의 뒷면에 써있는 주의 사항을 읽을 필요가 없었다. 그는 작업을 위해서 자기가 취하는 동작 하나하나를 꼼꼼하게 하기 위해 일일이 줄자를 사용할 필요가 없었다. 그는 목욕탕의 바닥 전체에 물을 붓고 풀칠을 하는 수선을 떨지도 않았다. 그는 우리와는 달리 약상자가 놓여 있는 화장실의 구석을 도배할 때도 기도하는 심정으로 조심스러워 하지 않았다. 그는 실수를 대비한 여분의 벽지를 더 사지도 않았다. 그는 내가 이틀은 걸릴 것이라고 생각했던 일을 기쁘고 자신 있고 즐겁게 일하는 가운데 단 몇 시간 만에 끝마쳤다.

나는 그의 일솜씨에 깜짝 놀라지 않을 수가 없었다. 나는 그에게 작업을 그렇게 빨리 할 수 있는 이유에 대해 물었다. "하나님께서 당신에게 특별한 재주라도 주셨는가요? 그렇다면 그 특별한 선물이 무엇이지요? 당신만이 갖고 있는 비결이 무엇입니까?" 그는 천진난만하게 웃으며 다음과 같이 설명하였다. "실습이지요. 그게 전부입니다. 실습 외에는 아무것도 없습니다."

이처럼 짧은 답변을 통해 그가 들려준 교훈은 무엇인가? 그는 하나님께서 자기에게 주신 재능을 완전하게 하기 위해 지난 수 년 동안을 부지런히 노력해 왔다는 것이다. 물론, 그에게도 실수는 있었다. 하지만 그때마다 그는 좌절하지 않고 다시 일어섰으며, 정확하게 판단하고 신중하게 계획한 후 그것들을 능숙하게 실천하는 법을 익혔다. 그는 하나님께서 당신의 목표를 이루기 위해서 사용하도록 주신 자기의 능력에 대해 확신하고 그것을 점차 개발시켰다. 다시 말해, 그는 노동으로 인한 존엄성을 이미 체험한 것이었다. 근면한 노동은 그것을 위해 자신을 기꺼이 바치는 사람을 존귀하게 해준다.

하나님께서는 어떠한 방법으로 인간을 존귀하게 하는 것이 가장 좋을 것인지를 알고 계셨다. 그래서 주님께서는 사람들로 하여금 스스로를 존귀하게 하기 위한 수단으로 가정이나 직장에서의 노동을 계획하는 은혜를 베푸셨다. 물론, 일을 하고 싶어도 일할 능력이 없는 사람들이 있다. 그들에게는 하나님께서 당연히 자기를 개발시킬 수 있는 다른 방법을 주신다. 그러나 대부분의 사람들에게 있어선 노동이라는 의미있는 활동의 실천이 가능하며, 따라서 나는 그들에게 다음과 같은 질문을 던지고 싶다. "일하는 것을 의도적으로 거부하는 사람들이 과연 자신을 존귀한 사람으로 발전시킬 수 있을까?"

우리보다 앞선 세대 사람들에게는 이러한 것을 질문할 필요가 없다. 그것은 인간의 노동 가치가 높게 인식되었을 뿐만 아니라, 오히려 일에 대한 중독증을 초래할 만큼 과도하게 노동이 강조되었기 때문이다. 현재 우리 세대는 일에 대한 이와 같은 불균형의 위험성을 인식하고 있지만, 많은 사람들에게 있어 그들의 고정 관념을 바꾼다는 것은 늦은 감이 있다. 오늘날 우리는 장차 자기에게 닥칠 책임에 대해서는 거의 생각하지 않은 채 열심히 일하지 않으면서 일하는 것처럼 일생을 낭비하는 사람들을 쉽게 찾아볼 수가 있다. 이러한 사람들이 과연 자기 안에 있는 존귀함을 개발시킬 수 있을까? 나는 절대 그렇다고 생각하지 않는다. 존귀함이란 하늘로부터 그냥 떨어지는 것이 아니다. 그것은 돈으로 살 수 있는 것이 아니고 공장에서 물건을 생산하는 것처럼 만들어지는 것도 아니다. 그것은 부지런히 일하는 자에게만 주어지는 보상이다.

나는 존귀함이란 대저택과 멋진 승용차를 소유하고 다른 사람들로부터 권위를 인정받고 명예를 누리는 사무직에 종사하는 사람들에게나 주어지는 것이라고 말하는 — 아마 이 책을 읽는 독자들 중에도 이러한 견해에 공감하는 사람들이 있을 것임 — 것을 들은 적이 있다. 하지만 나는 이러한 논리와 분명히 견해를 달리한다. 존귀함이란 정당하고 소중한 가치가 있는 직업에 종사하는 사람이라면 누구나 누릴 수 있다.

밭이랑을 고르게 쟁기질하는 농부와 장부 정리를 잘 하는 회계원, 길이가 12미터가 넘는 트레일러를 비좁은 하역장 안으로 후진시킬 수 있는 트럭 운전수, 수업을 빈틈없이 준비하여 학생을 가르치는 교사, 정직한 자세로 건물을 짓는 목수, 시장의 상황을 정치하게 분석하는 경영인, 신속하고 정확하게 일하는 공장 근로자, 조금도 틀리지 않고 타자를 치는 비서, 하나의 외국어에 능통한 학생, 경기에서 열심히 뛰는 운동 선수, 자녀를 성실하게 돌보는 어머니, 설교를 잘 준비하여 능력있는 말씀을 선포하는 목회자, 이들은 모두가 자기의 일에 자신을 헌신하여 존귀함을 경험하고 있는 사람들이다.

잠언 기자는, "네가 자기 사업에 근실한 자를 보았느냐? 이러한 사람은 왕 앞에 설 것이요 천한 자 앞에 서지 아니하리라(잠 22:29)"고 말한다. 이것은 자기 일에 능숙한 사람이 백악관에 초청되리라는 것을 의미하는 말이 아니라, 자기 일에 근면한 사람이 왕 같은 존귀와 영예를 느끼게 되리라는 것을 의미한다. 대통령과 대면하는 것이 중요한 것이 아니다. 중요한 것은 존귀한 사람이 되는 것이다. 하나님께서는 누구든지 열심히 일하는 자에게 그것을 가능하게 하셨다.

## 책임

노동은 우리로 하여금 자신을 가치있게 할 뿐 아니라, 책임 의식을 길러 준다. 잠언 26:13~14은 다음과 같이 기록하고 있다. "게으른 자는 길에 사자가 있다 거리에 사자가 있다 하느니라. 문짝이 돌쩌귀를 따라서 도는 것 같이 게으른 자는 침상에서 구으느니라." 게으른 자, 일하기 싫어하는 자, 부지런히 일하는 것에 자신을 바치기를 싫어하는 사람은, "길거리에 사자가 있다."고 말한다. 그런 사람은 "나는 거기에 갈 수가 없어요. 다치면 어떻게 해요. 힘들까 두려워요. 그것이 싫으면 어떻게 해요."라고 말한다. 그는 일을 피하기 위해 생각해 낼 수 있는 모든 수단을 다 사용하다가 마침내는 태만하고 무책임한 태도에 빠지게 된다. "문짝이 돌쩌귀를 따라서 도는 것 같이 게으른 자는 침상에서 구으느니라." 자기의 책임을 감당하기 싫어하는 자는 그것들로부터 등을 돌리다가 마침내는 그것들을 의식하지 않게 된다.

대부분의 사람들은 가정과 학교에서 책임에 대해 어느 정도 배운다. 그러나 책임에 대해 우리가 시장에서처럼 절실하게 배우는 곳은 없다. 직무 내용 설명서와 명확한 업무 분담, 업무의 실행에 대한 예상과 최후 통고, 이런 것들은 모두 우리에게 긍정적인 압박감을 가한다. 우리에게는 이러한 요구들에 부응하느냐, 그렇게 하지 않아 실직하느냐의 두 가지 중 하나밖에는 선택의 여지가 없다. 이러한 시장 논리는 우리에게 성인으로서 책임감 있는 사람이 되도록 도전을 준다.

시장 논리는 두 가지의 특별한 부분에서 우리에게 책임에 대해 가르친다. 첫 번째 부분은 우리의 개인적인 계획과 관련해서이다. 나의 경험은 이것을 잘 설명해 주고 있다. 나는 고등학교 시절 여름 방학 때 부모님으로부터 귀가 시간의 제한을 받은 적이 한번도 없었다. 아버지는 내가 다음 날 아침 지장 없이 일만 할 수 있다면 얼마든지 밤늦게 귀가해도 된다고 허락하셨다. 이러한 관대함은 그 당시 16살이었던 내게 대단히 멋있게 보였다. 그러나 여기에는 내가 미처 깨닫지 못한 많은 지혜와 교훈이 담겨 있었다. 나는 매일 아침 6시부터 우리 집의 농산물 창고에 보관되어 있는 채소를 트럭에 싣는 일을 시작으로 오후 5시까지 계속 일해야 했다. 이것은 매일 반복되었다. 하루도 예외가 없었다. 당신은 내가 보통 사람의 절반만 수면을 취하고 하루 종일 일하는 것이 불가능하다는 사실을 깨닫기까지 얼마나 오랜 시간이 걸렸을 것이라고 생각하는가? 그것은 단 이틀밖에 걸리지 않았다. 나는 거의 혼미한 상태로 이틀을 보낸 후 결심했다. 매일 밤 일찍 귀가하여 잠자리에 들겠다고 말이다. 나는 친구들이 무엇을 하든, 그들이 나를 어떻게 생각하든 상관하지 않았다. 아침 6시부터 일하기 위해서는 내가 일찍 잠자리에 들어야 하는 것이었다.

나는 이러한 교훈을 일찌감치 깨달은 것이 얼마나 감사하지 모른다. 근면한 노동은 나로 하여금 개인적인 계획의 필요성에 대해 분명히 인식하게 해 주었다. 나는 특별히 많은 연구를 요구하는 메시지를 준비하거나 여행, 혹은 다른 곳에서의 설교 약속이 있을 때는 그것에 따라 나의 계획을 조정해야 한다. 의무를 때에 맞게 수행하기 위해서 종종 다른 것을 포기해야 할 때도 있다. 나의 육체와 정신을 잘 관리해야 하며, 그렇게 할 때만 정시에 출근하여 하루 업무를 효과적으로 행할 수가 있다.

우리 교회 직원들은 내가 시간 개념에 대해 얼마나 철저한지 잘 알고 있다. 우리는 단 1, 2분도 늦지 않은 정각 9:00에 하루의 업무를 시작한다. 그렇다면 이것은 내게 독재적인 면이 있다는 의미일까? 결코 그렇지 않다. 나는 함께 일하는 사람들에게 그들의 의무와 관련하여 책임감에 대해 가르쳐 주는 것이 그들을 위해서 내가 할 수 있는 가장 좋은 방법이라는 것을 굳게 믿고 있다. 나는 이것이 그들을 괴롭히는 것이 아니라, 오히려 저들이 세상을 살아가는 동안 그들에게 소중한 습관과 의식을 발전시키도록 돕는 일이라고 믿는다. 만약 내가 저들에게 그들의 작업 일정과 관련하여 책임감에 대해 가르칠 수 있는 기회가 주어진다면, 나는 그들에게 시간에 대해 마치 건강과 결혼 생활, 직무, 아침 경건의 시간과 마찬가지로 심각한 책임감을 느껴야 한다는 것을 권면할 것이다. 그러므로 나의 목표는 저들로 하여금 단순히 정시에 직무에 임하게 하는 것만이 아니라, 저들에게 삶을 위한 진정한 원리를 가르쳐 주는 데 있다.

인간의 노동은 우리에게 계획과 직무수행과 관련된 책임감에 대해 가르쳐 주고 있다. 시장에서 사용하는 말은 우리에게 매우 크고도 분명한 음성으로 들려 온다. "당신은 자신의 의무를 충실히 수행해야 합니다. 그렇지 않을 경우, 우리는 그렇게 할 수 있는 다른 사람으로 교체할 것입니다." 이말이 주는 의미는 매우 분명하다. 비록 이 말이 냉혹하고 비정하게 들릴지 모르지만, 이러한 경고는 자기 직업이 갖고 있는 소중한 가치를 기꺼이 받아 들이고자 하는 사람들에게 있어 커다란 자극제가 될 수 있다. 우리에게는 좋아하는 일이 있는가 하면, 싫어하는 일도 분명히 있을 것이다. 모든 업무 분담에 있어서도 우리가 기쁜 마음으로 추구하는 것이 있는가 하면 또 몹시 꺼려하는 것도 있다. 그러나 시장 논리는 우리에게 다음과 같이 말한다. "당신이 그 두 가지를 모두 행하지 않으면 결국은 아무것도 하지 않는 것이 된다." 나는 이러한 논리가 옳다는 것을 강력히 주장한다. 이것은 우리에게 있어 필요한 도전 의식과 책임감을 제공해 준다.

여기에서 다시 내가 고등학교 시절에 했던 일에 대한 이야기로 돌아가도록 하자. 나와 동생은 매년 여름이면 농산물 보관 창고에서 일하는 것 외에도 공장에 딸린 농장에서 일하는 데 시간을 보내야 하였다. 5월 말쯤이면 우리는 밭을 일구고 원반 쟁기로 갈고 써레질을 하여 파종을 위한 준비 작업을 시작하였다. 솔직히 말하면, 그 일은 우리에게 대단한 기쁨을 주었다. 우리는 웃옷을 벗어던지고, 트랙터의 의자에 편하게 앉아 일광과 신선한 공기를 마음껏 즐기고 마셨다. 그것은 우리에게 몇 달 동안에 걸친 긴 겨울과 학교 생활, 그리고 오직 책과 씨름하던 것으로부터 벗어날 수 있게 하는 반가운 변화를 가져다 주었다.

그러나 유감스럽게도 날씨가 무덥고 습도가 높으며 야외에서 일광을 즐기는 것이 끝날 무렵인 8월 초에는 우리 형제가 몹시 꺼려한, 그 전까지와는 전혀 다른 일을 해야만 하였다. 우리는 두 눈을 크게 뜨고 양파 밭에 농약을 살포해야 하였다. 햇빛이 내려 쪼이는 맑은 날씨에 밖에서 눈을 크게 뜨는 것이 얼마나 고통스러웠는지에 대해서는 다시 말하고 싶지 않다. 그때 우리가 눈에 햇빛이 들어오는 것을 피하기 위해 눈을 감았다면, 우리는 양파 밭의 이랑을 마구 밟고 다니며 농작물을 망쳐 놓았을 것이다. 그렇다고 해서 우리가 선글라스를 썼다면, 그 유리가 먼지와 눈물로 뒤범벅이 되어 우리는 아무것도 볼 수가 없었을 것이다. 우리에게는 고통을 참고 최선을 다하는 수밖에 다른 방법이 없었다.

나는 오늘날까지 그것이 우리에게는 대단히 유익한 경험이 되었다는 것을 강하게 주장한다. 시장과 같은 것이었던 농장은 우리에게 세상에는 그것을 좋아하든 좋아하지 않든 간에 반드시 하지 않으면 안되는 것이 있다는 진리를 가르쳐 주었다. 시장의 논리가 우리에게 주는 교훈이 바로 이것이다.

 혹 당신은 '이러한 교훈이 그렇게도 중요한 이유가 무엇일까?' 하고 반문할지도 모른다. 그것은 우리가 인생을 살아가면서 겪게 되는 좋은 것과 나쁜 것을 다 견딜 줄 아는 비결을 배워야 하기 때문이다. 내게는 아내와의 관계가 말할 수 없는 기쁨이 되고, 필요한 모든 도움과 위로와 삶의 동반자적인 의식을 줄 때가 있는가 하면, 가끔은 그것이 엄청난 절망과 어려움과 나아가 고통의 원인이 될 때도 있다. 그럴 때면 나는 시장 논리의 원리가 가르쳐 주는 교훈을 적용한다. 우리는 힘들 때가 있다는 이유로 결혼 생활을 포기하지 않는다. 우리는 좋은 것과 나쁜 것을 모두 받아 들인다.

 우리는 시장 논리를 통해서 배우게 되는 교훈을 우리의 영적 생활에도 그대로 적용할 수가 있다. 나에게는 교인들에게 전달할 메시지를 준비하는 것이 더 없는 기쁨과 즐거움이 될 때가 있다. 그런가 하면, 성경을 아무리 넘겨봐도 거기에서 어떤 새로운 것을 전혀 발견하지 못할 때가 있다. 그것은 내게 있어 지루하고 따분하며 무익한 경험이 될 뿐이다. 하지만 그때에도 나는 온 회중들 앞에 서서 메시지를 선포해야 한다. 내게는 하나님께서 당신의 백성에게 주시고자 하는 말씀을 분별할 수 있을 때까지 계속 노력하는 것 외에 다른 선택의 여지가 없다. 그렇다면 이러한 순간들은 나로 하여금 자신의 현재 목회 위치가 어디인지에 대해 질문을 하게 할까? 그것들은 나로 하여금 자신이 실제로 하나님과 동행하고 있는지의 여부에 대해 의문을 갖게 할까? 아니다. 나는 이러한 것을 계기로 어려울 때도 모든 어려움을 의식적으로 끝까지 참고 극복해 나가야 한다는 것을 다시 한번 상기하게 될 따름이다.

게으른 자를 기억하여 그에게서 배울 수 있는 교훈을 깨닫도록 하라. 자신의 일을 피하기 위해 변명의 구실을 만들어 내지 않도록 하라. 노동을 통해 책임감의 중요성을 배우도록 하라.

### 성취

우리는 시장의 논리를 통해 노동의 존엄성과 자신의 일에 대한 책임감에 대해 배우며, 마지막으로 성취감의 즐거움에 대한 교훈을 깨닫게 된다. 하나님께서는 세상을 창조하신 후, 그것을 가리켜 "심히 좋았더라."(창 1:31)고 말씀하시므로 당신의 위대한 창조 사역을 인정하셨다. 하나님께서는 당신이 창조하신 세상에 대한 만족감을 항상 표현하시고 그것을 기록하셨다. 하나님께서는 성경을 읽는 모든 자들에게 당신께서 손으로 행하신 창조 사역을 통해 놀라운 기쁨을 누리셨다는 사실을 말씀하시지 않고는 못 배기실 정도로 감격하셨던 것 같다. 하나님께서 창조하신 세상은 아름다웠다. 그것은 인간에 대한 하나님의 사랑의 결과물이었다. 그것은 보기에 아주 좋았다.

우리에게 있어 자신에 대한 자긍심과 자부심을 높여주는 것으로 일에 대한 성취감보다 더한 것은 없다. 비록 내가 오늘날 긍정적인 사고만을 강조하는 사람들에 대해 못마땅하게 생각하는 것은 사실이지만, 이 부분에 있어서만은 그들과 견해를 온전히 일치하고 있다. 성공은 더 나은 성공을 가져다 준다. 우리의 노력이 성공할 때, 그것은 우리에게 다음 과업을 위한 동기를 부여해 준다. 간절한 마음으로 맡은 의무를 열심히 행하고 그것을 위해 자신을 희생하다시피 하여 마침내 그것이 성취된 것을 볼 때, 일한 사람은 자기가 성취한 과업을 통해 기쁨을 체험할 뿐 아니라, 그것은 또다른 과정을 다시 시작하게 하는 첫걸음이 된다. 자신의 일에 대한 성공과 성취감은 그로 하여금 자기의 다른 일을 시작하게 하는 동기가 되는 것이다.

많은 사람들은 죄로 인해 타락한 이 세상에서 만족감과 성취감을 누리기가 어렵다고 말한다. 그러나 시장 논리에 의하면 우리에게는 여러 가지 다양한 과업에 착수하여 그것을 위해 노력하고 완성할 수 있는 기회가 계속 주어지고 있다. 이러한 과업이 하나하나 완성될 때마다, 우리에게는 보상을 가져다 주는 아주 짧지만 축복된 순간이 있다. 큰 물건에 대한 판매 계약을 이루어 놓고 마침내 계약서에 서명을 하게 하는 외판 사원이나 학기말 과제물의 마지막 페이지를 타자로 마무리하고 있는 학생, 막내 아이를 침대에 누이고 담요를 덮어주는 어머니, 환자를 위한 치료책을 발견한 훌륭한 의사, 한 해의 농사를 마무리한 농부, 앵콜을 요청받아 다시 한 번 연주하고 공연을 마치는 음악가, 진공 청소기의 전원을 끄는 건물 관리인이나 학생들을 향해 "수업 끝!"이라고 말하는 선생님, 또는 마지막 남은 한 장의 벽돌을 쌓는 벽돌공의 모습을 생각해 보라. 이러한 사람들에게 노동은 영원히 기억될 수 있는 위대한 성취의 순간을 제공해 준다.

나는 본 장을 마무리하면서, 자신의 목회사역 뿐만 아니라 세상적인 삶에 있어서도 기쁨으로 최선을 다한 바울이란 한 위대한 복음 전도자의 말을 인용하고자 한다. "내가 선한 싸움을 싸우고 나의 달려갈 길을 마치고 믿음을 지켰으니 이제 후로는 나를 위하여 의의 면류관이 예비되었으므로 주 곧 의로우신 재판장이 그날에 내게 주실 것이니 내게만 아니라 주의 나타나심을 사모하는 모든 자에게니라(딤후 4:7~8)" 주님께서 다시 오시기를 사모하며, 그분을 위해 열심히 수고한 자들은 누구인가? 그것이 세상에 속한 것이든 아니면 목회사역이든 간에, 우리가 주님을 위해 부지런히 일하면 의의 면류관, 곧 그분의 인치심을 받을 수 있다.

여기에서 다시 성경으로 돌아가, 예수께서 당신의 사역의 성취에 대해 십자가 위에서 마지막으로 하신, "다 이루었다!(요 19:30)"는 말씀에 대해 상고해 보도록 하자. 하나님의 독생자이신 예수께서는 발가벗겨진 채 고통 가운데 공중에 매달리심으로 위대한 사랑을 성취하시는 사명을 감당하셨다. 그분의 사역은 우리의 죄값을 대신 지불하고, 우리의 영원한 구원을 보장하며, 우리를 위해 생명의 문을 열어 놓으심으로 완성되었다. 지금까지 이보다 더 큰 고통을 당한 사람이 아무도 없지만, 이보다 더 큰 기쁨도 없다는 사실을 분명히 기억하지 않으면 안 된다. 예수님께서는 그렇게 인류를 위한 당신의 의무를 영원히 완수하셨다.

## 2장

「당신의 일은 하나님께 소중하다」Your Work Matters to God란 책의 저자인 빌 헨드릭스 Bill Hendricks와 도우그 셔먼 Doug Sherman은 여러 측면에서 예언자적인 인물이었다. 그들은 적어도 10년 안에는 우리 문화 속에서 각인되는 것이 거의 불가능한 진리들을 성경 본문을 하나하나 찾아가며 상세히 설명하였다. 1987년에 완성된 그 책이 당시에는 시대적으로 어울리지 않았지만, 사실은 오늘날의 우리 문화가 절실히 요구하는 것과 맥이 일치한다.

하지만 그것이 저자들에게는 아마 결코 새로운 것으로 와 닿지 않았을 것이다. 1974년 그들은 책의 서문에서 서워드 힐트너 Seward Hiltner가 "기독교에는 지금 노동 신학이 절실히 요구되고 있다."고 썼다는 사실을 언급하였다. 따라서 그 책은 바로 그러한 절박함으로부터 탄생하였다.

저자들은 이 운동의 초창기에 동참한 대표적인 인물들이었다. 그들은 두 사람 모두 달라스 신학교 Dallas Theological Seminary에서 학위를 받았지만, 전통적인 목회를 자기들의 소명으로 보지 않았다. 그들은 하나님의 말씀에 대해 자기들이 배우고 계속 공부해온 것을 그대로 받아 들였으며, 그것을 시장에 적용하기 시작하였다. 그렇게 하는 가운데 그들은 그리스도를 따르는 신자들에게 있어 신앙과 노동 사이의 보다 분명하고도 실질적인 관계를 밝혀 주어야 할 절박한 필요성을 깨닫게 되었다.

셔먼과 헨드릭스(그는 셔먼의 설명을 통해)는 본 장에서 우리의 일은 결국 하나님의 일을 하는 것이 되어야 하며, 그렇지 않을 때 우리는 하나님의 명령에 불순종하게 된다는 사실을 강조하고 있다.

셔먼은 "나는 인간으로서 우리가 하는 일을 하나님의 일로 간주해야 한다는 사실을 제안하고자 한다. 따라서 우리는 하나님의 방법대로 일해야 하고, 결과에 대해서는 그분께 맡겨야 한다."고 기술하고 있다.

저자들은 우리의 일이 곧 하나님의 일이라는 점에서 그것을 결코 소홀히 해서는 안된다는 것을 주장한다. 셔먼과 헨드릭스는 노동은 경제적인 것 외에도 우리의 삶 가운데 수많은 것들을 충족시키기 위해 하나님에 의해 계획된 것이라는 사실을 실제 예를 통해 보여주고 있다.

본 장은 우리에게 일에 대한 하나님의 계획이 우리의 동기와 노동 방법 사이에 어떠한 상호 관계를 이루고 있는지에 대해 설득력 있는 방법을 제시해 주고 있다. 특별히, 하나님의 일을 우리의 일로 여길 때 나타나는 결과와 이러한 결과들이 실질적인 것에서 비물질적인 것(권태감과 입신출세주의)에 이르기까지 얼마나 많은 영향을 미치는가에 대한 토론으로 결론을 맺고 있다.

본 장은 우리가 하나님의 자녀로서 그분을 위해 일하는 것과 하나님의 자녀로서 우리 자신을 위해 일하는 것의 의미를 설명해 주는 매우 훌륭한 요약본이다. 결국 하나님의 일과 그분의 방법, 그리고 그분께서 의도하시는 결과를 성취하는 방법에 대한 이야기라고 할 수 있다. 저자들은 우리의 일을 하나님의 일로 확대 해석하므로, 우리가 하나님께서 원하시는 방법대로 각자의 일을 할 때 진정한 존엄성을 발견하게 된다는 것을 피력하고 있다.

Doug Sherman과 William Hendricks의
「당신의 일은 하나님께 소중하다」
Your work matters to God에서

## 하나님을 위한 노동
— 그분의 일, 그분의 방법, 그분의 결과 —

군복무를 한 경험이 있는 사람이라면 누구나 다음과 같은 상투적인 말을 잘 알고 있을 것이다. "방법들 중에는 옳은 것과 잘못된 것이 있는가 하면, 해군에서만 통용되는 것이 있다."

이 말은 기업이나 회사와 같은 대규모의 조직 안에서 우리의 삶이 어떠해야 한다는 것을 잘 설명해 주고 있다. 만약 당신이 회사 안에서 일반 사무원일 경우, 당신에게는 의견 표현의 기회가 전혀 주어지지 않은 채 고된 업무만 부과될 것이다.

공군이란 군대 조직 안에서도 크게 다를 것이 없었다. 언제부터인가 그들은 나로 하여금 자기들의 방식이 나를 도와주기 위해 존재하는 것이 아니라, 내가 그들의 제도를 행하기 위해 거기에 있다는 사실을 깨닫게 하였다. 당신도 충분히 상상하겠지만, 이것은 17살의 사관학교 생도인 내게 충격으로 다가왔다.

내가 종종 용감한 사관생도들에 대해 일반인들이 갖고 있는 개념을 비웃는 이유가 바로 여기에 있다. 소설이나 TV, 영화 등은 우리 나라의 국방이 마치 제트 동력을 통해 연료를 공급받는 최첨단 장비를 타고 창공을 비행하는 22살의 청년들의 어깨에 달려 있다는 식으로 선전하고 있다.

조종사는 사람들이 생각하는 것 이상의 훈련을 받는다. 그들은 정말 엄청난 훈련을 받는다.

우리는 능률과 안전, 질서, 그리고 무엇보다도 장교의 권위에 대한 존경을 위해 아주 세밀하게 만들어진 명령과 규범과 협약에 복종하였다. 그리고 이러한 법규의 위반에 대한 관용은 부채에 대한 탕감만큼이나 인색하였다.

간단히 말해, 우리는 공군의 방식에 따라 공군의 임무를 수행할 사명을 위임받았던 것이다. 그렇다면 이러한 사명이 위임된 이유가 무엇일까? 그것은 공군이 추구하는 목적을 이루기 위해서이다. 우리가 공군으로 영공을 나는 비행을 "소명"이라고 부른 이유가 바로 여기에 있다. 그러한 소명의 배후에는 언제나 목적이 있었다. 우리는 그저 재미삼아 하늘을 가로지르며 난폭 비행을 한 적이 한 번도 없었다.

그런데 이렇게 우리가 살아가는 방법이 우리의 일과 하나님 사이의 관계와 다소 흡사하다. 내가 여기에서 "다소"란 표현을 쓴 것은 하나님께서는 우리에게 하늘에서 명령만 내리시는 훈련 담당 하사관이 아니시기 때문이다. 그리고 우리의 과실에 대한 그분의 용서가 결코 그렇게 인색하지 않기 때문이다.

그러나 나는 여기에서 우리가 우리 자신의 일을 하나님의 일로 간주해야 할 것을 제안한다. 따라서 우리는 일을 하되 하나님의 방법대로 해야 한다. 그리고 결과에 대해서는 그분께 맡겨야 한다. 그러면 지금부터 이러한 원리들에 대해 자세히 살펴보도록 하자.

## 하나님의 일 : 우리의 동기

하나님께서는 일하시는 분이다. 따라서 당신을 그분과 함께 일할 자로 삼으시기 위해 그분의 형상대로 창조하셨다. 그러므로 당신의 일은 곧 하나님의 일의 연장이다. 나아가, 당신의 일은 하나님을 사랑하고, 이웃을 사랑하며 자신을 사랑하라는 하나님의 위대한 계명을 실천하는 수단이기도 하다. 그리스도인으로서 당신은 하나님께 예배드리고 그리스도를 섬기기 위해 교회에 나가는 것과 똑같은 목적을 위해 직장에 출근해야 한다. 비록 당신이 상사의 말에 복종하고 고객들의 필요를 충족시키기 위해 노력하지만 당신의 최고 상사는 예수 그리스도이시다.

이것은 일에 대한 당신의 동기에 지대한 영향을 준다. 아침에 출근하기 직전 자신에게 다음과 같은 질문을 하면서 넥타이를 매거나 화장을 한다고 상상해 보라. 나의 일은 어떤 면에서 하나님과 관계가 있는가? 나는 지금 하나님과 함께 일하는 자로 직장에 나가고 있는가? 나는 나의 일을 세상에서의 하나님의 일의 일부로 간주하고 있는가? 그리고 나의 일은 다른 사람들과 그들이 필요로 하는 것들과 관계가 있는가? 나는 그들에게 도움을 주고 있는가? 나는 가족에게 필요한 것들에 대해 세심하게 관심을 기울이고 있는가? 당신이 매일 이렇게 묻고 스스로 대답할 때 그것은 당신의 일에 새로운 열정과 활력을 불어넣어 줄 것이다.

당신의 일은 어떤 면에서 하나님과 관계가 있는가? 나는 "취직"에 대해 그것을 단순히 "직업을 얻는 것"이라고 말하는 사람들을 자주 만난다. 그들은 자신의 인생을 단순히 시간을 흘려보내는 것 정도로 생각하는 사람들이다.

나는 모든 직업이 다 우리를 신나게 하거나 기쁨을 주지 못한다는 사실을 안다. 모든 직업이 또 우리에게 대단한 만족을 가져다 주는 것은 더구나 아니다. 그러나 자기의 직업에 대해 단순히 돈이나 버는 일로 간주하는 사람들은 한결같이 그것이 따분하고 무의미하다고 말한다. 하나님께서 당신의 일을 결코 무의미한 것으로 보시지 않는다는 사실을 생각할 때 이것은 얼마나 비극적인가? 우리가 지금까지 살펴본 것처럼, 하나님께서는 당신과 당신의 직업에 대해 매우 고귀하고 소중하고 가치있게 여기신다. 그렇다면 당신 역시 그렇게 생각해야 하는 것이 당연하지 않은가!

고용주는 분명히 종업원들의 업무에서 따분한 것을 제거하고, 그들에게 의미와 가치를 주기 위해 누구보다도 많은 것을 할 수 있는 사람이다. 따라서 당신은 직장에서 그리스도인으로 하나님과 함께 일하는 자요, 곧 그리스도의 고용인으로 출근부에 서명을 해야 한다.

**사업 모델**. 즉 당신은 하나님과 함께 일하는 자로, 자신의 일이 어떻게 다른 사람과 그들의 필요한 것들을 위해 도움을 주고 있는지 질문하는 것으로, 하나님의 "사업모델"에 관한 견해에 동참할 수 있다.

노동에 있어서의 이러한 견해에 대한 타당성을 설명하기 위해 한 가지의 예를 들어 보도록 하자. 정점에는 "고객"이, 양쪽의 끝점에는 각각 "고용주"와 "피고용인"이라고 써 있는 삼각형을 상상해 보라.

오늘날 우리 문화에 있어 대부분의 근로 환경에는 사람에게 주어지는 3가지의 역할이 있다. 그리고 이 3가지 역할을 맡은 각자의 욕구가 충족되는 것이 바로 하나님의 뜻이다. 예를 들면, 고객의 입장에서는 당신과 당신의 사업이 자기들의 필요를 채워주는 것이다.

당신이 고용주라면, 당신에게는 종업원들의 필요한 욕구를 충족시켜주어야 할 책임이 있다. 그들에게는 자기들의 노동에 대해 합당하고 충분한 보상이 필요하다. 뿐만 아니라, 그들은 또 정당하고 공정한 관리와 동등한 고용 정책, 안전한 작업 환경, 필요한 도구와 자재 및 장비, 그리고 직장 밖에서의 생활에 대한 충분한 배려 — 특별히 그들의 가족에 대해 — 등 많은 것들을 필요로 한다.

당신이 만약 피고용인일 경우 당신에게는 동료와 고용주의 필요한 것들을 충족시켜 주어야 할 책임이 있다. 동료를 돌보기 위해서는 자신의 역량과 협동심, 정직, 그리고 그 밖의 다른 것들에 최선을 다해야 한다. 마찬가지로, 당신의 고용주에게도 양심적이고, 최선을 다하며, 정직하고, 자기가 받는 보수 이상으로 자기의 역할을 충분히 감당해내는, 믿을 만한 근로자가 필요하다.

**모델 사용하기.** 다음과 같은 모델을 우리의 실제 삶 가운데 적용해 보도록 하자. 예를 들어, 당신이 홀부모로 국방성에서 CHAMPUS(육군 요원의 부양 가족을 위한 일종의 의료 보험 프로그램임-역자주)보험료의 지불청구서를 정리하는 일을 하고 있다고 가정하자. CHAMPUS 프로그램에서 하나님과 함께 일하는 자로서 당신은 다른 사람의 필요한 것들을 어떻게 도와주고 있는가? 나는 그것에 대한 몇 가지의 방법들을 제시하고자 한다. 물론 당신은 다른 방법들에 대해서도 생각할 수가 있다.

첫째, 당신은 보험금을 청구하는 사람들에게 직접적인 도움을 줄 수가 있다. 모든 보험 프로그램(보험 가입자가 현역 군인이든 그 밖의 다른 직업에 종사하는 사람이든)은 누구에게나 동등하게 적용되는 획일적인 제도이다. 보험 회사와 보험 수혜자는 가입자의 수가 많을 수록 안전하고 많은 혜택을 받는다. 그런데 때로는 이것이 보험을 통해 도움을 받아야 할 사람들에게 불리하게 작용하는 경우도 있다.

분명히 말하지만, 당신은 그들의 모든 요구를 다 들어줄 수가 없다. 그러나 당신은 어느 정도의 능력과 책임의 범위 내에서 당신에게 제기되는 요구들에 대해 그리스도께서 그것들을 처리하시는 방법에 따라 도와주어야 할 책임이 있다.

이것에 대한 한 가지의 예를 들어 보도록 하자. 남편은 배를 타고 멀리 떠나 항해 중이고, 자식은 병에 걸린, 열 여섯살밖에 안 된 엄마가 보험금을 빨리 지급받기를 원하고 있다고 하자. 그녀가 보험금을 타기 위해서는 신청 양식을 작성해야 한다. 그녀가 서류를 당신에게 제출했을 때, 당신은 그녀를 비인격적인 방법으로 마구 대하겠는가, 아니면 그리스도를 대신하여 일하는 성실한 상담자의 입장에서 그녀를 대하겠는가? 이 모든 것은 일에 대한 당신의 자세에 달려 있다.

따라서 그녀와 어린 아이, 그리고 그녀의 남편에게는 당신이 그들을 위해 최선을 다해 도와주는 것이 필요하다. 이것은 장차 당신에게 제기되는 다른 모든 요구에 대해서도 마찬가지이다.

또한 당신은 직장 동료들에게 있어서도 역시 필요한 존재이다. 아주 큰 기업체 안에서 이것은 매우 우습게 들릴 수도 있다. 사장이나 다른 사람들이 마치 "여기에는 절대 없어서는 안될 사람이 아무도 없지요! 여기에는 당신이 아니더라도 많은 사원이 있거든요!"라는 식으로 행동할 때는 더욱 그러할 것이다.

이와 같이 본질적으로 매우 어리석은 생각들이 있기도 하지만, 당신의 일은 다른 사람들의 건강을 돌보는 유익한 목적을 행하고 있다. 당신은 지금 당신의 입장에서 보험을 통해 도움을 줄 수 있는 실질적인 일을 행하고 있는 것이다. 뿐만 아니라 당신은 그것을 통해 본인은 물론 직장 동료들에게 수입 혜택이 돌아가도록 해준다는 점에서 직장 동료들도 돕고 있는 것이다.

당신은 국가와 국민의 이익을 위해서도 기여하고 있다. 당신이 하는 일은 또 국가의 방위를 지키는 데에도 한몫 하고 있다. 그들의 가족을 위해 의료 혜택을 제공하지 않으면서 국방을 위한 자격을 지닌 유능한 사람을 채용하다는 것은 결코 쉬운 일이 아니다. 피부양자들에게는 바로 그러한 보살핌이 필요하며, 그러한 면에서 당신은 그러한 보살핌을 어느 정도 가능하게 하는 역할을 수행하고 있는 것이다.

그러므로 당신의 일은 궁극적으로 나와 우리 가족은 물론 국가의 보호 아래 살면서 일하고 있는 모든 사람에게 유익을 주고 있다.

마지막으로, 당신의 일은 분명히 당신과 당신의 가정에도 수입을 가져다 주고 있다. 지금까지의 예를 통해 살펴본 것처럼 홀부모인 당신에게는 아마 누군가가 낮 시간 동안 자녀를 돌보아 주는 것이 필요할 것이다. 당신에게는 집안 살림(요리, 세탁 등)을 해 줄 사람과 운송 수단이 필요하다. 그런데 이러한 모든 필요가 결국은 당신의 일을 통해 충족되고 있다.

당신은 이제 노동에 대한 성경의 견해가 직업에 대한 당신의 생각을 어떻게 재정의해 주고 있는지를 알 수 있을 것이다. 당신은 하나님과 함께 일하는 자로 직장에 출근할 때 하나님의 놀라운 임재를 느끼며, 하나님께서 당신으로 하여금 다른 사람들을 위해 그분의 일을 이루게 하시고자 당신 안에서 역사하고 계신 것을 확신할 수 있을 것이다.

**하나님의 기쁨을 느껴보라!** 당신은 "불의 전차" Chariots of Fire란 영화를 보았을 것이다. 그 영화가 1930년대 스코틀랜드 출신의 육상 선수인 에릭 리델 Eric Liddell에 대한 이야기를 중심으로 제작되었다는 사실을 기억하는가?

영화에서 그의 여동생은 에릭에게 그가 선교사로 하나님을 위한 사역에 뛰어들지 않고 올림픽 경기에 육상 선수로 출전하려는 이유에 대해 묻는다. 에릭은 그때 매우 극적인 순간에 그녀를 쳐다 보며 "제니, 그것은 내가 달릴 때 하나님의 기쁨을 만끽하기 때문이지."라고 답변한다.

## 하나님의 방법 : "당신의 업무 스타일"

이것은 하나님의 임재를 매우 강하게 인식하는 것이다. 리델은 하나님께서 자기를 육상 선수로 사용하기 원하신다는 것을 알았다. 하나님께서는 당신에 대해서도 당신이 실력을 충분히 발휘할 수 있는 분야에 사용하기 원하신다. 하나님께서는 당신이 자신의 일 속에서 그분의 임재를 느끼기 원하신다.

당신의 일은 곧 하나님의 일의 연장이다. 당신의 일이 존귀한 이유가 바로 여기에 있다. 그러나 동시에 그것이 하나님의 일이라는 것을 안다면, 그것은 하나님의 방법대로 해야 한다. 존귀한 것에는 반드시 책임이 따른다.

이것은 당신이 "하나님께서 일하시는 방법"에 따라 일해야 한다는 것을 의미한다. 여기에서 그 "방법"이란 당신이 자신의 일을 하는 방법을 의미하는 것으로, 당신의 표현 방법과 사람을 고용하는 방법, 그리고 목적을 이루기 위해서 사용하는 전략 등을 뜻한다. "생활 방식"이란 말이 당신이 자신의 삶을 살아가는 일반적인 방법을 말한다면, "일하는 방식"은 당신이 일을 하는 가장 일반적인 방법을 의미한다.

그렇다면 이것은 어떠한 식의 근로 방법이 되어야 하는가? 나는 지금까지의 연구를 통해 평신도인 당신이 하는 일이 목회자나 선교사의 사역과 똑같이 존귀하다는 것을 강조해 왔다. 그러나 여기에는 동시에 당신에게 자신의 일을 통해 하나님을 높여야 할 동등한 책임이 있다는 사실이 내포되어 있다.

**인격**. 이것의 의미에 대해 잠시 살펴 보도록 하자. 나는 비영리 기독교 단체인 직장 목회 선교회 Career Impact Ministries의 회장직을 맡고 있다. 그렇다면 이러한 조직을 이끌어 가는 내게 당신은 어떠한 행동을 기대하겠는가? 당신은 내가 동료들과 어떠한 관계를 맺어 나가기를 기대하겠는가? 당신은 내가 이기적이고, 야욕이 넘치며 지나칠 만큼 경쟁심에 사로잡혀 있다고 생각하는가? 우리가 생산하는 제품의 질과 관련해서는 나에 대해 어떻게 생각하는가? 내가 말하고 사람들을 대하는 방법에 대해 당신이 갖고 있는 기대치는 어떠한가? 당신은 또 내가 갈등이 생길 때 그것을 어떻게 풀어 나가기를 원하는가? 물론, 당신은 내가 차지하고 있는 위치상 나의 행동에 대해 매우 여러 가지로 생각을 할 것이다.

하지만 나는 여기에서 당신에게도 나와 똑같은 기준이 적용되어야 한다는 사실을 주지시키고자 한다. 그것은 우리의 문화가 아니라 성경의 원리에 따른 것이다. 당신 역시 나와 마찬가지로 당신이 함께 일하고 있는 사람들과 바람직한 관계를 추구해야 한다. 당신은 또 직장 동료들과의 갈등 문제도 할 수만 있다면 나와 똑같이 평화롭고, 지혜롭게 풀어가야 한다. 그리고 당신 역시 고결한 인격을 소유하도록 나와 마찬가지로 노력해야 한다.

결국은 당신도 지금 나처럼 하나님의 일을 하고 있는 것이다. 그리고 이것은 당신에게 존엄성을 부여한다. 그러나 여기에는 당신이 하나님의 방법대로만 그분의 일을 해야 한다는 막중한 책임이 함께 따른다.

이러한 책임은 일상 생활 속에서의 수많은 노동 환경에까지 확대 적용된다. 빌과 나는 그리스도인이 고결한 윤리 의식을 갖고 살아야 할 최소한 90가지 이상의 "중요한 영역들"을 찾아 냈다. 여기에는 정직과 직업에 대한 의식, 종업원을 채용하고 해고하는 문제, 노동의 질과 그 밖의 다른 많은 것들이 포함된다. 이러한 영역들에 있어 당신은 윤리적으로 훌륭한 인격을 지녀야 한다.

**두 종류의 근로 방법.** 예를 들어, 빌이 자기의 차를 수리하기 위해 그것을 정비사에게 갖다 주려고 한다고 하자. 그가 여기저기 수소문하며 다닌 끝에 훌륭한 정비사를 소개받았다. 소개인은, "아마 잘 할겁니다. 그는 그리스도인이거든요."라는 말로 그를 칭찬하였다.

빌은 정비사에게 브레이크와 카뷰레터를 점검하고, 필터를 제외한 오일을 교환해 줄 것을 부탁하였다. 그러나 집으로 돌아온 빌은 정비사가 자기의 차를 완전히 다시 조정하고, 새로운 브레이크와 오일 필터로 교체한 사실을 발견하였다. 따라서 총비용이 400달러가 넘게 들었다.

빌이 이 문제로 정비사와 다툰 것은 두말 할 나위가 없다. 그를 가장 불쾌하게 만든 것은 신앙인이 운영하는 가게의 불친절한 서비스와 도덕적으로 정직하지 않은 태도였다.

이번에는 빌이 다른 문제 때문에 자기의 차를 역시 크리스찬인 다른 정비사에게 갖고 갔다고 가정하자. 정비사는 어떤 것을 고쳐야 하고 비용은 대략 얼마나 들어갈 것이며, 만약 추가 비용이 나올 경우 빌에게 연락할 수 있는 방법에 대해 꼼꼼히 기록을 하였다.

작업은 정한 시간에 합의한 대로 마무리되었다. 사실, 여기에는 에어컨에 프레온 가스를 다시 넣는 것도 포함되었다. 그런데 정비사는 계기판 등을 점검하는 순간 프레온 가스의 양이 충분하다는 것을 알았다. 그는 그것에 대한 비용을 청구하지 않았다. 그러면서 말하기를 "꼭 손보지 않아도 될 것에 대해서는 비용을 청구하지 않았습니다."라고 하였다.

빌은 정비사의 일하는 방법과 뛰어난 실력, 그리고 정직성에 커다란 감동을 받았다. 그는 하나님의 방법을 좇아 하나님의 일을 했던 것이다. 솔직히 말해, 나는 빌과 정비사 사이의 거래 관계에 있어 하나님의 시각에서 볼 때 핵심적인 질문은 정비사가 마치 그리스도께서 연장을 다루시는 것처럼 자동차를 정비했느냐는 것이었다는 사실을 말하고 싶다. 장차 언젠가 하나님께서 그 정비사의 행실과 동기를 평가하실 날이 반드시 오게 되리라는 것을 기억하라(엡 6:7~8).

**권위.** 근로 방법에 있어서의 또 한 가지 중요한 점은 높은 자리에 있는 자들에 대한 우리의 태도이다. 우리는 당신이 그리스도를 믿는 자로 예수님을 위해 일한다는 사실에 대해 이미 살펴보았다. 그분은 당신의 사장이시다. 예수님께서는 당신이 세상에서 당신보다 높은 자리에 있는 자들을 존경하고, 그들에게 순종해야 할 것을 명령하고 계신다(엡 6:5~6).

종들아 두려워하고 떨며 성실한 마음으로 육체의 상전에게 순종하기를 그리스도께 하듯 하여 눈가림만 하여 사람을 기쁘게 하는 자처럼 하지 말고 그리스도의 종들처럼 마음으로 하나님의 뜻을 행하여.

베드로는 또 이렇게 말하였다(벧전 2:18).

사환들아 범사에 두려워하므로 주인들에게 순복하되 선하고 관용하는 자들에게만 아니라 또한 까다로운 자들에게도 그리하라.

현실적인 시각에서 볼 때 이것은 당신이 회사의 규범과 정책을 따르고, 당신보다 위에 있는 자들의 명령을 행해야 할 것을 의미한다. 여기에는 나라의 법에 복종하는 것도 포함이 된다. 물론 나는 우리가 맹목적으로 복종하는 것이 최선의 방법인지에 대해 한번쯤 의문을 가져야 하는 특별한 경우도 있다는 사실을 잘 알고 있다. 따라서 어떤 규범이나 정책, 법은 개정하거나 폐지해야 하는 경우도 있다.

그러나 이처럼 극히 예외적인 것들을 가지고 그것을 자기가 존경하지 않는 높은 자리에 있는 자들의 권위를 무시하는 합리적인 수단으로 악용해서는 안된다. 우리는 위에 있는 자들이 아무리 비열하게 행동할지라도 그리스도께서 지켜보고 계시다는 사실을 알아야 한다. 예수님은 독재적이거나 정직하지 않은 지도자를 통해서는 어떠한 기쁨도 누리실 수가 없다. 그러나 예수님은 불순종하거나 도리에 어긋나게 행동하는 피고용인에 대해서도 기뻐하시지 않는다.

중요한 것은 우리가 일하는 방법을 통해 우리의 신앙이 얼마나 신실한지 보여주는 그 모든 것이 여실히 드러난다는 사실이다. 바울은 우리가 하나님께 하는 것처럼 일하고, 도덕적으로 거룩하게 살 때, "하나님의 교훈을 빛나게" 한다는 것을 주장하고 있다. 다시 말해, 우리의 훌륭한 인격과 노동에는 그리스도의 위대한 모습이 나타난다(딛 2:9~10). 이것이 바로 우리가 하나님의 방법대로 일하는 것이다.

### 하나님의 결과 : 우리의 견해

그러나 우리가 하나님의 방법에 따라 그분의 일을 할 때, 우리는 결과도 그분께 맡길 수가 있다. 이것은 자기의 일에 대해 따분하게 생각하는 사람과 일을 통해 커다란 기쁨을 발견하는 사람 모두에게 매우 고무적인 개념이 된다.

**권태**. 하나님께서 그분의 특별한 목적을 이루는 수단으로 당신을 사용하고 계시다는 개념은 무엇보다도 당신이 자신의 직업에 대한 중요성에 의문을 제기할 때 실질적인 도움이 된다.

지금으로부터 3년 전, 한 치과 의사가 지금까지 내가 이 책을 통해 제시한 것과 동일한 개념에 대해 연구했다고 한다. 그는 그 후로 노동에 대한 성경의 원리가 자기의 직업관을 완전히 바꾸어 놓았다고 거듭해서 말하였다. 당신은 치과 의사들의 자살률이 다른 종류의 전문적인 직업을 가진 사람들보다 훨씬 높다는 사실을 알 것이다. 치과 의료 행위는 고도의 스트레스를 가중시키는 따분하고 단조로운 직업 가운데 하나이다. 따라서 이 치과 의사 역시 굉장한 스트레스를 받고 있었다.

하지만 그가 자기의 직업에 대해 그것을 하나님의 일로 생각하여 하나님의 방법대로 하기 시작했을 때, 그에게서는 직업에 대한 의무감과 소명 의식이 나타나기 시작하였다. 그는 하나님께서 자기를 사람들의 육체적인 건강을 위해 기여하는 일에 부르셨으며, 그것은 특별히 자기가 치과 의사로서 자신에게 찾아오는 사람들의 건강을 돕는 일이라는 것을 깨닫게 되었다.

다시 말해, 그는 치과 의사인 자기의 직업을 하나님을 위한 사역으로 간주한 것이다. 이것은 그로 하여금 매일 반복되는 따분한 일에 대해 싫증을 느끼지 않도록 도와주는 커다란 힘이 되었다.

이러한 원리는 우리 모두에게 있어서도 마찬가지이다. 우리는 자신의 직업에 대해 따분하거나 때로는 지겨움을 느낄 때가 있다. 그러나 자신의 직업에 대해 하나님께서 맡기신 것이라는 사실을 인식할 때 우리는 일에 대한 의무감뿐 아니라 존엄성마저 느끼게 된다.

**입신출세주의**. 이것 역시 우리가 일에 대해 싫증을 느끼지 않도록 도와 준다. 아마 당신은 다른 많은 사람들과 마찬가지로 일이 우리에게 성취감과 의욕을 고취시켜 준다는 사실을 알고 있을 것이다. 이것은 매우 바람직한 현상이다.

안타까운 것은 많은 사람들이 자신의 직업에 대해 실제로 가능한 것 이상의 기대를 갖고 있다는 것이다. 만약 당신도 그러한 사람이라면, 당신은 자신의 직업을 통해서 얻을 수 있는 결과에 대해 매우 비현실적인 기대를 갖고 있는 것이다.

전도서는 우리가 하는 수고의 무익성에 대해 이야기하고 있다. 전도서는 우리가 끝없이 수고하되 해 아래 아무것도 새로운 것이 없으며, 우리가 죽기 전까지 수고는 계속될 것이라고 말하고 있다. 그러므로 우리는 각자의 일로부터 완벽한 의미와 가치를 결코 기대해서는 안된다.

이것은 우리가 일을 통해서 얻는 것이 무의미하다거나 무가치하다는 뜻이 결코 아니다. 이것은 우리가 자신의 개인적인 가치와 중요성을 높이기 위해 노력해서는 안된다는 것을 의미한다.

그러나 유감스럽게도 오늘날 많은 사람들이 갖고 있는 직업관이 바로 이와 같다. 우리는 자신의 이기적인 목적을 위해 일하며, 따라서 일의 결과에 지나치게 얽매인다. 이것은 우리에게 일을 우상화시키고, 우리 사회를 보다 냉혹하게 만든다.

이와는 반대로 그리스도를 자신의 일 가운데 제일 우선 순위에 놓는 사람은 자신을 일의 노예로부터 벗어나게 하는 새로운 힘을 발견한다. 당신은 근면이 만족감을 가져다 주는 반면, 과로는 자신을 파괴시킨다는 사실을 알고 있을 것이다. 그러나 "모든 것을 자기가 한다."고 믿는 사람은 결코 일의 노예 상태에서 벗어날 수가 없다.

**성공만이 유일한 목표가 아님.** 몇 년 전, 미식축구의 한 메이저 리그 코치가 갑자기 은퇴를 선언하였다. 코치의 사임을 발표하는 기자 회견이 끝난 직후, 한 기자가 그에게 가까이 가 이렇게 질문하였다. "코치님, 고인(故人)이 되신 달라스 카우보이스팀의 톰 랜드리 Tom Landry 코치와 같은 분은 20년 이상 코치 생활을 했는데 코치님은 불과 3, 4년 밖에 하지 않고 프로 축구팀에서 떠나는 이유를 도저히 이해할 수 없습니다."

은퇴를 선언한 코치는 잠시 침묵하더니 기자를 바라보며 다음과 같이 답변하였다. "글쎄요, 기자님이 알다시피 톰 랜드리는 크리스찬이었습니다. 그는 지금까지 내가 만나본 사람들 가운데 누구 못지 않게 승리에 대한 욕구가 강한 사람이었지요. 하지만 톰은 인생에 있어 가장 중요한 것은 축구가 아니라는 것을 안 사람입니다."

그의 말 속에는 매우 심오한 의미가 담겨 있었다. 랜드리에게는 그가 자신의 직업을 신앙적인 관점에서 보고 있다는 것을 분명히 암시하는 어떤 증거가 있었다. 언론에서는 지금도 랜드리 코치의 매우 뛰어난 인간적인 모습이 종종 거론된다. 언론은 랜드리 코치가 높은 이상을 추구하고, 훌륭한 코치가 되기 위해 노력했으며, 프로다운 모습을 보여주기 위해 최대한의 노력을 기울인 것에 대해 그를 높이 평가한다. 그러나 언론은 또 랜드리에 대해 단지 경기에 있어서의 승리 이상으로 그의 삶에 있어서의 훌륭한 점들을 칭찬하고 있다.

랜드리 코치처럼 자신의 의무는 하나님의 방법에 따라 그분의 일을 하는 것이며, 결과에 대해서는 하나님께 맡겨야 한다는 사실을 아는 사람은 항상 마음에 평안과 휴식을 누리게 된다. 그것은 랜드리가 경기에 패할 때도 마냥 기뻐했다는 의미가 아니다. 그는 지는 것을 아주 싫어하였다. 이것은 누구나 마찬가지이다. 하지만 그는 축구 경기에 지는 것이 모든 것의 패배를 의미하는 것이 아니라는 사실을 알았다. 자기가 한 일의 결과에 대해 성경적인 견해를 갖고 있었던 그는 패배를 통해 겪어야 하는 고통을 잘 극복해 낼 수 있었다.

통치하시는 분은 누구신가? 당신으로 하여금 어려움 가운데서도 자신의 일을 행하게 하시는 분은 모든 것에 대한 주권을 갖고 계신 하나님이시다. 하나님께서 당신에게 어떠한 역경을 허락하시는 것은 그분과 함께 일하는 자로 당신의 신앙의 실체와 당신이 역경을 어떻게 극복해 나가는지를 시험하시기 위해서이다. 반면에 하나님께서는 또 당신이 그분의 위대한 성공과 성취를 어떻게 대하는지를 알아 보시기 위해 당신에게 그것들을 물붓듯이 부어주실 수도 있다.

어쨌든 당신의 일의 결과는 전적으로 그렇지는 않을지라도 당신이 그것을 어떻게 하느냐의 여부에 따라 크게 좌우된다. 당신에게는 자신이 원하는 결과가 나타나도록 자기의 일을 어느 정도까지 다스릴 수 있는 능력이 주어져 있다. 당신은 할 수 있는 한 가장 지혜롭게 판단하고 최선을 다하며, 항상 자신의 인격과 도덕성을 살피는 것을 게을리하지 말아야 한다.

그러나 세상에는 당신의 능력으로 어떻게 할 수 없는 것들이 많이 있다. 예를 들면, 국가의 종합적인 경제 계획이나 외국 정부가 행하는 정책 결정, 달러의 가치 등락, 그리고 직장 동료들의 결정 사항 등이 여기에 해당한다. 이러한 것들은 당신의 입장에서 통제할 수 있는 방법이 전혀 없다.

따라서 당신은 자신의 일에 대한 모든 결과를 하나님께 맡기고, 자신의 제한된 능력의 범위 안에서 하나님을 존귀케 하기 위해 최선을 다해야 한다. 당신이 이러한 마음가짐을 가질 때 비로소 오늘날의 우리 문화 가운데 전염병처럼 만연해 있는 스트레스와 불안으로부터 놀라운 위로를 누릴 수가 있다.

## 결론

하나님의 일. 하나님의 방법. 하나님의 결과. 이것을 받아들일 때 일을 대하는 당신의 태도에 날마다 변화가 나타날 것이다. 그것은 당신의 일과 영적 생활 사이의 갈라진 틈을 메워주므로 그것들을 다시 의미 있고 온전한 것으로 회복시켜 줄 것이다. 이것은 당신이 인간이 할 수 있는 가장 고귀하고 존귀한 일, 즉 하나님의 일에 참여하고 있다는 의식과 함께 자기의 일을 할 수 있다는 것을 의미한다.

# 3장

마이클 노바크 Michael Novak는 자기가 위대한 사업가들의 삶 가운데 영향을 미친 종교의 역할에 대한 책을 쓰고 있다는 사실을 사람들이 알았을 때 보이리라 예상했던 반응과 똑같은 질문을 받았다. 그것은 "사업 세계에서는 자본주의가 곧 종교가 아닙니까?" "자본주의란 도덕적인 결과와는 상관없이 돈을 왕창 벌어 성공하는 것이 목표가 아닙니까?" "성공한 사업가들이 하나님에 대해 도대체 관심이 있기나 합니까?"와 같은 질문이었다.

이미지가 모든 것을 대변해 주는 문화 속에서, 1996년 「소명으로서의 사업」Business as a Calling이란 책이 출판되었을 때 사업에 대한 사람들의 이미지는 영적인 것과 전혀 무관하였다. 신학자요, 전임 미국 대사를 지낸 경험이 있는 노바크는 신학과 정치학, 경제학, 그리고 문화 등 다방면에 걸쳐 25권 이상의 책을 집필하는 가운데 이러한 것들에 대한 이해와 현실 사이의 괴리를 절실하게 깨달았다.

노바크는 사업 세계에 대해 일종의 맹목적인 낙천적 견해를 갖고 있지 않다. 그는 자신의 책 가운데 다음과 같이 기술하고 있다. "사업에서 부도덕한 행위가 일어나고 있는 것은 분명한 사실이다. 그러나 사업의 성공을 위해 부도덕한 행동이 반드시 필요하다거나 도움이 되는 것은 아니다."

노바크의 책은 탐욕스러운 사업가들이란 그릇된 통념을 타파하고, 사업의 도덕적인 힘과 신성한 면을 강조하는 위대한 역할을 하고 있다. 그는 독실한 신앙을 가진 자들이 사업을 통해 이룬 업적들을 구체적으로 제시해 주고 있다. 다시 말해, 사업은 그들에게 있어 하나의 소명인 것이다.

그렇다면 소명이란 무엇일까? 노바크는 영적 세계와 기업 세계 사이의 관계에 대해 확고한 어조로 성공적인 해답을 제시해 주고 있다. 그는 일종의 전기 시리즈(다우 정유 회사 Dow Chemical Company의 전임 회장인 폴 F. 오리피스 Paul F. Oreffice와 투자에 있어 전설적인 인물인 존 템플톤 경 Sir John Templeton, 그리고 엔론 주식회사 Enron Corp의 최고 경영자인 케네스 레이 Kenneth Lay 등)를 통해 소명과 관련된 네 사람의 위대한 인물들의 예를 보여주고 있다. 소명은 개인적이고 유일하며, 특별한 것이다. 이처럼 특별한 소명에는 특별한 달란트가 요구된다. 또한 참다운 소명에는 기쁨이 따른다. 그러나 소명을 발견하는 것은 결코 쉬운 일이 아니다.

우리는 노바크가 쓴 책의 제1장에서 우리가 자신의 소명에 대해 분명히 아는 것이 절대적으로 필요하지만, 그것을 안다는 것이 때로는 어렵다는 사실을 발견하게 된다.

노바크는 소명과 관련해 네 사람의 위대한 인물들을 소개하는 것 외에 "소명은 계속 침묵 상태를 유지할 수 있는가?"와 "순전히 세속적인 직업도 소명이 될 수 있는가?"와 같은 질문들에 대해서도 자신의 입장을 밝히고 있다. 그는 소명의 발견이 우리의 매일 반복되는 직장 생활 속에서 그렇게도 놀라운 변화를 가져다 주는 이유를 이해하기 위해서 필요한 지식을 제공해 주고 있다.

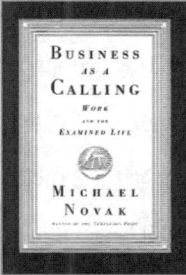

**Michael Novak의 「소명으로서의 사업」**
**Business as a Calling에서**

# 소명이란?

직업(라틴어 보카티오 vocatio, 소명) : 자신이 그것을 위해서 부름 받았다고 믿는 기능이나 일. — New World Dictionary 2d college ed.

오늘날과 같은 경제 질서 속에서 돈을 번다는 것이 합법적으로만 이루어진다면 그것은 곧 직업에 있어서의 덕성과 능력의 결과와 표현이다…. 그런데 실제 오늘날 우리들에게 인식되어 있는 소명감으로서의 자신의 의무에 대한 이처럼 특수한 개념은 자본주의 문화에 있어 가장 두드러진 사회 윤리의 특징을 이루며, 어떤 면에서는 그것에 대한 기초가 되기도 한다…. 독일어의 Beruf, 그리고 특별히 영어의 calling이란 단어 속에 적어도 직업이 하나님에 의해 정해진 일이라는 종교적 신념이 암시되어 있다고 믿는 것은 결코 잘못된 견해가 아니다.

— Max Weber

사업에 대해 당신이 대학원에서 경영학을 공부하거나 또는 경제학을 수강하면서 지금까지 누구에게서도 들어보지 못한 것이 있을 것이다. 그것도 아주 중요한 것에 대해서 말이다. 어쩌면 그것은 당신의 삶 가운데 결혼과 자녀에 관한 것을 제외하고 가장 중요한 것인지도 모른다.

그것은 바로 "바쁘게 살아가고 있는 사업가들에게 가장 커다란 기쁨을 주고, 인생 말년에 가장 커다란 만족감을 줄 수 있는 것이 있다면 도대체 무엇일까?"라는 질문에 우리가 종종 '성취'라고 답하는 것이다. 그렇다면 그것은 무엇에 대한 성취일까? 그것은 인간에 의해 임의적으로 선택되는 것이 분명히 아니다. 우리가 세상에 태어날 때 갖고 나오는 개성이나 재주 또는 소망은 자기 노력을 통해 스스로 얻어지는 것이 아니다. 우리가 자신의 노력으로는 불가능한 이러한 능력들을 실천할 때 그것은 곧 우리에게 행하도록 부여된 어떤 것을 성취하는 것과 같다. 그것은 우리가 자신의 운명과도 같은 것을 밝혀내고, 많은 사람들에게 공적인 유익을 주기 위한 가치 있는 일에 기여하는 것이다. 나아가 그것은 개인적으로 자기가 누구보다도 잘 할 수 있으며 좋아하는 것을 이루었다는 사실에 대해 일종의 자부심을 느끼게도 한다.

비록 우리가 자기의 일에 대해 항상 이렇게 생각하지 않는다 할지라도, 우리에게는 각자 운명적이며 우연에 의한, 그리고 타자적이며 하나님에 의한 소명이 주어진다. 행복한 사람이란 곧 자기의 소명을 발견한 사람이다.

### 소명

그러면 우리는 소명에 대해 알기 원하는 사람들에게 어떻게 설명해야 하는가? 우리에게 소명이 있다 한들 그것을 어떻게 알 수 있는가? 당신은 자신의 소명을 알기 원할 때 무엇으로부터 그것에 대한 해답을 찾는가?

한 가지 좋은 방법은 다른 사람들의 삶 속에서 실제적인 예들을 찾아 깊이 성찰하는 것이다. 그러나 무엇보다도 우리에게는 먼저 오늘날의 우리 문화(매우 광범위하고 다양한 모습을 지니고 있는) 속에서 각각 자기에게 주어진 소명(각 개인의 신분과도 같은)이 특별하다는 사실을 이해하는 것이 필요하다. 완전히 똑같은 소명을 갖고 있는 사람은 세상에 아무도 없다. 우리가 다른 사람들의 예를 자신에게 적용시킬 때 여러 가지 경우에 대해 깊이 생각해야 하는 이유가 바로 여기에 있다. 자기의 상황과 딱 맞아 떨어지는 사람은 아무도 없다. 따라서 우리에게 유익한 자료를 제공해 주는 경우가 있는가 하면, 전혀 도움이 되지 않는 경우도 있다.

나는 여기에서 지난 수 년 동안에 걸쳐 만났던 몇몇 사람들의 소명과 관련된 이야기 — 나 자신에 관한 것을 포함해서 — 를 소개하고자 한다. 비록 사업 현장에 국한된 이야기에 불과한 것이긴 하지만, 우리가 자기의 소명을 깨닫기 위해서는 어떻게 해야 할 것인지에 대해 폭넓은 견해를 제공해 줄 것이다.

● 목회학 박사이자 유명한 저술가인 M. 스코트 펙 M. Scott Peck은 오키나와에서 자기의 지도 아래 수련의로 군복무를 한 젊은 병사에 관한 이야기를 들려주고 있다. 피터 Peter는 자신의 임무에 매우 충실했으며, 따라서 펙 박사는 피터가 미국으로 귀국하는 대로 그를 대학원에 입학시킬 생각이었다. "당신은 훌륭한 의사입니다. 나는 당신이 대학원에 들어가 석사과정을 공부하도록 도와주고 싶습니다. 학비는 제대군인 원호법 GI Bill에 따라 나오는 돈으로 충당하면 될 것입니다."

그런데 젊은 군인은 자기는 앞으로 사업을 하기 원한다고 말하였다. 펙 박사는 그 순간 어안이 벙벙했다고 고백하였다.

펙 박사가 심리 요법 치료사의 이점에 대해 구체적으로 설명하려 하자 젊은 군인은 갑자기 그의 말문을 막으며, 이렇게 말하였다. "스코티

Scotty 박사님, 박사님께서는 모든 사람이 박사님과 똑같은 생각을 갖고 있지 않다는 사실을 모르시나요?" 피터의 말대로, 모든 사람이 다 심리 요법 치료사가 되기를 원하는 것은 아니다.

소명이 바로 이와 같다. 소명을 알기 위해서는 일반적으로 2가지의 전제 조건이 요구된다. 첫째는 '하나님께서 과연 자기에게 그 일을 감당할 수 있는 능력을 주셨느냐?' 하는 것과 둘째는 '(마찬가지로 하나님께서) 자신에게 기쁜 마음으로 그것을 하고자 하는 강한 열정을 주셨느냐?' 하는 것이다.

● 나는 12년 반 동안이나 카톨릭교의 사제가 되기 위해 공부했지만, 마침내(장기간에 걸쳐 마치 어둠 속을 헤매는 것과 같은 방황 끝에) 사제직이 나의 소명이 아니라는 것을 분명히 깨닫게 되었다. 따라서 나는 서품식을 불과 5개월 앞두고 공부를 중단하였다. 하지만 내게는 12년 이상의 세월이 모두 유익했으며, 나는 그것을 항상 좋은 추억으로 간직하고 있다. 나는 동료와 그리고 주위에서 함께 공부하던 사람들과 친하게 지냈고, 곁에는 내게 영적으로 조언을 해 줄 수 있는, 귀감이 되는 훌륭한 사제들이 많이 있었다(그 중에서 특별히 내가 좋아한 한두 명의 사제들은 나와 친구들에게 교훈이 될 만한 좋은 이야기를 들려주곤 하였다). 내가 사제가 되기 위한 공부를 중단할 것인지의 여부를 결정해야 할 때쯤 해서는 카톨릭 교회의 외부에 장차 내게 사제가 되는 문제에 대해 조언을 해 주어 올바른 판단을 내릴 수 있도록 도와준 심리 치료사가 있었다. 그는 마치 스핑크스처럼 말이 없었지만, 나로 하

여금 스스로 나 자신에 대해 판단하게 하였다. 마침내 몇 달 동안에 걸친 조용한 기도 끝에 내게 매우 분명한 응답이 임하였다.

소명이 때로는 이렇게 임하기도 한다.

나는 사제직에 대해 그것은 분명히 내가 할 일이 아니라는 확신과 함께 강한 거부감을 느꼈을 뿐 아니라, 작가가 되고, 정치 및 사회의 변화에 참여하며, 소설을 쓰고, 철학과 신학의 새로운 분야를 개척하고 싶은 강한 충동을 느꼈다. 나는 이러한 모든 모험적인 것들이 나 자신을 논란 가운데 빠뜨리게 되리라는 것을 알았다. 하지만 내게는 교회에 물의를 일으키지 않고도 자신의 입장을 변호하는 것이 충분히 가능할 것이라고 생각되었다(그러나 만약 내가 사제였다면, 그것이 불가능했을 것이다). 내게는 사제보다는 혼자서 내 일에만 몰두하는 것이 더욱 어울렸다.

●존 템플턴 John Templeton — 템플턴 그로스 펀드 Templeton Growth Fund의 창설자요 아마 이 시대 최고의 투자가로 불과 몇 년 전에 알게 됐지만 내가 매우 존경하는 인물인 — 은 최근 포브즈Forbes 지와의 인터뷰를 통해 자기는 어렸을 때 선교사가 되길 원했다고 말하였다. 그는 테네시주 윈체스터 Winchester에서의 어린 시절부터 예일 대학교와 그 후 옥스퍼드 대학교에서 로즈 장학생 Rhodes Scholar으로 공부할 때까지 매우 독실한 신앙인이었다. 그런데 그는 예일 대학교와 옥스퍼드 대학 재학 시절 많은 외국인 기독교 선교사들과 상대하면서 자기에게는 선교사로서의 자질이 없다는 것을 깨닫게 되었다.

나중에 그는, "저는 그분들에게서 선교사로서 제게는 없는 많은 달란트가 있다는 사실을 알았지요."라고 술회하였다. "그러나 돈에 대해서라면 제가 그들보다 한 수 위라는 것을 알았습니다. 따라서 저는 돈을 벌어 재정적으로 선교사들을 돕는 일에 제 자신을 헌신하기로 했습니다." 사실이지 존 John경(그는 광범위한 분야에 걸친 업적을 인정받아 1987년 엘리자베스 여왕 Elizabeth Queen으로부터 기사 작위를 받음)은 가능성이 전혀 없어 보이는, 특별한 인내심이 요구되는 곳에 투자를 하기 때문에 그 분야에 있어 국제적으로 널리 알려진 인물이다.

그는 경제적으로 크게 성공을 하였다. 그리고 전세계에 걸친 그의 기부 사업 역시 대단하다. 현직에서 은퇴한 그는 지금 인간의 자유를 증진시키기 위해서 필요한 덕성과 인격의 함양을 고취시키는 사업에 주로 기부를 하고 있다.

덧붙여 말하면, 그는 자신의 돈을 이러한 사업에 투자하기 위해 비행기 여행을 할 때는 항상 2등석을 이용한다.

우리는 존 John경이 쓴 여러 권의 저서에서 그의 객관적 사고와 뛰어난 시각, 그리고 위대한 인내심과 예리한 판단이 매일 하나님께 드린 헌신적인 기도로부터 나왔다는 사실을 발견하게 된다. 그는 하나님께서 자기에게 소명으로 전세계에 걸쳐 투자할 수 있는 비범한 능력을 주셨다고 생각한다.

● 또 한 사람의 위대한 투자가인 에드워드 크로스비 존슨 2세 Edward Crosby Johnson II는 오늘날 미국에서 가장 큰 규모의 뮤추얼

펀드 회사인 피델리티 투자회사 Fidelity Investment의 창업자로 널리 알려져 있는 인물이다. 투자 세계에서 "미스터 존슨" Mr. Johnson으로 통하는 그는 의사겸 선교사인 할아버지를 두었다. 하지만 그의 아버지인 사무엘 존슨 Samuel Johnson은 의사의 길도 목회자의 길도 걸어가지 않았다. 그는 가족끼리 경영하는 소매업에 손을 댔지만 전혀 적성에 맞지 않았다. 사무엘이 흥미를 가진 것은 기독교 이전의 종교들에 대한 연구와 취미 생활이었다.

미스터 존슨은 아버지의 영향을 받아 종교, 그 중에서도 특별히 자기에게 세상을 바라보고 사람을 이해하는 방법을 제시해 준 동양의 종교 철학에 관심이 많았다. 이렇게 미스터 존슨이 자기가 잘할 수 있고 좋아하는 일을 하기 원했음을 보여준 것과는 대조적으로 아버지에게 물려 받은 일에 대해서는 열정이 부족하였다. 그는 처음에 변호사를 자신의 직업으로 택했지만, 얼마 안 있어 그것이 자기의 소명과는 거리가 멀다는 것을 알았다. 그는 자신에게 맞는 직업은 투자와 주식 시장의 심리를 연구하는 것이라고 확신하였다. 그에게 있어서 주식 시장은 마치 "아름다운 여인이요, 끝없는 매력이며 형용할 수 없는 상상의 세계요, 항상 변화와 신비로움을 가져다 주는 대상"이었다.

1943년, 그는 보스턴에 본부를 둔 소규모의 뮤추얼 펀드 회사인 피델리티 펀드 Fidelity Fund사에 대한 경영권을 매입하여 자신의 재능을 전문적인 직업으로 바꾸기로 하였다. 이렇게 해서 피델리티 투자 회사는 자신의 관심 분야를 추구한 사람의 손에 의해 운영되기 시작하였다. 1940년대에도 소규모의 많은 투자자들의 공동 출자로 설립된 별개의 합법적인 뮤추얼 펀드사들이 활발하게 활동하고 있었다. 그들은 적은 비용으로 개인에게 투자(그전까지는 부유층에게만 가능했던)를 통한 업종의 다양화와 전문 경영에 대한 참여의 기회를 제공하였다.

미스터 존슨은 고객들에게 예전에는 상상조차 할 수 없었던 서비스를 제공하게 된 것에 대해 매우 만족해 하였다. 그는 1945년 하버드 대학교의 동급생들에게 보낸 편지에 다음과 같이 쓰고 있다. "우리 회사의 주고객층인 소규모의 투자자들에게, 큰 돈을 투자한 사람들에게나 가능한 투자의 기회를 줄 수 있다는 것이 내게는 더없는 기쁨이라네." 이러한 생각은 그로 하여금 평생 동안 소액 투자자들에게 자금을 투자할 수 있는 기회를 부여하는 동기가 되었다.

● 미국 최대 규모이자 세계 최대의 천연 가스 회사 가운데 하나인 휴스턴의 엔론 회사 Enron Corp의 회장겸 최고 경영자인 케네스 레이 Kenneth Lay는 얼마 전 자기 회사의 비전에 대해 다음과 같이 공개하였다. "우리 회사의 목표는 전세계에 깨끗한 에너지를 공급하는 가장 획기적이고 믿을 만한 기업, 세계 최고의 천연 가스 회사가 되는 것입니다." 하지만 그에게 있어 진정으로 가장 큰 비전은 그것과는 다소 다른 것에 있었다.

레이는 다음과 같이 고백하였다. "저는 어린 시절을 침례교 목사인 아버지 밑에서 자랐습니다. 이러한 환경 탓에, 저는 국가의 법을 지키는 것은 물론, 도덕적이고 윤리적인 행동, 조직과 사람을 지도해 나가기 위해서 요구되는 기준이 어떤 것인지를 쉽게 접할 수 있었습니다.

저는 예나 지금이나 똑같이 우리의 삶 속에서 가장 만족을 주는 것 가운데 하나는 모든 개인에게 하나님께서 주신 잠재력을 발견하는 것이 허용되고 또 권장되는 고도의 도덕적이고 윤리적인 환경을 이루어 나가는 것이라는 것을 굳게 믿고 있습니다. 우리에게는 실제 불가능하다고 생각했던 목표를 성취하는 것보다 더 큰 만족을 주는 것이 없습니다."

● 노스 캐롤라이나주에서 빈민들을 위한 자원봉사 활동에 2년을 바친 로레인 밀러Lorraine Miller에게 있어 사업을 한다는 것은 거리가 먼 일이었다. 그 당시 그녀는 "이익을 남기려다가 빈곤을 만들어 낸다."는 주의였다. 1994년, 그녀는 유타주에서 주는 그 해의 작은 유타인 사업가상Utah Small Business Person을 수상한데 이어 미국 전역을 통틀어 주는 똑같은 상을 받았다. 자기가 만난 첫 번째 사장에게서 몹시 좋지 않은 인상을 받았던 그녀는 자기 사업을 직접 경영하고자 하였다 (사실, 이것은 오늘날 젊은 사업가들 사이에 가장 많이 인용되는, 사업을 시작하는 3가지의 동기 가운데 하나가 되고 있음). 그녀는 유타주에 온실 사업을 운영하거나 화훼 사업가들 가운데 실내용의 분재 화초를 화분에 키워 시장에 공급하는 사람이 없다는 사실을 알고는 자기가 저축해 놓은 2,000달러 중 절반을 투자하여 글라스 미네거리Glass Menagerie라는 가게에 그러한 식물을 진열해 놓기로 했다. 그녀는 매주 주말이면 희귀 식물을 찾아 VW승합차를 몰고 편도 12시간이나 걸리는 캘리포니아주까지 갔다. 그녀는 내이션스 비즈니스 Nation's

Business 지와의 인터뷰에서 다음과 같이 말하였다. "25살 때까지만 해도 하루 종일 일하고 밤새 운전해도 힘이 남아 돌지요." 처음 5년 동안 그녀의 수입은 빈곤한계선을 밑돌았다. 그리고 그녀는 노동법(자영업자이기 때문에 반드시 알 필요가 없었던)에 의해 정부에서 정기적으로 발행하는 보고서를 잘 보관해 두어야 할 것에 대해 미처 생각하지 못하였다.

그녀는 사업을 시작한지 약 5년 후, 캑투스 & 트로피칼스Cactus & Tropicals란 이름의 새로운 가게를 열어 처음으로 종업원을 고용하고, 온실을 만들어 식료품점에 도매로 물건을 납품하기 시작하였다. 소매상을 운영할 경우 더 많은 이익이 남는다는 사실을 곧 깨달은 그녀는 나무(현재 약 2백만 그루나 되는)를 관리해 주는 야심찬 새 사업과 함께 소매업을 경영하기 위한 점포 계약을 맺었다. 그녀는 35명의 직원을 고용하고 있었지만, 그때까지만 해도 그녀가 돈을 벌기 위해 그것을 하는 것은 아니었다.

그녀는 미국 전역 및 유타주에서 수여하는 상을 수상한 직후, 사람들의 "성공했다"는 말에 커다란 용기를 얻어 향후 3년 내에 자기 사업의 매출 규모를 1백만 달러에서 5백만 달러로 증가시킬 계획을 세우기 시작하였다. 이번에는 돈을 벌기 위한 것에 목적이 있었다. 그녀는 이렇게 말하였다. "저는 우리 회사의 종업원들이 더욱 발전하길 바라며, 그 학습에 필요한 것을 돕기 위해서는 제가 많은 돈을 벌어야 한다고 생각합니다."

사업 초기에는 적은 임금으로도 사업을 유지해 나갈 수 있다. 하지만 높은 급료와 복지 혜택이 없이는 훌륭한 노동자를 발굴해 그들을 계속 관리한다는 것이 불가능하다. 물론 돈을 많이 벌었다고 하여 그녀의 삶이 편해진 것은 아니다. 그녀는 자신의 사업을 직접 운영하는 사장이 되었다. 그러나 지금은 사업이 그녀의 주인이 되었다. 그러한 면에서 그것은 잘못되었다고 할 수도 있으나 어쨌든 그녀는 지금 자기 소유의 사업체를 갖고 있다.

● 시카고에 있는 FMC사의 전임 회장인 로버트 말로트Robert Malott 에게 있어서도 그의 사업 활동 가운데 가장 커다란 만족을 준 것은 자기가 추구하는 형태의 기업체를 설립한 것이었다. 그는 퇴임식 때 회사를 위해 남긴 위대한 공로에 대해 많은 인정을 받았다. 그에게는 다음과 같은 헌사가 쏟아졌다. "성공적인 업적들에 대해 특별히 감사해야 할 한 분이 있는데, 그에게는 그가 자랑스럽게 생각하는 '기업 문화'를 정착시킨 것에 대해 인정해 주는 것이야말로 다른 무엇보다도 중요한 의미를 가질 것입니다." 퇴임식 파티에서 자기를 칭찬해 준 한 경영자에게 큰 감동을 받은 그는 다음과 같이 진심이 담긴 내용의 글을 친필로 작성해 전달했다.

밥 Bob씨, 퇴임식 파티에서 보내준 당신의 과찬에 대해 무슨 말로 고마움을 표해야 할지 모르겠습니다. 저에게 주신 칭찬과 신뢰의 말은 깊은 생각으로부터 우러나온 것으로 사료되어 감사를 표하지 않을 수가 없습니다. 지난 20년 동안 당신과 함께 교제하며 지낼 수 있었다는 것이 제게는 하나의 특권이었습니다. 고결한 인격의 소유자이신 당신의 높은 행동 기준은 부족한 저를 보다 훌륭한 사람으로 만들어 주었습니다. 당신께서 여러모로 저를 극찬하시지만, 저로 하여금 모든 것을 그렇게 잘 할 수 있게 만든 것은 바로 당신의 뛰어난 지도력과 항상 최선을 다할 것에 대한 단호한 권면이 있었기 때문입니다. 조직의 특징이 최고 지도자에 의해 좌우된다는 점을 고려할 때, 모든 공과가 지난 수 년 동안에 걸쳐 실질적인 권한을 갖고 FMC를 훌륭한 기업으로 성장시킨 당신에게 돌아가야 하는 것은 너무도 자명한 이치입니다. 지난 세월들은 매우 값진 시간이었습니다. 그동안 도와 주신 당신의 후의에 깊은 감사를 표합니다.

밥 말로트 Bob Malott는 이 서신을 다른 사업에 있어서의 성공에 대한 기억 못지 않게 소중히 간직하고 있다. 사람들 중에는 처음부터 지도자적인 자질을 갖고 태어나 자기가 경영하는 사업체 안에서 이룩한 좋은 인간 관계를 통해 가장 커다란 기쁨을 맛보는 이들도 있다. 이것 역시 일종의 소명이다.

● 팰로 앨토 Palo Alto에서 처음 자동차 정비공장으로 시작하여 휴렛패커드 Hewlett-Packard사의 사장이 된 데이빗 패커드 David Packard는 우리에게 매우 다른 관점에서의 소명에 대한 예를 보여주고 있다. 패커드는 회사를 설립하게 된 동기에 대해 사람들 앞에서 그것이 순전히 세상적인 목적에서였다고 공개적으로 이야기한다. "우리가 세상에 존재하는 이유가 무엇입니까? 나는 많은 사람들에게 기업은 순전히 이익

을 위해 존재한다는 선입견이 있다고 생각합니다." 패커드는 건실한 기업이라면 당연히 이윤을 남기게 된다는 것을 잘 알고 있다. 그러나 결과가 원인에 반드시 비례하는 것은 아니다. "우리가 자신의 진정한 존재 이유를 알기 위해서는 보다 깊은 내면의 세계로 들어가야 합니다. 우리가 이것에 대해 탐구할 때 사람은 개인의 독립된 힘으로는 이룰 수 없는 것을 공동의 힘을 통해 이루고자 함께 모여 기업이라는 조직으로 존재한다는 사실을 깨닫게 됩니다. 이 말이 다소 진부하게 들릴지 모르지만, 이것은 우리가 사회에 공헌하는 기초가 됩니다."

기업의 역할 가운데 하나는 여러 사람이 함께 모여 사회에 기여하기 위한 공동체를 형성하는 데 있다. 다시 말해, 혼자의 힘으로는 할 수 없지만 여러 사람의 힘을 합칠 경우에 가능한 것으로, 모든 사람의 욕구를 충족시키지는 못한다 할지라도 공동의 이익을 위해 몇 가지 특별한 것을 행하여 "사회에 기여하는 데" 있다. 비록 특정인에게 그가 가장 잘 할 수 있는 사업이 있고, 대부분의 기업체 내에 각자 개인에게 적합한 자리가 있는 것이 사실이지만 혼자의 힘으로 운영이 가능한 사업이란 거의 없다. 따라서 반드시 그렇지 않을지라도, 일반적으로는 공동체를 형성하여 다른 사람들과 협조해서 일하는 것이 바람직하다. 사람들과의 좋은 관계, 다시 말해 예의 바른 행동은 소중한 자산이 된다.

그러나 패커드는 이것보다 더 심오한 말을 들려주고 있다. "여러분이 직장에서 일할 때 주위를 둘러보면 저변에 어떤 강한 힘이 작용하고 있음을 느낄 수 있을 것입니다. 이러한 힘은 주로 다른 어떤 것, 곧 물건을 생산하고 서비스를 제공하는 것과 같은 일반적으로 매우 소중한 가치가 있는 것을 행하고자 하는 욕망으로부터 비롯됩니다. 휴렛 패커드사가 존재하는 진정한 목적은 본 회사만이 갖고 있는 독특한 상품을 공급하기 위해서입니다." 새로운 제품이나 서비스의 개발은 대중들에게 이와 같은 새로운 것을 공급하려는 강한 욕망에서 비롯된다. 그들은 또 자기들만이 그러한 독자적인 생각을 할 수 있었다는 점에서 그것의 소중함을 입증하기 원한다.

우리는 사업가들이 새로운 제품의 발견을 통해 누리게 되는 자신의 소명에 대한 확신을 결코 과소 평가해서는 안된다. 그들은 여행하면서 관심이 있는 고객들에게 자기 회사를 알릴 때 마치 라 스칼라 La Scala 극장에서 기립 박수를 받으며 열창을 하는 프리마돈나와 같은 자부심을 느낀다. 그들은 만약 이러한 모든 것이 실현되지 않은 채 한낱 꿈으로 끝났다면(이것에 대해 대부분의 사람들은 저들이 무일푼이 되었을 것이라고 말하였다) 과연 어떻게 되었을 것인지에 대해서도 생각해 본다. 그들은 창세기의 하나님처럼, 자기들이 이루어 놓은 것을 보고 매우 훌륭하다고 생각한다. 그러나 대개는 완벽하게 만족하지 못한 나머지 그것을 개선하기 위해 계속 노력한다.

● 로스 엔젤레스에 있는 제이콥스 엔지니어링 Jacobs Engineering 회사의 창업자이자, 교양서적인 The Compassionate Conservative의 저자이기도 한 나의 친구인 조 제이콥 Joe Jacob은 자기 사업이 한창 성장할 때 느꼈던 기쁨에 대해 말할 때마다 지금도 흥분과 즐거움을 감추지 못한다. 그는 자기의 책상 위에 "베이브 루드 BABE RUTH 1330회나 스트

라이크 아웃당함"이라고 쓴 패를 올려놓았다. 이것에 대해 물으면, 그는 자기 역시 수없이 많은 스트라이크 아웃을 당했기 때문이라고 대답한다. 한번은 최고 경영자가 새로 부임한 얼마 후, 일이 계속 꼬이기 시작하고, 의사 결정이 어긋나며 회원간의 인간 관계 마저 악화 일로로 치달아 조기 은퇴를 생각한 적이 있다. 조는 정말 은퇴하여 경영 일선에서 떠나려 하였다.

약 4년 후 회사에 다시 복귀해 달라는 청을 받았을 때, 회사는 거의 파산 직전에 처해 있었다. 그는 둘 중 하나를 선택해야 했다. 그것은 파산 상태의 기업을 계속 유지해 나가느냐, 아니면 전직원을 가혹하게 해고하고 안전한 일을 위해 떠나느냐 하는 것이었다. 그런데 그가 해고해야 할 대상들은 자기가 처음 고용하여 몇 년 동안을 함께 지내는 가운데 그들의 아내와 자녀, 그리고 모든 가정 형편에 대해서까지 훤히 알고 있을 만큼 좋은 관계를 유지했던 사람들이었다.

그는 훗날, 직원들을 해고하는 것이 자신에게는 마치 "창을 뒤트는 것처럼" 가장 고통스러운 일이었다고 회고하였다. 그의 머리에서는 살아 남느냐, 주저앉느냐 하는 생각이 잠시도 떠나지 않았다. 그에게 한 가지 위로가 있었다면, 당시로서는 거의 가능성이 없어 보였지만, 자기가 성공할 경우 많은 고용을 창출할 수 있으리라는 것이었다. 그러나 만약 그렇지 못할 때는, 회사와 거기에 딸린 모든 직원들의 앞길이 막막하게 될 것이 뻔하였다.

지난 날을 돌이켜 볼 때, 조는 자기가 취한 모든 선택마저도 실패로 돌아갔다고 생각하였다. 그것은 해고한 직원들 가운데는 해고되지 않은 사람들보다 일을 더 잘 할 수 있는 사람들이 있었기 때문이다. 그러나 회사는 어려운 상태를 잘 이겨내고 거기에서 벗어났다. 한동안 회사의 규모가 축소되고 자금이 딸리기도 했지만, 나중에는 예전보다 훨씬 더 건실한 회사로 성장하였다. 조의 말처럼 그것은 조로 하여금 회사의 재건을 통해 후에 보다 커다란 만족감을 느끼게 하기 위한 진통이었다. 우리는 자기가 지난 날 치른 모든 값비싼 대가와 위기 상황, 그리고 암울했던 순간들을 결코 쉽게 잊지 못한다. 우리는 좋은 일 못지 않게 힘들고 어려운 사건들도 많이 겪는다. 그리고 이처럼 어렵고 힘든 과정을 통과한 후에는 자기가 이전에 전혀 예상하지 못했던 방법으로 그것이 가져다 준 위대한 결과를 이해하게 된다. 1330개의 스트라이크 아웃은 홈런 타자에게 더 큰 기쁨을 주는 것이다.

사람들이 자기의 직업에 대한 소명 의식에 매력을 느끼는 것은 그것이 주는 도전 때문이다. 사람들은 세월이 흐르면서 자기가 혹독한 시련 끝에 위대한 목표를 이루어 사람들에게 커다란 기여를 했다는 사실을 알 때 매우 기뻐한다. 그들은 다른 사람들이 자기들이 만들어 공급하는 물건을 사용하고, 때로는 그것을 칭찬하고 높이 평가하며, 많은 돈을 지불하면서까지 그것을 구입하고 좋아하는 모습을 통해 성취감을 느낀다. 조는 자기 회사가 갖고 있는 건물과 제련소, 그리고 그 밖의 수많은 사업 계획들을 거듭 확인한다. 그는 자기 회사 제품의 우수성에 대해 자부심을 갖고 있다. 하지만 나는 그가 다른 무엇보다 자기와 함께 일하는 팀원 및 직장 동료들과 더불어 어려움을 극복한 것을 기뻐하고 있다고 생각한다. 동정심이 많은 엔지니어인 조는 지극히 평범한 사람이면서 동시에 훌륭한 인물이다.

● 기업체 내에서 중간 관리층은 매우 중요한 역할을 차지하면서도, 수 년 전 제이콥스 엔지니어링 회사와 같은 상황이나 또는 최근 일어나고 있는 구조 조정과 같이 기업이 어려움에 처할 때 일순위로 퇴출 대상이 되는 인정받지 못하는 계층이다. 그러면 오늘날 회사의 운명이 기울어져 가고 있는 기업체들의 경우를 보라. 그리고 그들의 가족은 어떤지 살펴 보라. 대기업에서 5년동안 근무한 경험이 있고, 사업하는 사람들을 상대로 사역하는 것이 늘 꿈이었던 감독파 교회의 신학교 교수인 제임스 H. 빌링톤. Jr. James H.Billington.Jr. ─ 철저히 연구하고 항상 노력하는 사람인 ─ 은 다음과 같은 웅변조의 글을 썼다.

중간 관리층은 이중고에 시달리고 있다. 첫째, 기업체 내에서 다른 모든 사람들과 마찬가지로 종교적이며 문화적인 환경에 잘 적응해야 한다. 순전히 돈을 벌기 위해서만 회사에 근무하고 있는 그에게, 돈을 버는 것은 나쁜 것이라고 은근히 압력을 행사하는 분위기에 말이다. 동시에 그는 경영 대학원에서 미국의 기업들이 경쟁력에서 뒤떨어지는 원인이 중간 관리층에 있다고 배워 온 엘리트 사업가들의 경멸의 대상이 되고 있다. 그러나 오늘날 미국의 기업에서 실제 중요한 역할을 하고 있는 대부분의 사람은 여전히 중간 관리층이다. 그리고 기업체 안에서 대부분을 차지하는 일 역시 중간 관리층의 역할에 속한다.

기업의 대다수를 차지하는 사람은 엔진에 볼트를 조이는 근로자나 사무실 의자와 같은 곳에 앉아 있는 자들이 아니다. 빌링톤은 우리에게, "송장(送狀)을 작성하고 컴퓨터를 치거나 혹은 자기가 속한 부서의 업무나 판매를 위한 전략을 실천하여 자기가 입안하지 않은 계획들을 행하고 있는 사람들이 아직도 기업 내의 주류를 이루고 있다는 사실"을 상기시키고 있다. 그들은 오늘날의 기업 세계에서 여전히 다수를 차지하고 있다. 빌링톤은 다음과 같은 말로 결론을 맺고 있다. "나는 지금까지 비지니스에 대한 어떠한 잡지에서도 중간 관리자들의 높이 인정받을 만한 소중한 공로에 대해 칭찬하는 글을 읽어보지 못했다."

그런가 하면 나는 중간 관리자들의 퇴임식에서 그들과 그들의 절대적인 역할에 대해 많은 웅변조의 찬사가 쏟아져 나오기도 하는 것을 보아 왔다. 기업의 총수들은 자기들의 회사를 그렇게 높은 단계로 끌어올렸거나, 최소한 회사를 안정된 상태로 유지시킨 사람이 누구라는 것을 잘 안다. 따라서 그들은 중간 관리자들이 무능하다거나 회사에 관심을 기울이지 않을 경우 자기들이 얼마나 절망적인 상황에 빠지게 될 것인지를 알고 있다. 대부분의 최고 경영자들은 자기를 대신하여 그 자리에 앉혀도 전혀 부족할 것이 없는 사람들을 포함하여 우수한 경영인들을 고용해 그들에게 동기를 부여하고 충분한 대우를 해주는 것에 대해 자부심을 갖는다. 경영자로서의 능력을 갖춘 사람은 흔하지 않다. 거기에다 위대한 지도자가 되기 위해서 필요한 뛰어난 창의력과 용기를 갖춘 인물은 더욱 드물다.

중간 관리자가 되는 것은 최고 관리층으로 가기 위해서 필히 거쳐야 하는 과정이랄 수도 없다. 아마 모든 사람들은 처음에 그것에 대한 자신의 가능성 여부를 시험하기 원할 것이다. 그러나 실제 대다수의 중간관리자들은 평생 동안에 걸쳐 조금씩이라도 승진하면서 보다 높은 보수와 상여금이나 받을 것을 기대한다. 그리고 퇴직할 때까지 (부사장급의) 중간 관리자의 자리를 계속 유지하면서 무엇보다도 다른 동료들에 비해 많이 존경받기를 기대한다. 대다수의 사람들은 중간 관리층의 자리가 자기에게 주어진 소명이라는 것을 일찍부터 시인한다. 따라서 그들은 자기의 역할을 잘 감당하기 원한다. 그들은 자신의 위치에서 회사에 기여하기를 원한다. 따라서 그들에게는 무엇보다도 마음 속에 자기가 그런 역할을 했다는 확신이 필요하다.

둘째, 그들에게 있어 일용할 양식은 동료나 또는 자기와 함께 일하는 사람들로부터 자신의 역할을 잘 감당하고 있다는 사실을 인정받았다는 표증이 된다. 하지만 그들은 일반 사람들과 마찬가지로 상사로부터도 인정받기를 원한다.

우리가 알고 있는 것처럼, 최고 경영층의 자리에 앉아 있는 불과 몇 사람을 제외하고는(그들이 실제 자격이 있든 없든 간에), 대부분의 사람들은 자기가 이룬 업적에 대해 거의 인정을 받지 못하고 있다. 나는 중학교 1학년 때 우리와는 전혀 다른 세계에서 행복한 삶을 사는 시스터 게베이스 Sister Gervase 수녀에게서 다음과 같은 말을 들었다. "그것이 바로 세상의 폐단이 아니겠니? 사람들은 남을 칭찬하는데 굉장히 인색하단다. 만약 그렇지 않다면, 세상은 크게 변했을 거야."

기업체 안에서 중간 관리자들은 자기 밑에서 매일 함께 일하는 사람들에게 누구보다도 칭찬을 아끼지 말아야 할 위치에 있는 사람들이다.

회사 안에서 그들이 만들어 내는 분위기가 전체적으로 미치는 영향은 대단하며, 상사로부터의 독려가 있을 때 그것은 특별히 더하다. 이러한 면에서 중간 관리층은 기업을 이끌어 가는 중추 세력인 것이 분명하다. 그들은 기업의 인간적인 분위기를 살리느냐, 그렇지 못하느냐의 여부를 좌우하는 중요한 위치에 있는 자들이다.

중간 관리층은 또 기업의 존엄성과 도덕성에 대한 책임을 맡은 자들이기도 하다. 그들은 기업체 안에서 도덕적이고 지적인 핵심 세력을 이루는 자들이다. 사업은 성스러운 노동의 장이며, 중간 관리층은 기업을 주도해 나가는 핵심 계층이다. 그들은 지도력을 통해 상사로부터 신임을 받는가 하면, 그렇지 못할 수도 있다. 반대로 부하 직원들로부터의 존경이나 불만의 대상이 될 수도 있다. 그들은 또 기업이 분명하고도 구체적인 방법으로 사회와 국가 전체에 기여하는 것에 있어서도 가장 커다란 책임을 맡고 있는 실질적인 지도자의 위치에 있는 자들이다. 그들이 기업을 성공적으로 이끌어 가기 위해서는 최고 경영층으로부터의 뛰어난 지도력이 필요하다. 그러나 오히려 최고 경영층에 있는 자들의 지도력이 그들에 의해 더 많이 좌우된다는 반론이 제기되기도 한다.

• 광고 회사 사장인 에밀리 그리핀 Emilie Griffin은 The Reflexive Executive란 자신의 명저에서 사업에 대한 소명에 있어서의 또 다른 면모를 보여주고 있다. 그녀는 책에서 "기업가로서의 가장 위대한 비전은 곧 사랑"이라는 것을 말하고 있다. 이것에 대한 예로 그녀는 필리스 조르단Phyllis Jordan(커피 전문점에 독점 판매권을 허가하는 지역 기

업으로 PJ's 커피와 차PJ's Coffee and Tea 회사의 창업자인)의 경우를 들고 있다. PJ's사는 2가지의 서로 다른 목적, 즉 기독교인들이 말하는 사랑과 공동체의 형성을 위해 창업되었다.

필리스 조르단은 자기가 PJ's사를 처음 창업하게 된 동기에 대해 다음과 같이 설명하고 있다.

― 그것이 소매업이라는 사실이 진정으로 나의 매력을 끌었으며…
― 친구가 그 사업을 하고 있어 필요한 정보와 경영 방법을 알고 있었기 때문이지요.
― 그러나 나로 하여금 커피에 대해 관심을 갖게 한 것은 무엇보다도 커피 전문점이 친구들과 커피를 마시며 서로가 경험담을 나눌 수 있는 분위기를 제공한다는 것에 있었습니다. 나는 사람들이 친구들과 함께, 아니면 누군가와 만나서 대화하는 것을 보기 원했지요. 이것을 글로 다 표현할 수는 없지만, 나는 지금 모든 것이 기본으로 돌아가는 것에서부터 환경에 대한 관심, 그리고 이웃 간의 교제와 극히 사소한 것도 매우 중요하게 여기는 분위기로 바뀌어 가는 등 사회적으로 커다란 변화가 진행되고 있다는 것을 압니다. 그런데 나는 어떤 특별한 커피가 이 변화에 중요한 역할을 하고 있다고 생각합니다.

이와 같은 커피 전문점 사업에 있어서의 우정 ― 이웃끼리 작은 것도 함께 나누는 장소가 되는 ― 은 뛰어난 식견들이 수많은 사업가들에게 의욕을 자극시키는 것처럼 필리스 조르단과 PJ's사에 활력을 불어 넣어 주고 있다.

그러나 조르단은 내심 현재의 커피 전문점을 세계적인 규모로 성장시키겠다는 또 하나의 야심찬 목표를 갖고 있다. 그녀는 미국커피협회 Specialty Coffee Association of America 회장직을 맡으면서 업무에 있어 또 한 가지 새로운 모습을 보여 주었다.

[특별한] 커피는 개발 도상 국가에서 오는 사람들과 수출업자, 농민 등으로 하여금 자기들과는 직접적인 관련이 없는 초청 연사나 수익을 목표로 하는 소매 상인 등 재배업자와 제품 생산자, 그리고 소비자 모두에게 유익한 결과를 가져다 주는 상호 협조적인 방법으로 한데 어울리는 것을 가능하게 해주고 있다. 우리는 어떤 유기체가 움직이는 것은 모든 조화와 조합이 제대로 이루어졌을 때만 가능하다고 생각한다.

에밀리 그리핀은 "지역내의 일반적이고 평범한 사람들의 말에는 중요한 의미가 내포되어 있다."는 것을 간파하고 있다. 하지만 그녀에게 있어서는 사업에 대해 이처럼 창조적인 열정이 소명의 개념과 온전히 일치되었다. "사려 깊은 경영주는 동료 근로자나 사원, 고객 또는 회사 내의 다른 직원뿐만 아니라, 자기가 생각할 수 있는 가장 광의적인 정의나 개념의 세계에 속하는 사람들과도 자기의 가치관을 함께 나눔으로 자신의 내적인 꿈을 실현하기 위해 분투한다."

조르단은 자신의 말이 사람들로부터 칭찬받기를 원하지 않을지 모르지만, 사실 사람들에게 더 많은 영향력을 주는 것은 그녀의 말이 아니라 행동이다. 그녀는 공동체를 형성하는 것을 좋아한다. 그것도 어떤 단일한 것이 아니라, 여러 규모의 복합적인 공동체를 말이다. 그녀는 이러한 소명감으로부터 보다 깊은 내적인 기쁨을 누리고 있다. 그녀는 자기의 일에 대해 이렇게 말한다. "나의 일에 특별히 마음에 드는 것이 있다면 매우 다양한 사람들과 접할 수 있다는 것이지요." 사업가들은 지극히 평범한 것에서도 남들이 보지 못하는 것을 본다. 그들에게는 사물을 예리하게 보는 분별력이 있다.

● 이와 동일한 맥락에서 다우 화학 회사의 전임 회장이었던 폴 F. 오리피스 Paul F. Oreffice는 자기의 사업을 통해 누릴 수 있었던 가장 커다란 만족은 중간 관리층에 있는 사람들과 함께 일하면서 그들의 능력을 지켜보며 더욱 가까워지는 것이었다고 한다. 그는 자기 회사에 "커다란" 힘이 된 31살의 연구원을 처음 만났을 때의 기쁨을 지금까지 기억하고 있다. 그의 가장 커다란 자부심은 1975년 회사 내의 젊은 직원들 중 8가지의 특별한 재능을 가진 사람들을 발견해 그들의 활용을 적극 권한 것이었다. 그는 여덟 사람 중에서 거의 20년이 지난 지금 7명이 회사의 최고 경영층에 있다는 사실에 대해 매우 만족스러워 하였다.

그는 다음과 같은 조언을 하고 있다. "사람들이 보는 앞에서 동료 직원을 절대 꾸짖지 마십시오. 팀을 이루도록 하십시오. 그리고 직원들 사이에서 생긴 문제를 당신에게 가져오지 않도록 하는 습관을 길러 주는 것이 중요합니다. 문제가 있을 때마다 저는 그들에게 '그러면 당신이 갖고 있는 해결책은 무엇이지요?' 라고 물었습니다. 문제에 대한 해결책을 결정해야 할 사람은 바로 그들 자신입니다. 그들은 서로가 하나의 팀을 이루어 대화하는 법을 배워야 합니다. 한 사람의 생각보다는 여러 사람의 생각을 모으는 것이 더 낫기 때문이지요."

그는 계속해서 다음과 같이 말하였다. "만약 자기의 사업을 소명으로 생각하지 않는 사람이 있다면, 그는 그 일에 결코 성공할 수 없을 것입니다. 사람은 나이를 먹어 가면서 직업을 바꾸기도 합니다. 저의 경우 30살과 50살, 그리고 60살 때 새로운 사업을 시작했지요. 그러나 내게 한 가지 일관된 것이 있었다면 그것은 제가 새로운 도전을 늘 기쁨으로 받아들였다는 사실입니다."

폴은 이태리 출신이다. 그는 어렸을 때 부모를 따라 에콰도르로 이민을 갔다. 그가 이룬 첫 번째 사업의 성공은 브라질에 있던 소규모의 화학 회사를 브라질에서 두 번째 가는 큰 회사로 성장시킨 것이었다. 그는 28살 때 그처럼 엄청난 도전을 시작하였다.

그는 자기에게 항상 새로운 도전이 주어지는 다우사에서의 생활에 만족한 나머지 다른 회사로 옮겨갈 수 있는 좋은 조건의 제의를 모두 거절하였다. 그는 네브레스카 출신의 한 농부에 의해 세워진 회사에서 일하는 것에 만족하였다. 그 회사는 어떠한 경우에도 공무원에게 상납을 하거나 뇌물을 준 전례가 없었다. "거기에는 이러한 규칙이 있었지요. 그것은 나중에 입사한 사람들을 매우 유리하게 해주었습니다. 그곳에서는 '만약'이나, '그리고', '그러나'와 같은 말이 용납되지 않았습니다."

두 차례나 이주 경력 — 라틴 아메리카와 미국으로 — 이 있는 오리피스는 자기의 사업에 매력을 느꼈음이 분명하다.

- 뉴 잉글랜드 전기 시스템 New England Electric System 사의 사장인 존

W. 로우 John W. Rowe는 어느 날 공항 로비의 가판대에 서서 2개의 직업에 대한 선택 문제로 고민하고 있을 때 자기가 직업을 갖는 진정한 목적이 돈에 있지 않다고 생각했던 것을 기억한다. 그는 「플레이보이」지를 보고는 "나는 나의 삶을 그런 것을 사는 데는 단 1분도 바치고 싶지 않다."라고 생각하며 사람들이 돈을 주고 그것을 사서 즐겁게 읽는 이유를 도저히 이해할 수 없다고 혼잣말 한 것을 생생히 기억하고 있다. 당신이 지금 하고 있는 사업을 소중히 여기고, 그것을 통해 다른 사람들에게 서비스나 물품을 제공하는 것으로부터 만족을 누리는 것은 매우 중요하다. 그렇게 할 때 당신은 자신의 하루 일과에 대해 커다란 자부심을 갖게 될 것이다. 어떤 면에서, 우리에게는 일 자체가 곧 우리 자신이 된다. 다시 말해, 우리는 일 속에서 자신을 발견하고 우리 안에서 일을 발견하게 된다.

물질적으로 윤택한 삶을 살기 원하거나, 나아가 엄청난 부가 뒤따르는 사업을 추구하는 것은 결코 잘못된 것이 아니다. 그러나 돈을 버는 방법은 모두가 다르다. 돈을 유산으로 물려받는 것보다 더 좋은 것은 개척 정신과 부지런한 노력을 통해 직접 버는 것이며, 그렇지 못할 경우에는 최소한 그것을 잘 관리하는 것이다. 사업은 이전에 존재하지 않았던 물건과 서비스, 일자리와 이익, 그리고 새로운 부를 창출하는 것이다. 당신은 직업을 택할 때 자신의 개인적인 적성에 맞는 것을 찾기 원할 것이다. 로우의 천연 가스 사업은 사적인 면과 정부 시책의 비영리적인 면의 중간적인 위치에 있었지만 그는 매우 자유시장 지향적인 성향의 소유자였다. 이와 같은 사업의 복합적인 성격 속에서 장기적인 목적보다는 일시적인 동기에 의해 운영되는 국가적이고 정치적인 측면은 그를 더욱 혼란스럽게 할 수도 있었다. 이것은 아마 로우가 과거에 공익 사업을 위한 회사에서 일하고 있을 때 자기를 만나기 위해 메인주에서까지 찾아온 목사에게 보여준 미온적인 태도에서 살펴볼 수 있을 것이다.

목사는 자기가 앞으로 해야 할 일의 중요한 계획에 대해 설명한 다음 자연스럽게 로우가 자기의 직업에 대해 얼마나 만족하는지를 물었다. 그러자 로우는 이렇게 답변하였다. "예, 저는 현재의 직장에 만족합니다. 그것은 저에게 제가 알지 못하는 것들에 대해 많이 배우고 또 제가 존경하는 사람들과 함께 일할 수 있는 기회를 주기 때문이지요. 저는 지금 정부에 의해 자금이 강탈당하는 것을 보호하는 일을 맡고 있지요. 무엇보다도, 저는 지금 제가 우리의 경제 구조에 있어 중요한 부분을 관리하므로 사람들에게 일할 수 있는 자리를 마련해 주고 있다고 생각합니다."

로우는 그때 목사가 "그렇다면 이 일을 당신의 소명으로 생각한다는 말입니까?" 하고 어이 없어 하는 듯한 표정을 지었던 것을 아직도 기억하고 있다.

## 소명의 4가지 특징

당신이 지금까지의 이러한 예들을 통해 소명에 대해 배운 것이 있다면 무엇인가? 우리는 일반적인 소명, 특별히 사업에 있어서의 소명에 대해 최소한 4가지 중요사항을 분명히 알아야 한다.

첫째, 개인에게 주어지는 소명은 제각기 다르다. 펙 박사가 발견한 것처럼 모든 사람이 다 정신과 의사가 되기를 원하는 것은 아니다. 마찬가지로, 모든 사람이 다 사업가가 되기를 원하지도 않는다. 하나님의 형상에 따라 창조된 우리는 소명에 있어서는 제각기 다르다. (성 토마스 아퀴나스 St. Thomas Aquinas는 일찍이 우리가 성삼위 하나님의 무한한 모습을 비추어 보기 위해서는 수많은 사람이 필요하다고 말하며 한 사람이 보여줄 수 있는 것이란 전체 가운데 극히 일부분 — 그러나 매우 아름다운 — 에 불과하다는 것을 피력했다.)

둘째, 소명에는 몇 가지의 전제 조건이 요구된다. 소명에는 단순한 욕망 이상의 것이 요구된다. 다시 말해, 소명에는 능력이 수반되어야 한다. 단지 원한다고 해서 모든 사람이 오페라 가수나 프로 운동 선수, 또는 대기업의 총수가 될 수 있는 것은 아니다. 진정한 소명은 그것을 감당할 수 있는 능력과 일치해야 한다. 더불어 또 한 가지의 전제 조건이 있으니 그것은 사랑이다. 이것은 단순히 최종적으로 훌륭한 제품을 만들어 내기 원하는 열정과 같은 사랑을 의미하지 않는다. 그것은 수필가인 로건 피어살 스미스 Logan Pearsall Smith가 말한 다음과 같은 사랑을 의미한다.

"진정한 소명은 어떠한 어려움도 받아들일 수 있는 사랑을 필요로 한다." 계속 반복되는 과정과 좌절, 그리고 느린 성과와 그 밖의 어려움들에 대해 그것들을 기쁨으로 수용할 수 있는 마음이 없는 한 자신의 소명에 대한 주장은 공허한 말에 지나지 않는다.

셋째, 참다운 소명은 그것을 통해 기쁨을 누리고 새로운 힘을 얻게 해준다. 이것은 우리가 종종 자신에게 부과되는 무거운 짐에 대해 심적으로 괴로워하지 않는다거나, 또는 어려움을 극복하기 위해 고군분투하는 것을 전혀 두려워하지 않는다는 의미가 아니다. 힘든 일에는 반드시 용기가 요구된다. 우리에게는 직업으로 인한 모든 무거운 짐으로부터 벗어나고 싶을 때가 있는 것이 사실이다. 그러나 우리는 자신의 고통스러운 상황과 책임에 대해 그것이 바로 자기가 꾹 참고 감당해야 할 의무라는 것을 알게 된다.

자기가 하는 일을 좋아한다고 해서 그것이 항상 우리에게 기쁨만을 느끼게 하는 것은 아니다. 사람들은 속으로는 두려워하면서도 겉으로는 불평하지 않고 행동하는 경우가 있다. 이것이 바로 성숙한 사람에게서 찾아볼 수 있는 모습이다. 우리에게는 고통을 감당하는 것으로부터 오는 또 다른 만족감이 있다.

아리스토텔레스가 테르모필레 Thermopylae를 지키다가 젊은 나이에 죽은 사람들은 행복하게 전사한 자들이라고 한 것처럼 말이다. 하지만 그는 스파르타의 용감한 젊은이들이 엄청난 고통을 감수한 채 그들의 성을 지키기 위해 싸워야 했다는 사실에 대해서만 말할 뿐 그들 각 개인의 심정에 대해서는 일체 언급하지 않았다.

넷째, 소명에 대한 증거는 분명하다. 물론 소명을 발견한다는 것은 일반적으로 그렇게 쉽지가 않다. 사람들은 진정 자기가 가야 할 길을 발견하기 전에 자기에게 맞지 않는 잘못된 길을 택하는 경우가 종종 있다. 실험에 성공하기 위해서는 먼저 여러 차례에 걸친 실험과 비참할 수도 있는 실패, 무한한 소망, 뛰어난 분별력, 그리고 기도와 많은 인내심이 요구된다.

  자기의 소명을 발견한 사업가들은 겉으로 표현하지 않지만 이미 이러한 것들을 모두 깨달은 자이다. 그들은 종종 사람들이 부정적인 반응을 보일 때, 자기의 소명은 도덕적으로도 전혀 잘못이 없으며, 나아가 고귀하기까지 하다는 것을 확신한다고 당당하게 말한다.

  그러면 지금까지 본 장에서 살펴 본 소명에 대한 몇 가지의 증거를 정리해 보도록 하자. 사업의 중요한 목적은, "합심해서 원하는 목표를 이루고", "사회에 공헌하며", "소중한 가치가 있는 것을 행하고", "지기 회사만의 독특한 제품을 제공하고", "사람의 재능과 인격을 시험하며", "공동체를 형성하는 것"에 있다. 이러한 것들은 분명히 사업의 도덕적인 측면을 반영해 주는 표현들이다.

  우리는 사업의 도덕적인 면과 관련해 지금까지 적어도 4가지의 주제에 대해 살펴 보았다. (1) 사업을 통해 유익한 공동체를 형성할 수 있다. (2) 사업의 특징은 창조적인 면에 있다. 따라서 사업을 통해 인간의 생활 환경을 극적으로 좋게(또는 나쁘게) 바꿀 수 있다. (3) 사업은 혹독한 시련을 통해 인간의 지적이고 도덕적인 기질을 시험하는 끝없는 도전의 요소가 된다. (4) 사업가들은 '사업'을 생산 활동을 통해 얻는 재화와 서비스를 사회에 다시 환원하고 새로운 제품에 의한 수익금으로 복지 사업에 이바지하는 수단이라 생각한다.

  우리는 소명의 성격과 관련된 2가지의 질문에 대해 더 살펴보아야 한다. 그것은 '소명이 암시적이며 침묵 상태로 유지될 수 있는가' 와 '세속적이며 비종교적인 직업도 소명이 될 수 있는가' 하는 것이다.

## 소명은 침묵 상태로 유지될 수 있는가?

나는 사업가들과 대화하고 교제하는 가운데 많은 사람들이 자기가 하고 있는 일을 소명으로 생각하는지의 여부에 대해 한번도 질문을 받아본 적이 없다는 사실을 알게 되었다. 사실 그들은 자기의 직업에 대해 그렇게 생각하고 있지도 않다. 대학교에서 경영학과 관련된 수업시간이나 경영학 교재, 혹은 오늘날 사람들이 하는 말에서 "소명"이란 단어 자체를 찾아볼 수가 없다(우리의 이전 세대 사람들은 대중 연설 때 종종 성경이나 셰익스피어의 작품을 인용하였다). 하지만 그들은 대부분 소명에 대한 질문을 받으면 앞으로 그것에 대해 생각해 보겠다고 말한다. 그런가 하면 실제 생각해 보지도 않았으면서 자신의 직업에 대해 소명으로 생각한다고 고백하는 이들도 있다. 하지만 그들이 지금까지 해 온 것에 비추어 볼 때 그것은 사실과 거리가 너무 멀다. 그러나 사람들은 이것에 대해 거의 말을 하지 않는다.

만약 그들이 자기의 직업을 소명으로 간주하여 거기에 맞게 행동했다면 상황은 크게 좋아졌을 것이다. 그것은 저들에게 자기가 매우 고귀한 일에 참여하고 있다는, 지금보다 훨씬 더 위대한 의식을 부여했을 것이며, 자신의 직업에 대한 자부심을 고취시켰을 것이다. 그것은 또 저들에게 자기가 직업을 통해 위대하고 심오한 만족감을 얻게 되리라는 상상력을 고무시켰을 것이다. 그것은 저들로 하여금 과거로 돌아가 자기의 일이 무척 소중하다는 사실을 더욱 느끼게 했을 것이다. 인간의 계획은 넓은 관점에서 볼 때 우주적인 계획의 일부이다. 사실이지 우리는 하나님과 함께 일하는 자로 그분의 커다란 계획 속에서 하나님의 일을 하나님께서 의도하신 목적에 따라 성취하는 것에 참여하고 있는 것이다. 이러한 점에서 우리의 일은 온 인류와 연관된다.

소망을 주기 위해 사업이 맡은 특별한 역할이 있다. 사업은 수십억, 아니 지구상에 있는 모든 빈곤한 자들에게 소망 뿐만 아니라, 실질적인 경제적 발전을 가져다 준다.

사업은 가난한 사람들 누구에게나 예외 없이 최고의 실질적인 소망을 가져다 준다. 가난한 자들을 일으켜 세우는 것, 그것은 사업 활동에 있어 가장 고귀하고 고유한 소명 가운데 하나이다.

## 순전히 세속적인 직업도 소명이 될 수 있는가?

물론이다. 이러한 답변은 분명한 사실적 증거에 기초하고 있다. 특히 미국에서 고등교육을 받은 엘리트층 가운데 많은 사람들은 매우 비종교적인 관점에서 생각을 한다(그들은 오늘날의 세속적인 단어들 가운데 많은 것이 종교적인 용어에서 유래되었다는 사실을 인식하지 못하고 있다. 그러나 나는 여기에서 사용되는 단어가 1차적으로 종교적인 의미를 갖고 있는 것이 아니라면, 굳이 '세상적'이란 표현을 쓰지 않으려 한다). 그들이 알다시피, 그것들에 대해 소명이라고 부를 사람은 아무도 없다. 사실 그들은 경험을 통해 자신에게 맞는 직업을 찾아 얼마 동안 한 길을 계속 걸어가다 그것이 잘못된 것임을 알고는 새로운 방향으로 돌아서는 것의 차이점을 안다. 그들은 자기에게 맞는 직업,

다시 말해, 자기가 잘 할 수 있고, 기쁨을 가져다 주며 권태감을 느끼지 않는 직업을 발견할 때의 기분이 어떠하다는 것을 안다. 그들은 순전히 세상적으로 보이는 말을 자주 사용하며, 반대로 기독교적인 용어에 대해서는 거부감을 느낀다.

그러나 대다수의 믿지 않는 자들에게 있어 자기 인식에 대한 배경 언어는 우주 역사에 대한 독창성 내지 독특한 기법의 성경적 해석으로부터 비롯된다. 약 3백년 동안에 걸쳐, 불신자와 성경적 해석(코란은 유대교와 기독교의 증언을 그것의 출발점으로 받아들이고 있음)을 따르는 자들은 똑같이 인간의 삶에 대한 해석에 있어 마치 경쟁이라도 하듯 이론과 구조의 체계의 형성을 위해 노력해 왔다. 그러나 우리는 인류의 경험과 관련한 동일한 것들을 다루지 않으면 안 되기 때문에, 해석상 중복되는 것들이 적지 않게 있다. 삶에 대한 서양인들(세계 인구의 대부분을 차지하는)의 사고 방식은 주로 유대교와 기독교, 그리고 이슬람교에 의해 형성되었다고 말해도 과언이 아니다.

4세기부터 시작된 야만족들의 잔인한 만행으로 잊혀졌던 이방 민족인 그리스와 로마의 발달한 철학이 유대교와 기독교, 이슬람 세계의 통치자와 학자, 그리고 예술가들의 비호하에 서양인들에게 다시 회복되었다. 인류의 사고 방식을 형성하는데 지대한 영향을 미친 이 3가지에는 한 가지의 근본적인 공통점이 있으니 그것은 모든 피조물의 창조자는 우리 각자에 대해 알고 있다는 것이다. 그는 우리와 우리들 속에 있는 것들에 대해 우리 자신보다도 더 훤히 알고 있다. 그 이유는 우리에게 어떤 것을 부여하고, 그것을 통해 우리가 다른 사람들의 목적과 유기적인 관계를 이루며 어떤 것을 행하기를 계획하는 분이 바로 창조자이기 때문이다. 바꾸어 말해, 이러한 견해는 철저하게 비종교적인 세계관이 될 수가 있다. 이러한 종교들은 비록 우리의 삶 가운데 우연으로 볼 수 있는 경이로움과 자연 발생, 또는 전혀 예상치 않은 것들이 분명히 존재하는 것이 사실이지만 일반적으로 자기가 알지 못하는 우연이란 없다는 것을 가르치고 있다. 이러한 면에서 종교를 가진 신자와 세상적인 불신자는 똑같은 실체를 보면서도 그것을 다르게 해석한다.

한 걸음 더 나아가, 지금까지 언급한 3개의 중요한 종교들에 대해 하나님께서는 배후 조종을 하시지 않는다. 그분께서는 피조물로 하여금 스스로 자신을 통제하도록 자유로운 존재로 창조하셨다. 우리는 또 삶이란 드라마 가운데 부여된 자기의 역할을 자유롭게 만들어 가면서 하나님께서 우리 각자에게 주신 독특한 재능이 무엇인지를 분명히 알아야 한다. 이러한 것들은 이미 세상적으로 비슷한 상황들 가운데서 지금까지 재고되거나 재표현되어 왔다.

종교를 가진 자들은 창조주께서 우리가 마땅히 살아가야 할 방법대로 살지 않는 것을 볼 때 몹시 실망할 것이라고 생각한다. 적어도 우리가 우리 자신에게 실망하는 정도는 실망할 것이라고 상상한다. 만약 우리가 잠재 의식으로나마 그러한 것을 느낀다면, 자신에게서 그것을 숨긴다는 것이 결코 쉽지 않을 것이다. 그러나 세상적인 사람들 역시 공평한 관찰자의 관점에서 자신을 돌아볼 때 아마 똑같은 실망감을 느낄 것이다.

그러나 과거 어느 때보다도 더 세속화된 오늘날의 우리 문화 속에서 무신론자나 불가지론자, 어떤 특정한 종교를 갖고 있지 않거나 종교에 전혀 관심이 없는 사람들은 비록 그들이 하나님이란 말은 사용하지 않지만 자신의 직업에 대해 종교를 가진 사람들과 마찬가지로 강한 소명감을 갖고 있을 수 있다. 결국, 그들이 믿지 않는 하나님은 유대교와 기독교, 그리고 이슬람교의 하나님이 되시며, 그들이 알고 있는 "자아"는 믿는 자들의 것과 똑같은 문화 유산이다. 그들은 자신에 대해서 알고, 자기의 정체성을 발견했으며, 자신의 목표 성취를 추구하고 나아가 "자기의 의무"를 행하고 있다고 말하겠지만, 결국은 "그들이 하는 모든 것들이" 소명의 성취에 지나지 않는다. 좀 더 알기 쉽게 표현하자면, 자기 인식과 정체성, 자아 성취, 그리고 (개인의) 행복의 추구에 대한 세속적인 용어는 소명에 대해 수 천 년 동안 계속된 유대교와 기독교, 그리고 이슬람교의 전통적인 견해와 서로 분리시켜 생각할 수 없을 만큼 서로가 밀접한 관계에 있다.

우리가 말하는 것 가운데는 종교적인 관점과 세속적인 관점에서 매우 비슷한 것들이 많이 있다. 우리에게는 필요에 따라 다른 쪽의 말을 사용하고, 그것의 의미를 서로 같은 맥락에서 해석하는 융통성이 요구된다.

## 하늘 건너편에 있는 운석

사업을 하는 사람은 단순히 "분별력 있는 경제 대리인"이 아니다. 그들은 각자 자기의 소명을 추구하고 있는 자들이다. 그들은 모두가 자기의 목적을 성취하고, 자기의 일에서 자신의 정체성을 찾음과 동시에 일을 통해 자기의 정체성을 실현하고자 노력하는 자들이다. 그들은 돈보다 일 자체에서 보다 많은 만족을 추구하는 자들이다.

나아가, 사업가들은 단순히 분석의 대상이 아니다. 그들은 주체자이다. 그들의 경제 활동에는 단순히 경제적인 것 이상의 목적이 있다. 거기에는 자아 성취라는 목적이 있다.

그들은 경제적 활동을 통해 다른 목적을 추구한다. 그들에게는 자기 자신이 바로 목적이 된다. 어느 시인의 말대로, 우리 각자의 영혼은 "불멸하는 다이아몬드"이다.

그런데 인간을 가장 만족시킬 수 있는 것이 무엇이라고 딱 잘라 말한다는 것은 불가능하다. 그것은 개인의 DNA 만큼이나 모두 다르기 때문이다.

우주 안에는 인간만큼 위대한 것이 없다. 우리 개개인이 특별한 이유는 역사의 밤하늘을 가로질러 수놓고 있는 운석과 같이 우리가 추구하는 소명이 지나온, 그리고 앞으로 지나게 될 여정 때문이다.

## 4장

오스 기니스 Os Guinness는 이 시대 최고의 사상가 중 한 사람이다. 위대한 철학자요 사회학자며 신학자인 그는 독자에게 감동을 주는 유쾌한 어조로 글을 쓰는 탁월한 능력을 갖고 있다.

1998년 출간된 「소명」The Call이라는 그의 책은 지식층이 아닌 일반 대중을 대상으로 집필되었다. 비록 이 책이 특별히 직업 세계를 중심으로 저술된 것은 아니지만, 그 영역에도 얼마든지 적용시킬 수가 있다. 목회자나 해외 선교사처럼 하나님의 사역과 직접 관련된 일만을 소명으로 보는 일반적인 현상에 반해, 기니스는 시장과 같은 "평범한" 직장에서 일하는 대다수의 사람들도 하나님의 소명을 받은 자로 간주한다.

기니스는 소명의 개념에 대해 연구하는 데만 30년의 세월을 바쳤다. 그는 자신의 책에 다음과 같이 기술하고 있다. "소명은 사람들이 흔히 생각하는 그런 것이 아니다. 이것을 이해하기 위해서는 무지와 혼돈이라는 암석의 깊은 곳을 파헤쳐야 한다. 그런데 유감스럽게도 그것은 종종 인간이 갖고 있는 일반적인 생각과 정반대가 될 때가 있다. 그러나 하나님으로부터의 소명이 없이는 우리가 자신의 진정한 목표를 위해 기초를 쌓고 그것을 이룰 수가 없다."

소명이란 다음과 같은 것을 의미한다. "소명이란 우리 자신과 우리의 모든 행동, 그리고 우리의 모든 소유가 하나님의 요구대로, 또한 그분께 대한 섬김의 수단으로 실천되는 특별한 헌신과 열정을 의미한다. 하나님께서 당신의 의도에 따라 투자가치가 있는 만큼 사용하시기 위하여 우리를 분명히 부르시는 것이다."

　우리가 제1부에서 지적한 것처럼, 소명은 직장에서의 공동체 생활에 있어 기본이 된다. 본 책에서 그 영역에 포함시킬 내용을 쉽게 찾아낼 수 있었던 것은 바로 이러한 이유 때문이다. 그러나 우리는 「소명」이란 책의 여러 장들 중에서 한 장만을 인용하는 방법을 택하였다. "정오의 악마와 싸우기"란 본 장에서, 기니스는 소명과 노동 윤리 사이의 중요한 관계성을 규명해 주고 있다.

Os Guinness의
「소명」The Calling에서

## 정오의 악마와 싸우기

"하지 않는 게 좋을 것 같습니다(I would prefer not to)." 헤르만 멜빌의 작품 가운데 나오는 주인공은 25쪽에 불과한 책 속에서 미국에서 가장 야망과 활기가 넘치는 거리를 잠재우기 위해 다섯 단어로 된 이 말을 25회 이상이나, 그것도 아주 예의 바르면서도 단호하게 반복해서 말하고 있다. 1853년에 출간된 단편 소설 「바틀비 이야기」Bartleby the Scrivener : A Story of Wall Street는 19세기에 처음 독자들을 놀라게 한 것처럼 오늘날의 독자들에게까지 놀라움을 주지는 못한다. 그러나 이야기 속에 나오는 방황하는 주인공은 오늘날의 집 없는 부랑자들의 모습과 같다. 작품 전체는 금세기 프란츠 카프카나 사무엘 베케트와 같은 작가들이 묘사하고 있듯 체념된 상태로 버려지고 부조리한 세계를 매우 잘 나타내 주고 있다.

멜빌의 작품 속에 나오는 화자는 월 스트리트에 사무실을 개업한, 별다른 야심은 없는 나이가 지긋한 변호사이다. 이야기를 통해 알 수 있듯, 그는 악덕 사업가인 존 제이콥 아스토를 위해 일하였다. 그는 젊어서부터 "가장 쉽게 사는 것이 최선의 인생이라는" 것에 깊은 확신을 갖고 있었다. 그는 곧 자기에게 맞는 상대를 만나게 된다. 그는 이미 법률 문서를 대서하고 있는 2명의 필경사를 포함하여 심부름하는 아이 등 3명을 고용했는데, 그들은 사무실에서 각각 칠면조와 족집게, 생강 쿠키란 별명으로 통하였다. 그는 사업이 더욱 번창함에 따라 또 한 사람의 필경사를 채용하는 광고를 냈는데, 어느날 그의 사무실 입구에서 "얼굴에 핏기가 없는 나머지 너무 창백하고, 존경스러울만큼 처량하며, 치유할 수 없을 정도로 체념 상태에 있는" 바틀비를 발견하게 된다.

그런데 바틀비는 무엇보다도 다른 사람들에 비해 매우 부지런했다. 그는 낮에는 햇빛을, 밤에는 촛불을 이용해 엄청난 양의 글씨를 써냈다. "그는 마치 오랫 동안 필경하는 일에 굶주리기라도 한 사람처럼 나의 서류를 닥치는 대로 써내려 갔다."

그런데 일을 시작한 지 불과 사흘째 되던 날, 바틀비는 서류 검토하는 일을 도와 달라는 부탁을 받자, "부드러우면서도 단호한 목소리로 '하지 않는게 좋을 것 같습니다.'"라고 답변하여 상사와 동료 직원들을 당혹스럽게 만들었다. 다섯 단어로 된 이 말은 바틀비의 신조가 된다. 다시 정중하게 부탁해도, 그는 "하지 않는 게 좋을 것 같습니다."란 말로만 답변을 한다. 상사가 강권해도, 일을 코앞에 갖다 놓아도, 다른 직원들이 도움을 청해도, 그는 한결같이, "하지 않는 게 좋을 것 같습니다."라고 동일한 음조로 답변을 한다. 바틀비에게 이유를 설명해 줄 것을 요구하고, 다른 일을 제의하고, 해고시킬 테니까 다른 일을 찾아보라고 협박하고, 사무실을 당장 떠나 영원히 돌아오지 말라고 명령해도 바틀비는 아무런 대답도 하지 않는다. 그는 "사방에 창문이 없는 벽으로 둘러싸인 음침한 곳"에서 깊은 공상에 빠진다. 그는 종종 "하지 않는 게 좋을 것 같습니다."란 말만 반복해서 할 뿐이다.

처음에 상사를 당혹스럽게 한 것으로 시작된 바틀비의 불복종은 기어이 그를 격노케 하였다. 우리는 작품 속의 화자에게서 자기 직원을 잘 보살펴 주는 고용주의 면모와 훌륭한 인격으로부터 흘러나오는 모든 감정을 느낄 수 있다. 그러나 그 어떤 것도 성공을 거두지 못한다. 아무 것도 바틀비의 마음을 바꾸지 못한다. 이야기는 계속되어 "무덤"과 같은 19세기의 악명 높은 맨하탄의 유치장에 관한 이야기에서 절정을 이룬다. 마침내 바틀비는 음식마저 거부하며 점차 야위어 가다 "높은 벽에 얼굴을 향한 채" 죽는다.

바틀비의 이처럼 이해할 수 없는 행동을 어떻게 설명할 수 있을까?

'생강으로 만든 쿠키'란 별명을 가진 12살 된 심부름하는 소년의 생각처럼 그는 "머리가 약간 돈" 사람일까? 아니면 방관자들의 생각처럼 완전한 정신 착란자일까? 그의 불복종은 간디 Gsndhian의 비폭력 저항주의를 예고해 주는 19세기의 정치적 저항이라도 되는가? 아니면 오늘날의 비평가들이 썼듯이 바틀비는 현대 자본주의의 중심에 존재하는 "치명적인 무기력증(혹은 나태)"의 전형적인 모습인가?

멜빌은 우리의 마음과 의식 속에 마치 갈고리처럼 뒤엉킨 듯한 이러한 질문들을 남겨 놓고 있다. 이 궁금증에 대해 그가 제공한 한 가지의 단서가 있다면 그것은 의문투성이의 필경사가 죽은 몇 개월 후 화자가 들은 "하나의 작은 소문"이다. 그것은 바틀비가 워싱턴 D.C 출신으로 회사의 구조 조정 때 실직을 당했다는 것과 배달 불가능한 우편물을 정리하고 분류 작업을 하는 "배달 불능 우편물계"에서 하급 서기로 일했다는 그의 경력이다.

"배달 불능 우편물!" 멜빌은 이야기의 결론 부분에서 다음과 같이 쓰고 있다. "그것은 죽은 사람과 같은 것이 아니겠는가? 선천적으로 혹은 어떠한 불행으로 인해 지독한 절망에 빠져들어갈 수 밖에 없는 사람을 생각해 보라. 배달 불능 우편물에 대해서는 그것들을 계속 분류하여 불꽃 속에 던져버리는 것보다 더 적절한 방법이 있겠는가?… 인간의 삶의 한 조각을 전해주는 이러한 편지들이 죽음을 향해 달려가고 있도다. 오, 바틀비! 오, 인간이여!"

우리는 이 이야기 속에서 작가 멜빌의 삶의 단면을 쉽게 짐작할 수 있다. 그는 33살 때 처절한 실패를 맛보았다. 그는 그보다 2년 전인

1851년에 출판된 자신의 역작인「모비딕」이 불과 2,300부 밖에 팔리지 않자 대서양 양쪽의 비평가들로부터 날아드는 혹독한 비난에 시달렸다. 그리고 1832년에 출판된「삐에르」Pierre는 35년 동안 겨우 2,030부 밖에 팔리지 않았다(결국 그는 평생에 걸쳐 총 157달러의 수입을 올린 셈이다). 멜빌은 1851년 메사추세츠주에 사는 친구인 나다니엘 호돈에게 보낸 편지에서 "돈은 나를 저주하는 모양일세."라고 불평을 털어놓았다. 만약 판매 부수가 독자들이 저자에게 보내는 편지라고 생각한다면, 멜빌의 우편물은 그에게 전혀 격려가 되지 못한 것이다. 그는「모비딕」에서 자기가 "중요한 진리의 지극히 정상적인 광기"를 표현하려 했다고 쓰고 있으나, 사람들은 그것에 관심을 기울이지 않았다.

바틀비처럼 헤르만 멜빌에게도 삶이 마치 자신을 어두운 골짜기 속으로 한없이 끌고 가는 것처럼 느껴졌으며, 모든 것이 죽음의 허망한 벽처럼 보였다. 그가 호돈에게 보낸 편지에서 역마차의 마부가 우편물을 배달하면서 말을 교체하는 장면 ─ "주님, 우리는 대체 언제쯤에나 쉼을 얻을 수 있습니까? 오, 여정이 너무도 깁니다. 밤은 다가오는데 여관은 보이지 않고, 몸은 더욱 차가워져 가고 있습니다." ─ 을 통해 보여주고 있는 것처럼 말이다(여기에서 똑같은 주제의 메시지가 반복되고 있음).

## 무지는 나태함보다 나은가?

우리가 "바틀비 이야기"란 작품을 그것이 갖고 있는 소설적인 관점에서 읽든, 아니면 저자의 생애를 배경으로 해서 읽든, 그것은 우리에게 소명에 대한 진리의 또 다른 면, 즉 소명은 나태라는 죽음에 이르게 하는 죄에 대한 최고의 예방책이 된다는 사실을 예리하게 인식하도록 해 준다.

인간을 죽음에 이르게 하는 7가지의 죄 가운데 네 번째에 해당하는 나태는 오늘날 가장 많이 왜곡되고 있다. 아이러니컬한 것은 잘 살펴보면 그것이 오늘날 유행하는 특징을 갖춘 죄가 되고 있다는 것이다. 무엇보다도 우리는 나태를 친구들과 함께 식사를 하거나 연인과 아주 즐거운 시간을 보내는 것처럼 부러울 정도로 편안한 상태인 여유로움과는 구별해야 한다. W. H. 데이비스는 "우리의 삶이 우리가 잠시 멈추어 무엇인가를 가만히 응시할 여유도 없을 만큼 염려와 조급함으로 가득차 있다면, 그것을 인생이라 할 수 있는가?"라는 유명한 글을 남겼으며, 조지 맥도널드는 "인간은 항상 일만 하도록 지음받지 않았다. 신성하고 정당한 게으름도 있는데, 오늘날 그것의 개발이 철저히 무시당하고 있다."고 주장하였다.

그러나 나태는 무력감에 빠져 방안에만 틀어박혀 있는 것과는 구별되어야 한다("나의 소파가 당신 곁에 더 가까이 있어요"란 제목의 뉴욕 타임즈지의 기사처럼 말이다). 나태는 단순한 무기력이나 게으름 이상이 된다. 사실이지, 나태는 그것의 원인이 신체적인 것보다 영적인 것에 있다는 점에서 무기력한 상태로 나타나는 것만큼이나 열광적인 행동주의로도 쉽게 모습을 드러낼 수 있다. 그것은 곧 진선미의 본체이신 하나님을 추구하는 것을 포기해 버린, 영적으로 완전히 절망 상태에 있는 것을 의미한다. 나태는 소중한 것의 가치를 마음으로 포기한 상태에 있는 것을 말하며, 그것이 마침내 "내가 알게 뭐야?"라는 식의 무책임한 태도에 빠져들게 한다.

이렇게 정의할 때, 에벌린 워의 관찰처럼, "나태는 일차적으로 젊은 사람들이 받는 유혹이 아니다."라는 것이 명백해진다. 중세인들은 나태를 "정오의 악마"라고 칭하였다. 이것은 영과 정신과 마음을 둔감하게 만드는 것으로 마치 식사 후에 찾아오는 식곤증처럼 우리의 몸을 무기력하게 한다. 이것은 젊은 사람에게서 나타나는, 이른 새벽에 시작되는 이상주의나 정열과는 거리가 먼 것으로, '삶에 대한 의욕 상실, 삶에 대한 의미 상실, 개인적인 발전의 정체, 도덕적 무감각, 의지의 마비, 그리고 불어적인 표현으로 앙뉘ennui(권태)와 아노미anomie(혼돈)'에 해당하는 현상들이다.

오늘날의 나태에는 3가지의 중요한 특징이 있는데, 그것들은 서로가 중복되면서도 다른 면이 많이 있지만, 소명과는 3가지의 특징이 모두 정면으로 대립된다. 첫째는 철학적인 측면에 있어서이다. 하나님께 대한 믿음의 상실과 그것으로 인해 야기되는 영생에 대한 불신은 삶 속에 필요한 생명력을 무력화시킨다. 맥스 베버는 현대 세계의 세속화를 "마법 풀기"란 말로 묘사하였다. 영원할 것 같던 마술적이고도 신비스러운 삶의 모습들이 하나하나 축소되며 파괴되어 가고 있다. C. S. 루이스는 마법에 걸린 것과 같은 오늘날의 현실에 대해 보다 더 정확히 보다 더 적절히 묘사했으며, 블라이스 파스칼은 이보다 훨씬 전에 믿음의 상실이 가져오는 "불가해한 마법"과 "초자연적인 무감각증"에 대해 썼다.

파스칼은 「팡세」 Pensetes에서 다음과 같이 기술하고 있다. "이 세상에서의 삶에는 참되고 완전한 만족이 없고, 우리의 모든 즐거움은 한낱 헛된 것에 지나지 않으며, 우리의 괴로움은 무한히 계속된다. 그러다가 매순간 우리를 위협하는 죽음이 마침내 우리에게 영원한 진멸이냐, 아니면 영원히 비참한 상태에 머물러 있느냐 하는 무서운 선택을 요구하며 반드시 찾아온다는 사실을 깨닫는 것에는 별다른 숭엄한 영적 능력이 요구되지 않는다." 파스칼은 계속해서 다음과 같이 기술하고 있다. "나는 배우기 위해서 전심을 다해 노력하는 사람과 그것에 대해 신경을 쓰거나 생각조차 하지 않는 사람을 분명히 구분하려 한다."

무관심의 위험에 대한 파스칼의 경고가 기우가 아니었음이 금세기에 들어와 충분히 입증되었다. 프리드리히 니체 Friedrich Nietszche는 몹시 흥분된 상태에서 "신의 죽음"에 대해 썼을 것이다("우리 '철학자들'과 '자유분방한 정신의 소유자들'은 '옛날의 신은 죽었다.'는 소식과 함께 찾아온 새로운 새벽에 의해 자신이 밝게 빛나고 있음을 느낀다."는 그의 말처럼 말이다). 버틀란트 러셀은 "자유인의 예배" Free Man's Worship라는 무신론적 견해로부터 자신의 영감을 느꼈는지 모른다 ("굽힐 줄 모르는 절망이라는 견고한 토대 위에서만이 영혼의 거처를 안전하게 세울 수 있다"). 그러나 수많은 현대인에게 있어 하나님과 믿음이 없는 세상은 바틀비의 거부할 수 없는 무저항이나 카프카의 「심판」 trial에 나오는 조셉 K의 처절한 소외, 그리고 사무엘 베케트 Samuel Beckett의 「고도를 기다리며」 Waiting for Godot에 나오는 두 방랑자가 무가치하게 버림받은 것에 보다 더 가깝다.

베케트가 파리에 도착한 다음 해에 문학계는 작가인 자크 리게의 자살로 소용돌이 속에 빠졌다. 그것은 그의 죽음이 그가 일찍부터 갖고 있던 삶에 대한 다음과 같은 권태로움과 모순되었기 때문이다. "우리는 계속해서 살아야 할 이유가 없지만, 그렇다고 죽을 이유가 있는 것도 아니다…. 우리가 삶을 경멸한다는 것을 증거할 수 있는 유일한 방법은 그것을 수용하는 것이다…. 삶은 그것을 버리면서까지 떠나야 할 가치조차 없다."

바츨라프 하벨은 「올가에게 보내는 편지」 Letters to Olga라는 자신의 책에서 냉소적이며 "모든 것에 대해 믿음을 상실해 버린" 현대 지성인들의 실태에 대해 언급하였다. 그는 계속해서 이렇게 말하고 있다. "그와 같은 삶의 포기는 파멸한 인간의 가장 비참한 모습 가운데 하나이다. 그러나 우리가 주목해야 할 중요한 한 가지는 사람으로 하여금 궁극적으로 자신을 포기하게 만드는 것은 악한 세상이 아니라, 스스로 그것에 빠져버린 본인의 자포자기라는 사실이다."

하벨은 "무(無)에 대한 유혹은 너무나 크고 도처에 있으며, 그것에 대한 이유의 타당성과 호소력이 더욱 커져가고 있지만, 그것에 대항해야 하는 인간은 역사상 과거 어느 때보다도 그 위치가 열악하고 보잘 것 없고 허술하게 무장된 채 홀로 서 있다."고 말하였다. 그리고는 파스칼을 연상케 하는 말투로 "현대인의 비극은 그들이 자신의 삶의 의미에 대해 점점 무지해진다는데 있는 것이 아니라, 그것에 대해 더욱 무관심해지고 있다는 데 있다."고 결론을 맺고 있다.

나태의 두 번째 특징은 문화적인 측면에 있어서이다. 우리는 현대 세계의 출현에 대해 역동성과 에너지, 진보, 위대한 성취의 관점에서 생각하는데, 그것은 분명히 옳다. 그러나 우리는 종종 이면에 있는 것을 간과하고 있다. 이러한 역동성 등에 의해 만들어진 세상은 편리주의와 안일주의, 그리고 소비주의의 세계이다. 그런데 우리의 삶이 지나치게 안전하고, 편하며, 쾌적하고, 심지어 자동 실내온도 조절 장치를 갖추고 장식까지 화려하게 되면 나태가 찾아오기 마련이다.

역동적 낙관주의의 이면에는 우리를 정신적으로 부식시키는 권태가 자리잡고 있다. 우주 비행사와 분리시켜 생각할 수 없는 것 가운데 하나가 몸이 푹 들어가는 소파에 앉아 있는 것이다. 마찬가지로 소비주의의 이면에는 자기 만족이란 것이 자리잡고 있다. 그리고 습관적인 충동 구매자와 TV 중독자들은 마냥 즐겁다가도 어느 순간 허무한 상태에 빠져 버리는 경우가 종종 있다.

쇠렌 키에르케고르는 이와 같은 현대적인 나태병에 대해 일찍이 열렬하게 반기를 든 인물이다. 그는 19세기 중반에 대해 다음과 같이 논평하였다. "사람들이 이 시대가 악하다고 불평하는 것을 막지 마라. 내가 갖고 있는 불평은 이 시대가 열정을 잃었기 때문에 비참하다는 것이다…. 사람들은 무디고 둔하며, 그들의 열정은 무감각한 상태에 있다. 그들은 자기에게 주어진 최소한의 의무만을 겨우 행할 뿐이면서, 자기에게 돌아가는 동전 한 닢도 결코 양보하지 않는 자들이다." 샤를 보들레르 Charles Baudelaire 역시 19세기를 가리켜, "만성적인 무감각으로 인해 권태가 영원히 지속된다."고 말하였다. 그리고 데오빌르 고티에는 오늘날의 권태가 낳은 폭력과 야만성에 대해 비판하면서 "야만성이 권태보다 낫다."는 표현을 썼다.

이러한 생각은 우리에게 많은 흥미를 불러 일으킨다. 무기력한 나태함 속에도 어떠한 행동이나 폭력 또는 무질서를 야기시키고 싶은 욕망이 숨어 있는가? 우리는 안락함과 편의주의가 우리에게서 의욕과 이상주의를 빼앗아 가면서 마치 피 속에 독소가 흐르는 것처럼 우리의 마음 속에 권태로움을 침투시킨다는 사실을 부인할 수 없다. 이때에 우리는 무력감과 싫증과 의욕 상실에 정복당하면서 서서히 자기의 이상을 낮추다가 마침내 완전히 굴복하고 만다. 도로시 세이어스의 말처럼 그것은 우리에게 나태라는 죄에 빠지게 하는 비참한 결과를 가져다 준다. 세이어스는 나태에 대해 다음과 같은 정의와 함께 결론을 맺고 있다. "이 죄는 아무 것도 믿으려 하지 않고, 아무 것에도 관심이 없으며, 아무 것도 알고 싶어하지 않고, 아무 것에도 관여하지 않으며, 아무 것도 좋아하지 않고, 아무 것에도 애착을 느끼지 못하며, 아무 것도 싫어하지 않고, 아무 것에서도 의미를 찾지 못하며, 살아야 할 목적도 없고, 단지 어떤 것을 위해 죽어야 할 만한 특별한 이유가 없기 때문에 생존해 있을 뿐이다. 우리는 20세기의 이런 병폐에 대해 너무나 잘 알고 있다. 우리가 나태라는 죄에 대해 미처 깨닫지 못한 것이 있다면 그것이 치명적인 죄가 된다는 사실이다."

성경은 다윗 왕의 간통과 살인죄를 범할 당시의 상황에 대해 매우 자세하게 말해주고 있다. "해가 돌아와서 왕들의 출전할 때가 되매 다윗이 요압과… 보내니" 자기의 임무를 수행해야 할 때 마음의 긴장이 풀려 있었으며, 마땅히 전투 태세를 갖추고 있어야 할 때 아무것도 하지 않았던 다윗은 유혹에 넘어갈 수 밖에 없는 위험에 노출되어 있었다.

나태의 세 번째 중요한 특징은 전기(傳記)적인 측면이다. 우리는 삶 속에서 진정 가치 있는 것에 대한 의식을 자신도 모르게 유난히 쉽게 상실하는 때가 있다. 그런데 개인의 생애에 있어 이러한 현상이 가장 일어나기 쉬운 순간은 실패로 인해 절망의 늪에 빠져 있을 때이다. 이 현상과 관련해 오늘날 가장 많이 회자되고 있는 것은 "중년의 위기"라는 억눌린 좌절감이다. 그런데 이 중에서 가장 최악의 상황은 마침내 실패로 귀결되는 중년의 위기일 것이다. 특별히, 처음부터 할 만한 가치가 없는 것을 시도했다가 실패하는 것처럼 부끄러운 것이 세상에는 없다.

단순히 나이 탓이 아닌 중년의 진정한 위기는 주로 3가지의 매우 다른 욕구 사이의 긴장 관계로부터 비롯된다. 그 3가지는 직장 생활의 성공, 일에 대한 만족, 그리고 부유한 삶에 대한 욕구이다. 인생의 초기에는 우리의 개인적인 삶과 일 사이의 차이점이 뚜렷하게 나타나지 않을지 모른다. 그러나 시간이 지나고, 특별히 한 영역에서의 성공과 다른 영역에서의 성공이 상호 보완 관계를 이루지 못할 때 둘 사이의 간격은 더욱 벌어져 마침내는 깊은 좌절감에 빠지게 된다. 유감스러운 것은, 연구 조사에 의하면 자기의 일이나 삶 가운데 어느 것도 제대로 즐기는 사람이 거의 없으며, 있다고 해도 자기의 삶보다는 일에서 만족을 느끼는 사람이 많고, 이 2가지를 모두 즐기는 사람은 극소수에 불과하다는 사실이다.

그런데 직장 생활의 성공과 일에 대한 만족 사이의 부조화로 인해 야기되는 위기는 훨씬 더 치명적이다. 그것은 우리가 젊었을 때 외적인 이유 (예를 들면 급여나 사회적 위치, 또는 부모나 동료들의 압력에 의한 유혹 등)때문에 직업을 택할 경우 훗날 자신의 일이 생각했던 것처럼 그렇게 내적인 조건 — 자질이나 소명과 같은 — 과 맞지 않을 때 좌절감을 맛볼 수밖에 없기 때문이다. 외적으로는 우리가 "성공"이란 이름으로 높이 서 있을지 모르지만, 내적으로는 진정한 의미를 상실하는 것이다.

많은 사람들은 이때 정반대의 극단적인 생각으로 치달아 또 다른 좌절감을 맛보게 된다. 그들은 자기가 성공했지만 만족하지 못하는 것은 그것이 세속적인 것이기 때문이며, 내적인 의미가 충족감을 가져다 주는 이유는 그것이 종교적이기 때문이라는 그릇된 사고를 범한다. 이러한 것은 실제 "카톨릭교의 왜곡된" 견해를 재현하는 것이다. 여기에서 심각하게 문제가 되는 것은 세속적인 일과 종교적인 일 사이에 있는 것이 아니라, 그것이 재능과 소명(그것이 세속적인 것이든 아니면 종교적인 것이든)을 따라 선택한 일이냐 순전히 외적인 조건에 의해 선택된 일이냐에 있다.

우리의 소명과 직업 사이에 나타나는 부조화는 우리를 그 일의 부적격자로 판정 내린다. 이것으로 초래되는 중년의 위기는 매우 가혹할 수 있지만, 그것은 또 우리에게 있어 위기 못지 않게 자신을 돌아보는 기회로 작용할 수 있다. 소명 의식이 분명한 직업이 본인에게 충족감을 가져다 주는 반면 소명과 모순되는 직업은 좌절감만을 가져다 준다.

소명과 관련된 사실들은 나태함이 지니고 있는 이러한 모든 특징들을 그대로 보여주고 있다. 우주의 창조자이신 하나님에 의해 각자 개별적으로 부름 받은 우리는 각자의 일을 통해 자신의 삶 가운데 매순간

불꽃처럼 타오르는 중요한 의미를 발견하게 된다. 그리고 하나님으로부터의 소명으로 도전과 격려, 그리고 위로와 동시에 책망을 받는 우리는 한 순간도 안일하고 소극적이거나, 나태와 권태에 안주할 수가 없다. 그것은 소명이 항상 보다 높고, 보다 깊고, 보다 멀리 있는 것을 추구하기 때문이다. 자신의 내면 깊숙한 곳에 숨어 있는 재능과 열정을 알고 있는 우리에게는 직업 자체보다 자기의 소명에 대한 고려가 선행되어야 하며, 오로지 소명이란 관점 안에서만 자기의 일에 대해 가장 깊은 만족을 추구할 수 있다는 것을 알고 있다.

간단히 말해, 습지와 같은 현재 삶으로부터 나태라는 독가스가 새어 나와 우리를 삼킬 것처럼 위협할 때마다 하나님께서 주신 소명 의식은 우리를 강하게 흔들어 깨운다. 우리에게 있어 "내가 알게 뭐야?"라는 식의 가장 나태한 유혹에 빠지게 할 수 있는 질문을 막아줄 수 있는 최상의 동기, 곧 궁극적인 해결책은 곧 소명 의식이다. 하나님께서는 우리를 부르셨으며, 우리는 그러한 부름에 최선을 다해 답변하기 전에는 결코 자신의 본래의 모습을 찾을 수 없다. 따라서 이러한 소명에 우리가 하품을 하는 듯한 태도로 응한다는 것은 결코 있을 수 없다.

당신은 당신이 세운 목적보다 더 높은 곳을 바라보지 못하는 나약한 인생으로부터 벗어나기를 원하는가? 당신은 주변의 수많은 사람들이 갖고 있는 미온적인 태도와 권태감, 그리고 내적인 절망감을 극복하기 원하는가? 당신은 어떠한 것에도 꺾이지 않으며 어떠한 실패 앞에서도 좌절되지 않는 목표를 알기 원하는가? 그렇다면 나사렛 예수의 음성에 귀를 기울이고 그분의 부르심에 응답하라.

## 5장

척 콜손Chuck Colson과 잭 에켈드Jack Eckerd는 서로 전혀 다른 배경을 갖고 있다. 콜손은 워터게이트 사건에 연루되어 감옥에 수감되기 전까지 닉슨 행정부Nixon administration의 법률 고문이라는 막강한 권좌에 오른 반면, 에켈드는 전미 최대 규모의 약국 체인 중 하나를 창설한 사람이다. 하지만 그들은 세월이 흐르면서 미국이 안고 있는 문제들에 대한 생각을 공유한 절친한 친구가 되었다.

물론, 콜손은 많은 사람을 그리스도께 인도한 인물로 널리 알려져 있으며, 재소자 구제 협의회Prison Fellowship를 창설하고, 자기가 담당한 라디오 프로그램과 다양한 저서를 통해 문화 비평가로도 존경을 받고 있다. 에켈드 역시 교도소 개혁을 위해 많은 노력을 기울인 인물로 자신의 사업가적인 배경을 바탕으로 이 사역의 중요성을 인식하고 있다.

그런데 이 두 사람은 모두 미국이 노동 윤리를 상실했다는 명확한 결론을 내렸다.

콜손과 에켈드는 「미국은 왜 일하지 않는가?」Why America Doesn't Work 라는 책에서 노동의 본질적인 가치에 대해 설명함과 동시에 노동에 대한 존엄성의 결여 — 그들이 여러 가지 사회 문제의 가장 중요한 원인이 되고 있다고 주장하는 — 를 해결하기 위해서는 우리가 어떻게 해야 할 것인지에 대해 상당한 부분을 할애하고 있다.

　본 책은 미국 경제의 축이 한창 내리막 길을 걸어가고 있던 1991년에 출간되었다. 따라서 독자들 중에는 책이 출판된 직후에 시작된 경제적 성장의 관점에서 볼 때 저자들의 결론이 적절치 못하다고 생각하는 사람들도 있을 것이다. 그러나 미국 경제의 성공이 단순한 경제적 번영 이상의 것들에 뿌리를 두고 있다고 가정할 때 그들의 논점은 여전히 타당성을 지니고 있다. 이러한 사실을 감안한다면, 국민들이 노동이 갖고 있는 중요한 가치성을 재발견하고자 기꺼이 노력하려 하지 않는 한 경제적 성공이 문화적 갱신으로 이어진다는 것은 사실상 불가능하다.

　제1장에서 에켈드와 콜손은 러시아(구소련)가 노동에 대해 하나님께서 친히 만드신 제도를 계속해서 부인하자 그들에게 미국이 지향하고 있는 것을 보여주기 위해 러시아를 방문했던 여행에 대한 이야기를 들려주고 있다. 1990년, 두 저자는 자국의 노동에 대해 전혀 관심을 기울이고 있지 않는 사회주의 실태를 파악하기 위해 러시아를 방문하였다. 사실 그들이 현지에 도착했을 때 거기에서 노동이 중요시되는 유일한 곳은 감옥으로, 수감자들에게는 노동이 시간을 유익하게 활용하고 삶의 의미를 부여하는 수단이 된다는 것을 발견하였다.

　그들은 책에서, "모스크바의 거리에서는 찾아볼 수 없었던 희망과 근면과 생산성이 형무소 안에서는 활기차게 움직이고 있었다."고 기술하고 있다.

　그들의 관찰은 노동이 단순히 우리의 배와 지갑이나 채우기 위한 수단이 아니라, 일상 생활 속에서 필요한 다른 것들과 함께 자신에게 있어 삶의 의미를 실현하기 위해 하나님에 의해 계획된 것이라는 사실을 상기시키므로 노동의 목적에 대한 우리의 견해를 재확인시켜 주고 있다.

　저자들은 단순히 사회주의의 몰락을 예찬하는 것이 아니라 당시 러시아와 미국이 지향하고 있는 노선 사이에 충돌이 일어나고 있음을 간파하였다. 이러한 인식은 저들에게 마치 「미국은 왜 일하지 않는가?」라는 책을 집필하게 하는 일종의 영감같은 것을 주었다. 확고한 노동 윤리의 쇄신을 이뤄낸 그들의 노력은 사회의 경제적 상황이 어떠하든 상관없이 매우 의미있다. 그들이 밝히고 있는 것처럼, 노동에 대한 가치의 부여가 경제적 성공 이상으로 훨씬 위대한 것을 창조한다고 할 때 그것은 노동 자체를 중히 여기는 문화의 창조를 이룩해 주었다.

Charles Colson과 Jack Eckerd의
「미국은 왜 일하지 않는가?」
Why America Doesn't Work에서

## 심각한 문제의 징후

노동에 대한 국민의 의식을 개발시키는 것은 반드시 필요하며, 이것은 USSR(소비에트 사회주의 공화국 연방)에서 반세기 동안에 걸쳐 노동 분야에 있어 수상을 한 사람이 아무도 없다는 점에서 볼 때, 가능한 한 빠를수록 좋다. 그곳에는 빵을 위해 밀을 재배하고, 가축을 키우는 사람이 아무도 없다. 수 백만 명에 이르는 사람들이 주거지라고 볼 수 없는 곳에서 생활하고 있으며, 그들은 대대로 악취가 풍기는 움막과 같은 곳에서 산다. 노인과 환자들은 마치 거치나 다름 없을 만큼 비참한 삶을 살고 있다. 도로 상황은 형편 없고, 자연은 철저하게 짓밟히고 있다.

— Aleksander Solzhenitsyn

  21세기의 시작을 눈앞에 두고 있는 지금 우리는 가정이 해체되고, 거리는 마약과 싸우는 전쟁터가 되어 가고, 학교는 학업 미달과 도덕 불감증에 걸린 수 천명의 젊은이들을 몰아내고, 경제는 마치 롤러 코스터를 타는 것처럼 불안하며, 정부는 수 백만 명이나 되는 사람들에게 일할 수 있는 기회를 주지 않고, 노동 인력은 최고의 이윤을 추구하면서 형편 없는 물건을 만들어 내고 있는 것을 본다.

  미국에서는 지금 제대로 되어가고 있는 것이 아무 것도 없다. 우리는 그러한 증거를 주위에서 얼마든지 쉽게 찾아볼 수 있다. 그런데도 우리는 어쩔 수 없이 미국에서 만들어낸 물건을 사거나 써야만 할 때가 너무 많다.

  운행 도중 자동차의 휠캡이 떨어져 나간 사건을 예로 들어보도록 하자. 최근에 플로리다주의 고속도로 순찰대는 몇 대의 최고급 경찰 순양차를 추가시켰다. 그것들은 강력한 350 입방 인치의 8기통 짜리 엔진에, 앤티로크 브레이크가 장착되어 있어 "난처한 문제가 생길 염려"

가 거의 없었다. 플라스틱으로 만들어진 휠캡은 떨어져 나갈 가능성이 없는 것이다. 지금까지 이러한 수수께끼가 풀리지 않았는데, 그것은 휠캡이 떨어져 나가는 것은 공기를 세차게 가르며 하늘을 나는 미사일과 같은 속력에서나 가능하기 때문이다. 자동차 회사의 대변인은 다음과 같이 매우 조심스럽게 말하였다. "그동안 휠캡에 문제가 있었다는 것을 우리도 인정합니다. 휠캡이 역풍을 견디는 강한 내구성이 없었던 것 같습니다."

어떤 공장이든 때로는 결함 있는 제품을 만들어 내거나 또는 반드시 제거되어야 할 제품상의 문제가 없을 수 없지만, 우리 나라는 지금 "이처럼 골치 아픈" 정도의 문제가 지나칠만큼 심각하다. 그것은 미국인의 자존심과 기술력에 엄청난 상처를 입혔으며, 그것으로 인해 우리는 지금 세계 시장에서 종종 비난을 받고 있다.

대부분의 소비자 등급에서 미국 제품은 다른 나라의 경쟁사에 계속 뒤지고 있으며, 실제로 최근의 연구에 의하면 1990년 미국은 세계 7대 산업 국가들 가운데 생활 수준에 있어 하락세를 나타냈다고 보고되었다.

분명히 문제가 있다.

조사에 의하면 미국인들 가운데 일심히 일하기 원하거나 자기가 하는 일에 대해 자부심을 느끼는 사람의 수가 점점 줄고 있다고 한다. 오늘날 미국 사회에는 일하지 않거나 일하려 하지 않는 시민이 수백만 명에 이르고 있다. 5백만 명이나 되는 사람이 영구 실업 보조금에 의지하여 살아가고 있는 가운데 정부의 복지 정책을 위한 비용은 계속 늘어가고 있다. 과밀한 교도소 안에는 약 1백만 명이나 되는 사람들이 바깥에 있는 가족들에게 경제적인 도움을 주지 못하고 있고, 교도소를 유지하기 위해 필요한 예산만 더욱 부풀리고 있다. 이러한 이유들로 인해 우리 나라의 범죄율은 지금 자유 세계에서 최고치를 기록하고 있다.

안나 퀸들렌처럼 자존심이 강하고 진보적인 뉴욕 타임즈의 논설 위원이 다음과 같이 시인할 만큼 문제의 심각성이 크다. "우리의 많은 사회적 프로그램이 우리에게 전혀 만족할 만한 결과를 갖다 주지 못하는 것에는 사람들이 일하지 않는다는 것 외에 다른 이유가 없다. 교육과 복지, 그리고 범죄 등 모든 것이 더할 수 없이 절망적인 상태로만 보인다. 이러한 것들의 저변에는 가난이라는 암흑의 바다가 있을 뿐이다."

무엇인가 심각한 문제가 있다.

미국인들은 지금까지 모든 면에서 혜택을 누려 왔다. 미국의 북쪽에는 풍부한 양의 천연 자원이 매장되어 있으며, 그곳은 농사짓기에 유리한 비옥한 땅이다. 핵무기가 개발되기 이전에는 미국을 중심으로 아시아와 유럽 사이에 있는 두 대양으로 인해 그들과의 복잡한 관계를 유지할 필요가 없었다. 미개척지의 정복은 민주주의의 근간을 이루는, 독립정신이 강하고 근면한 남녀 시민을 배출시켰다. 이들 조상들은 우리에게 노동 윤리인 근면과 검약, 그리고 재산에 대한 존중심을 유산으로 물려주었다. 이러한 윤리에 기초한 정치적이고 종교적인 자유에 있어서의 고귀한 실험은 미국을 1세기 만에 세계를 놀라게 한 경제 대국으로 만들었다.

그러나 미국을 그렇게 위대하게 만든 바로 그것이 오늘날에 와서 커다란 문제에 직면해 있다. 우리의 경제를 이끌어 가는 축이 무너지고 있는 것이다. 우리에게서는 지금 노동 윤리가 상실되어 가고 있다.

그런데 우습게도 우리는 지구의 정반대편에 있는 곳을 여행한 후에야 이러한 사실을 절실히 깨달을 수 있었다.

1990년 3월, 우리 두 사람은 가장 유명한 반체제 인사 가운데 상당수가 수감되어 있는 시베리아 유배지인 펌의 제35형무소를 포함하여 5개의 러시아의 형무소를 방문하기 위해 미국 대표의 일원으로 파견되었다. 우리의 목적은 2가지였다. 그것은 러시아의 관리들과 함께 교도소에 대한 전문적인 의견을 교환하고, 정치범들의 석방을 위해 토론하는 것이었다.

...

미국인이라면 누구나 러시아를 입국할 때 복합적인 감정을 느끼게 된다. 그것은 과거에는 입국이 전혀 불가능했던 철의 장막을 통과해 들어간다는 것에 대한 흥분과 동시에 앞에 어떤 알 수 없는 것이 놓여 있을지도 모른다는 사실에 대한 불안감이다. 날개에 망치와 낫이 그려진 러시아 국기가 게양된 에어로플롯 Aeroflot(소련의 국영항공회사 — 역자주) 사의 제트 여객기를 타고 모스크바의 셔머토프 공항에 착륙하기 시작했을 때 우리 역시 예외 없이 그러한 감정을 느꼈다. 우리는 긴장감의 수준을 넘어 공포의 경지에까지 이르렀다. 모든 일이 잘 될 경우 몇 시간 후면 우리는 전에 서방 사람들의 발길이 거의 닿은 적이 없던 곳인 소비에트 굴라그 Soviet gulag(구소련의 정치범 강제 노동 수용소 — 역자주)로 향하게 될 것이었다.

　우리가 비행기에서 내려 터미널로 들어가고 있을 때, 퉁명스러운 표정의 군인들이 우리를 매우 가까이에서 쳐다보며 비행장을 순찰하였다. 제복을 입은 굳은 표정의 청년이 우리의 여권과 비자를 확인하고는 우리에게 짐을 들고 똑같이 무표정한 모습의 세관원에게 갈 것을 손짓으로 신호하였다. 그나마 그들이 우리의 짐을 샅샅이 살피지 않은 것이 커다란 안도가 되었다.

　공항 직원들은 우리의 목적지에 대한 심사가 진행될 때 잠깐동안 일을 멈추었다. 세관원은 우리의 비자에 페름시의 방문이 포함되어 있다는 것을 알았을 때 우리를 빤히 쳐다보고는 눈동자를 상하좌우로 움직이며 마치 우리에게, "당신들이 가는 목적지가 어떤 곳인지 아십니까?"라고 묻기라도 하듯 묘한 여운의 거만한 웃음과 함께 "페름이라…"는 말을 여러 차례 반복해서 중얼거렸다.

　그 여행에 있어 우리가 모스크바로 가기 위해 처음 사용한 이동 방법은 지나가는 차에 동승하는 것이었다. 그런데 차의 시동이 걸리지 않았다. 운전사가 계속해서 검정색 볼가 엔진의 시동을 걸었지만, 차는 엄청난 양의 뿌연 연기만을 뿜어내다가 겨우 움직이기 시작하였다. 자동차는 마치 갑작스럽게 충격을 받아 부서지기라도 할 듯 삐걱거리고 요동을 치더니 모스크바의 중심지를 향해 국민차인 피아트Fiat를 본따 만든 차인 라다 Lada(러시아의 소형 승용차 — 역자주)를 충분히 삼킬 수 있을 만큼 군데군데 커다란 웅덩이가 패인 도로 위를 덜컹거리며 달리기 시작하였다.

우리는 모스크바 시내로 들어가면서, 러시아의 시인이자 위대한 반체제인사인 아이리나 라투신스카야가 자기 회고록의 제목을 「희망의 색깔 회색」이라고 붙인 이유를 이해할 수 있을 것 같았다.

모스크바의 공간은 온통 회색빛이었다. 육중한 키릴 문자가 써 있는, 그을음으로 뒤덮인 빌딩은 뿌연 회색빛으로 얼룩져 있었다. 지면 위를 뒤덮은 눈도 회색빛이었으며, 곳곳에 산재해 있는 납으로 만든 전쟁 기념비 역시 모두 회색으로 뒤덮여 있었다. 공해로 심하게 오염된 하늘 역시 회색빛이었으며, 웃음 없이 무표정한 모습으로 거리를 돌아다니는 사람들조차 온통 회색으로 물들어 있었다. 군인들의 제복에 달려 있는 심홍색의 견장과 크렘린 궁전의 양파 모양의 둥근 지붕 위를 장식하고 있는 금붙이만이 반짝이면서 다른 것들과 분명하고 뚜렷한 대조를 이루고 있었다.

다른 대표들보다 하루 일찍 도착한 우리는 소련의 정관계 인사들과 공식적으로 만나기 전까지 소련 사람들의 일상 생활을 적어도 어렴풋이나마 파악하며 24시간 동안을 스스로 보호해야 했다. 우리는 모스크바 중심가에 있는 가장 유명한 관광 호텔인 인투어리스트 호텔에 숙박을 예약하였다. 그곳은 외관상으로는 적어도 현대식 건축 양식의 고층 건물이었다. 그러나 내부는 엉망이고 형편이 없었다. 호텔 로비는 어디를 가든 담배 연기로 자욱했고, 사람들은 알아들을 수 없는 외국어로 떠들어대며 바쁘게 돌아다녔다. 그런가 하면 반나(半裸)의 무희들은 고객을 호텔 바로 끌어들이기 위해 유혹했으며, 다수의 창녀들은 고객을 상대로 드러내 놓고 매춘 행위를 하였다.

우리가 호텔의 프론트에서 선불로 지급한 예약 영수증을 제시했을 때 안내원은 예약된 객실이 하나 밖에 없다고 말하였다.

우리가 "여기 두 개의 객실에 대한 예약 영수증이 있습니다."라고 말하자, 안내원은 "컴퓨터에는 여러분이 한 칸만 예약한 것으로 나와 있습니다. 여러분의 여행사 측에서 과실을 범한 것입니다."라고 답변하였다.

우리는 선금을 지불하였고 그것을 입증할 만한 충분한 증거를 갖고 있었는데도 그들의 방식으로는 분명히 고객에게 잘못이 있다는 것이었다. 결국 우리는 객실 한 칸 값을 다시 지불하고 안내원이 "특실"이라고 한 객실로 올라갔다.

우리는 객실이 있는 층에 도착해서 — 엘리베이터가 멈추었을 때 복도와 엘리베이터 사이에는 10~13cm 정도의 틈새가 벌어졌음 — 안내원이 말한 특실을 보고는 깜짝 놀랐다. 군데 군데 합판으로 덮고 페인트칠을 한 판넬벽 사이로는 가는 햇살이 들어왔다. 바닥의 카페트는 색이 바래고 닳아서 해어졌으며, 소파는 허름하고 그나마 망가져 있었다. 그리고 욕실의 설비 시설은 부식되어 물이 계속 새고 있었다. 침대만 청결했을 뿐, 그 외의 다른 것들은 모두가 파손되어 있었다.

식사하기 위해 식당에 갔을 때는 침실을 찾을 때보다도 훨씬 더 절망적이었다.

러시아법에 의하면 그 나라를 방문하는 사람은 누구나 러시아 화폐만 사용하도록 되어 있었다. 따라서 미국 달러를 쓸 경우 구류를 당할 수도 있으며, 정부 당국에서는 방문자들의 출입국시 그들의 화폐를 철저히 조사한다. 공식 대표단의 일원인 우리는 이러한 법을 결코 위반할 수 없었다. 문제는 호텔의 식당에서 루블(ruble, 소련의 화폐 단위 — 역자주)을 받지 않는 데 있었다. 그들은 사용이 금지된 미국 달러를 원하였다.

우리는 차를 타고 공항을 빠져 나올 때 언뜻 눈에 들어왔던 모스크바 시내에 있는 맥도널드를 찾아 나섰다. 그러다 TV 쇼인 "콜롬보"의 보조 프로듀서로 그곳에 와 휴가를 즐기고 있는 한 미국인을 만났다.

우리가 고충을 털어 놓자 친절한 그 젊은 친구 역시 이렇게 말하였다. "저는 이곳에 온지 오늘까지 꼭 5일쨴데 제대로 된 식사는 두 번 밖에 못했습니다. 매번 여기 맥도널드에서였지요. 그나마 여기라도 와야 제대로 된 서비스를 받고 식사를 할 수 있지요." 그는 식당에 가도 음식이 부족하며, 따라서 식탁을 — 다른 손님과 함께 합석하는 것조차 — 차지하기 위해서는 지배인에게 뇌물을 주어야 할 때도 종종 있다고 말해 주었다. 암시장이 파장한 후에는 모스크바에서 뇌물 수수가 가장 커다란 사업으로 성행하였다. 모든 사람들은 어떻게 하면 뇌물을 챙길 수 있을 것인지에 여념이 없었다.

우리가 만난 그 사람은 우리에게 인투어리스트 호텔의 21층에 있는 중식당을 이용해 볼 것을 권하였다. 그는 "썩 좋지는 않지만, 그런 대로 먹을 만합니다."라고 말하였다.

지금도 우리는 그날 밤 우리가 어떤 음식을 먹었는지에 대해 정확히 알 수가 없다. 다만 우리는 그것이 중국 요리가 분명히 아니었다는 것과, 식사 값으로 루블을 받았다는 사실, 그리고 우리가 빵으로 주린 배를 채웠다는 사실만을 기억하고 있을 뿐이다.

잠자리에 들기 전 우리는 미국무부에 우리가 도착했다는 사실을 보고하기 위해 전화 접촉을 시도하였다. 그러나 모스크바에는 전화번호책이 비치되어 있지 않아 전화를 건다는 것이 불가능하였다. 따라서 다른 사람의 전화 번호를 알아낸다는 것이 사실상 불가능할 뿐만 아니라, 도움을 받을 수 있는 교환원도 없다. 결국 우리는 아무것도 제대로 된 것이 없지만, 그보다 더 한심한 것은 그것에 관심을 기울이는 사람조차 없다는 생각으로 소비에트 사회주의 연방 공화국에서의 첫날밤을 보냈다.

일요일인 다음 날이 되자, 그동안의 관광객 신분에서 공식적인 대표의 신분으로 바뀌면서 우리에게 너무나 대조적인 변화가 나타났다. KGB 요원들은 곧바로 우리를 번쩍번쩍 빛나는 검정색의 리무진에 태워 마음껏 먹을 수 있도록 쉴 새 없이 코스 요리(공산주의 국가의 정부 관리들조차 식사와 보드카 외에는 먹을 수 없음)가 나오는 훌륭한 음식점으로 데리고 갔다. 그리고 식사가 끝나자 그들은 우리를 로비의 벽은 값비싼 마호가니 목재로 장식되어 있으며, 바닥은 페르시아산의 양탄자가 깔린 대리석으로 된 — 여기에서도 에스컬레이트는 고장나 가동이 되지 않고 있었음 — 국가적인 업무로 방문하는 사람들이 묵는 전용 호텔로 안내하였다. 우리가 묵게 될 객실은 넓고, 타일로 장식되어 있었으며, 모든 설비가 번쩍거리는 동으로 갖추어진 욕실이 딸린 훌륭한 방이었다.

월요일 아침, 여러 대의 검정색 리무진이 우리 대표단 일행과 자기들의 공식 요원들을 차에 태워 모스크바 동쪽의 시민이 이용하는 러시아에서 가장 큰 도모데도보 공항으로 갔다. 우리가 공항에 도착했을 때가 대략 9시 30분이었는데 우리가 탈 비행기는 10시 30분에 출발할 것이라는 방송이 있었다.

나중에 그들은 출발 시간이 10시 40분으로 다소 지체될 것이라고 재발표하였다. 그러나 비행기는 1시 30분에야 겨우 출발을 하였다. 우리는 3시간 후 페름에 도착하였다.

유럽의 러시아 평원과 아시아의 시베리아 평원 사이에는 우랄 산맥이 경계를 이루고 있었으며, 우랄 산맥의 바로 서쪽에 산업 도시인 페름이 자리잡고 있었다. 오블랜스크의 수도로 인구 150만명인 이 도시는 모스크바보다도 더 심각한 층을 이룰 만큼 회색빛으로 죽어가고 있었다.

그 다음 날 우리는 하루 반 동안에 걸쳐 일반 범죄자 수용 시설인 페름 29형무소와 페름 35형무소를 방문하였다.

어떤 이름은 우리에게 강한 이미지를 주거나, 특별한 의미를 담고 있는 것들이 있다. 예를 들어, 워털루는 결정적인 패배의 상징으로 통하며, 베네딕트 아놀드는 반역자를 나타내는 상징으로 비유되고, 굴라그란 명칭은 그것을 듣는 순간 우리에게 억압과 "인간의 비인도적인 만행"을 떠올리게 한다. 페름 35형무소는 굴라그 가운데 최고로 영예로운 곳을 상징한다.

다 낡고 간간이 물이 괴어 있는 도로 — 그것은 우리에게 포장된 도로를 통해서는 러시아의 거리를 가로질러 지난다는 것이 불가능하다는 사실을 입증해 주는 증거가 되었음 — 를 따라 여행하고 있던 우리의 눈에는 예상했던 대로 황량한 시베리아의 살풍경이 들어왔다. 늦은 3월의 차가운 바람은 우리에게 매서운 한기를 느끼게 했으며, 흉물스럽게 꼬여 있는 가시 철조망과 옆에 권총을 차고 있는 감시원의 모습은 우리에게 불안감을 야기시켰다.

경비병들은 커다란 문을 통과해 어딘지 전혀 분간할 수 없는 좁은 길을 한참 달려 눈으로 덮인 산에 이르러 과거 러시아의 황제 시대로 돌아가는 듯한 기분을 느끼게 하는 1, 2층짜리 건물이 줄지어 서 있는 곳으로 우리를 안내하였다.

건물의 내부는 전체가 산뜻하게 페인트칠 되어 있었으며, 모든 물건 역시 깨끗하게 청소되어 있었다. 황갈색의 문과 벽은 진한 푸른색과 녹색 페인트로 급하게 칠해진 것을 느낄 수 있었다. 건물의 바닥까지 페인트칠이 되어 있었다.

1972년부터 페름 35형무소의 책임자 역할을 맡고 있는 콜로넬 니콜라이 오신과 차가운 눈매로 방문자와 수감자 모두에게 똑같이 경멸적인 태도를 보이는 한 남자가 우리를 몇 명의 수감자들과 면담을 하도록 되어 있는 회의실로 안내하였다. 그들은 3개의 벽면을 등지고 소련의 관리와 우리 대표단이 앉을 수 있도록 의자를 배치해 놓았다. 그리고 네 번째의 의자는 벽면을 등지고 TV 카메라와 조명을 향해 놓았다.

우리는 그처럼 공포스러운 분위기의 자리 배치에 항의를 표하였다. 하지만 오신의 태도는 완강하였다. 그는 자기가 책임을 맡고 있는 61에어커 형무소 영내에 대한 절대 권력을 행사하며, "그것이 바로 법입니다."라는 말만 계속하였다.

우리는 그들이 의자를 그러한 식으로 배열한 것은 수감자들로 하여금 우리에게 아무것도 말하지 못하게 하기 위해서라고 생각하였다. 하지만 수감자들은 결코 그렇게 하지 않았다. KGB에서 설치한 카메라가 그들의 모든 말과 표현을 하나도 빼놓지 않고 기록하고 있었지만, 세계적으로 가장 유명한 정치범들 가운데 6명인 그들은 자신들에게 가해진 날조된 죄목에 대해서 용감하게 말하였다. 그리고 자기들의 인권이 그동안 얼마나 짓밟혀 왔으며, 가족들의 면회가 얼마나 많이 취소되었는지에 대해 조금도 숨김 없이 털어 놓았다. 이따금씩 그들은 의자에 조용히 앉아 공포스러운 분위기를 자아내는 굴라그의 감시자들을 향해 거의 반항적인 미소를 보내기도 하였다. 그들 가운데는 변방의 그 잔혹한 곳에서 15년이라는 긴 세월을 보낸 자도 있었다. 그들은 극히 소소한 죄목 때문에 장기간 동안 고독한 수감 생활을 해야 하는 자기들의 입장을 털어놓았다. 어떤 사람은 그곳에서 다섯 차례나 외로운 수감생활을 했는가 하면, 12개월 동안 그곳에 수감되어 있는 사람도 있었다. 그들은 한결같이 자기들이 쓴 편지의 내용이 조작되고, 나아가서는 배달조차 되지 않은 적이 있다고 불평하였다. 면담이 끝나자 그들은 각자 우리에게 고마움을 표했으며, 회의실 밖에까지 걸어나와 자신있게 머리를 위로 들고는 서로가 어깨를 감싸고 껴안았다.

　물리학자이며 독실한 크리스찬으로 고무 보트를 타고 흑해를 건너 터키로 도주하려 했다는 대역죄로 체포된 알렉산더 골도비치는 자신들에 대해 양심수라는 것을 주장하였다. 나중에 그는 춥고, 굴속과 같은 콘트리트로 만들어진 독방에서 시멘트로 된 문 위에 자기가 새겨 만든 작은 십자가 — 그동안 자신을 유지시켜 준 신앙에 대한 상징물인 — 를 자랑스럽게 손가락으로 가리켰다.

러시아 정부는 이 사람들을 자기들의 명령에 굴복케 하기 위해 우리가 상상할 수 있는 모든 짓을 다하였다. 그러나 어찌된 영문인지, 황량하고, 영적으로 꽁꽁 얼어붙은 겨울과 같은 분위기 외에 아무 것도 기대할 것이 없어 보이는 절망적인 변방에서, 이들 수감자들은 각자의 존엄성과 목적 의식을 끝까지 간직하였다.

이것은 얼마나 놀라운 역설인가!

우리는 모스크바로 돌아와서 여행의 나머지의 시간을 보냈다. 우리는 모스크바에서 모즈하이스크에 있는 벽돌과 골조로 만들어진 흉물스럽게 줄지어 있는 여자 전용 교도소(절도죄에서 살인죄에 이르기까지 온갖 죄가 선고된 900여 명의 죄수가 수감되어 있는)를 포함해 세 개의 교도소를 더 방문하였다. 분위기가 매우 삼엄해 보였지만, 담당 직원들은 배우자의 면회와 재소자의 일시 가출옥, 그리고 임산부를 위한 석방 정책과 같은 획기적인 조치의 실시에 대해 자부심을 갖고 있었다. 그들은 우리에게 영화관과 교육실, 빛나는 새 가죽 표지의 성경을 비롯하여 많은 양의 장서가 잘 비치되어 있는 도서관과 식당을 열심히 보여주었다.

우리가 식당에 들어섰을 때 막 점심 식사가 나오고 있었다. 재소자들 중에는 식판에 밥을 받아 줄을 빠져 나오는 사람도 있었다. 대부분의 재소자들은 긴 의자 형태의 식탁에 앉아 식사를 하고 있었다. 곁눈질로 흘끔대는 경우를 제외하고 정면으로 우리를 쳐다 보는 사람은 아무도 없었다. 그들은 머리를 푹 숙인 채 식사만 하고 있었다.

 잭이 사람들에게 공포심을 주지 않기 위해 조심스럽게 앞줄에 앉아서 식사하고 있는 여자들에게 가까이 가 "음식이 어떻습니까?" 하고 정중하게 물었다.

 척 콜손은 그들에게서 마치, "아, 아닙니다. 우리는 빨리 식사를 해야 합니다. 그러니 말을 걸지 않았으면 좋겠습니다."라고 말하는 느낌을 받았다.

 바로 그때 책임자들이 우리에게도 식사를 권하였다. 접시에 덜어진 스튜를 보니 식욕이 당기지 않았지만, 우리는 줄을 섰다. 우리가 음식을 담은 접시를 갖고 와 식탁에 앉아 음식을 먹기 시작하는 순간, 갑자기 실내 분위기가 완전히 바뀌었다. 식사를 하고 있던 여자들이 얼굴을 들고 우리를 쳐다봤다. 그들은 무엇인가를 손으로 가리키며 조잘거리기 시작하였다. 한 여자가 자리에서 일어나더니 우리에게 와 옆에 앉았다. 그녀는 유창한 영어로 말하였다. 그녀와 우리가 이야기하고 있는 동안 사람들이 주위에 모여들었다. 그때 한 여성이 자기의 목에 있는 십자가를 계속해서 가리키며 환하게 웃었다.

 모즈하이스크에 갔을 때 깜짝 놀란 것은 우리가 방문한 러시아의 다른 교도소에서와 마찬가지로 노동이 수감 생활에 있어 가장 핵심적인 부분처럼 보였다는 사실이다. 모든 재소자들에게는 1주일 가운데 6일 동안에 걸쳐 매일 8시간씩 할 일이 주어졌으며, 그들이 참여하는 작업 라인은 효율적으로 바쁘게 돌아갔다. 페름에서 우리는 대부분의 재소자들이 다양한 제작 공장에서 자기의 할당량을 위해 열심히 일하고 있는 모습을 보았었다. 그들은 노동을 통해 버는 돈으로 자신의 수감 생활에 들어가는 비용을 충당했다. 모즈하이스크에서 우리는 한 의류 공장을 찾아갔는데, 거기에서 옷감을 재단하고 손질하거나 미싱질을 하고 있는 여러 명의 여자들과 대화를 나누었다. 그들은 일에서 잠시도 눈을 떼지 않았다. 그들은 자신의 일에 많은 흥미를 갖고 있었으며, 표정이 매우 밝은 사람들도 있었다. 교도소 관리자들은 수감자들의 태도가 아니라 제도상의 눈속임을 통해 많은 것을 위장시킬 수 있었지만, 이 곳은 근로 의욕이 높은 것이 분명하였다.

여자들에게는 각자 하루에 4백 개의 일거리가 할당되었는데, 그것을 통해 한달 동안 그들이 받는 돈은 교도소 밖에서 일하는 소련 근로자들 평균 소득의 약 2/3에 해당하는 180루블이었다. 그들은 우리에게 자기들은 출소에 대비하여 돈을 저축하거나 가족에게 돈을 보내는 것이 허용된다고 말해 주었다. 만약 그들이 할당량의 10퍼센트 이상을 초과해서 작업을 하면 보너스를 받는다. 따라서 대부분의 여자들은 초과 근무를 하였다. 그렇다면 이것이 자유 기업의 출발점이 될 수 있었을까?

러시아에 있는 교도소 제도의 잔악성에 대해서는 노벨상 수상작가요 반체제 인사로 동토의 시베리아 툰드라 지방에서 몇 차례에 걸쳐 죽음의 위기를 간신히 넘기며 굴라그에서 10년의 세월을 보내는 가운데 강제 노역에 시달린 알렉산더 솔제니친보다 더 잘 아는 사람이 없을 것이다. 그는 이곳에서의 수감 생활 동안 훗날 「이반 데니소비치의 하루」One Day in the Life Ivan Denisovich라는 제목으로 출판된 책을 썼다. 솔제니친은 자신의 이 고전 소설에서 매우 고된 육체 노동이 자신에게 어떻게 삶의 목적을 부여해 주었는지에 대해 자세히 설명하고 있다. 그는 인내심의 한계에 이르는 육체적인 고통에도 불구하고, 굴라그의 관리 요원들이 자기가 쌓은 벽돌을 향해, "줄을 반듯하게 잘 쌓았군." 하고 칭찬할 때면 커다란 자부심을 느끼곤 하였다는 것이다.

이리나 라투신스카야(그의 작품이 하나님과 자유에 대해 말했다는 이유로 불순분자로 간주된 러시아의 시인인)는 그녀의 회고록 가운데 굴라그 안에서 자기가 겪었던 체험담을 상세히 설명하고 있다. 개인의 자유가 완전히 박탈당하고 비참하기 이를 데 없는 고독한 삶 가운데서 공허한 나날을 보냈어야 할 그녀에게 삶에 대해 분명한 목적 의식을 주고, 마음을 채워주며, 삶의 의미를 부여해 준 것이 있다면 장갑을 만드는 일이었다.

우리는 소련을 떠나기 직전 ― 대부분의 방문객들이 처음 도착했을 때보다 훨씬 보고 싶어하는 순간인 ― 모스크바의 거리를 걸어서 몇 개의 가게를 가보았다. 그런데 우리는 거기에서 진열대는 텅 비어 있고, 무표정한 얼굴의 사람들은 남아 있는 몇 개의 물건을 사기 위해 몇 시간씩 길게 줄지어 서서 기다리고 있는 모습을 볼 수 있었다. 슈퍼마켓에 있는 진열대의 절반은 비어 있었으며, 고객들은 채소와 살이 붙어 있지 않은 치킨을 조금 사기 위해 줄 서 있었다. 과일이라곤 찾아 볼 수도 없었으며, 설탕과 소금, 그리고 비누를 포함해 다른 모든 물건은 정량제로 공급이 되었다.

KGB 소속의 감시원이 우리를 차에 태워 공항으로 갔다. 우리는 매표소 앞의 긴 줄을 지나 고위층을 위한 파티가 준비된, 소련 정부의 관료들로 가득한 호화로운 VIP 라운지로 안내되었다.

그는 "지금부터는 여자 안내원이 여러분을 비행기까지 직접 안내할 것입니다."라고 말하며, 허리를 반 정도 굽힌 자세로 우리의 초청장과 여권을 돌려주었다.

우리는 비행기를 기다리는 동안 형편 없이 싼 값을 지불하고 레모네이드를 천천히 마시며, 캐비어 카나페를 먹었다. 우리가 앉아서 이야기하고 있을 때 정장 차림의 한 남자가 가까이 오더니 우리 옆에 있는 카운터에 몸을 비스듬히 기대어 섰다. 그는 자신의 주머니에서 종이를 한 장 꺼내 읽기 시작하였다. 그렇게 하는 동안 여종업원이 12개의 레몬 — 우리가 플로리다 주의 감귤 농장에서 본 것들처럼 아주 탐스럽고 윤기가 나는 — 이 들어 있는 가방과 초콜렛이 뚝뚝 흘러 내리는 2개의 커다란 에클레어, 커다란 쿠키 가방 한 개, 그리고 1파운드 짜리 캔디 가방을 두 개 가져왔다. 남자는 쇼핑 목록과 일일이 대조하더니 물건을 카운터 위에 나란히 올려놓았다. 그리고는 여종업원에게 50루블짜리 지폐를 주었다. 50루블은 공식적인 환율 가치로는 약 8달러 정도 되지만, 암시장에서는 겨우 2달러에 거래되는 액수였다.

우리는 그가 겨우 그 정도의 돈으로는 계산대 위에 올려놓은 모든 물건을 분명히 살 수 없을 것이라고 생각하였다.

그런데 우리가 더 큰 충격을 받은 것은, 여종업원이 그에게 거스름돈으로 오히려 35루블을 더 주었다는 사실이다.

파티에 참석했던 그 남자는 자기가 호황을 누리고 있는 모스크바의 암달러 시장에서 한 밑천 잡거나, 혹은 고위층에게나 가능한 시골의 대저택을 구입하기 위해 아주 적은 금액만을 썼던 것이다. 일반 시민들이 삶에 필요한 최소한의 생필품을 구하기 위해 발버둥치고 있는것에 반해 그와 같은 정부의 관료들은 — 전체 인구 가운데 약 5백만 명으로 추정되는 — 최고급 아파트에서 살고, 화려한 음식점에서 식사를 즐기며, 최근 수 십년 동안 가격이 조금도 오르지 않은 좋은 물건들이 훌륭하게 진열되어 있는 백화점에서 쇼핑을 즐겼다.

우리는 비행기 안에서 최근에 있었던 경험들에 대해 깊이 생각하며 의자를 뒤로 젖힌 채 아무런 말도 하지 않았다.

우리가 목격한 것은 사회주의의 몰락뿐만 아니라, 심각한 사회적 병폐였다. 시민들의 발길이 오가는 거리는 활기와 희망이 전혀 없어 보였다. 호텔의 직원과 여종업원들 역시 손님에 대한 서비스에는 전혀 관심이 없었고, 서비스를 받으려면 뇌물을 건네야 했다. 사회는 범죄로 가득찼으며, 자살률은 현실에 대한 도피 수단으로 계속 증가하고 있었다. 경제적으로 활발하게 움직이고 있는 유일한 곳은 암달러 시장뿐이었다. 우리는 덴마크의 철학자인 쇠렌 키에르케고르가 "병에 걸린 영혼"이라고 말한 것보다도 훨씬 더 진일보한 단계에서 몸부림치고 있는 사회를 보았던 것이다.

그때 내게는 갑자기 아이러니컬한 생각이 하나 떠올랐다. 우리가 가혹한 교도소의 담장 뒤에서 만난 웃음과 확신과 결의에 찬 남자와 여자들의 모습이 모스크바의 거리에서 만난 사람들의 표정과 완전한 대조를 이루었기 때문이다. 모스크바의 거리에서는 찾아볼 수 없는 소망과 근면과 생산 활동이 러시아의 교도소 안에서는 살아 있고 또 정상적으로 가동되고 있는 것처럼 보였기 때문이다.

우리가 그동안 본 것들에 대해 통쾌하게 생각한 것은 매우 당연한 것이었는지 모른다. 다시 말해, 우리 두 사람은 모두가 철저한 반공주의자들이었으며, 잭은 1950~60년대에 활발했던 자유시장경제 체제에서 활동한 사람이다. 러시아 경제의 급속한 몰락 및 국가의 정신적인 피폐와 함께 지구상에서는 사회주의가 완전히 붕괴되어 가고 있었다. 러시아라는 대국은 지금 몰락해 가고 있으며, 민주주의와 자유시장과 자본주의의 승리가 도래하였다. 그러나 우리를 불안하게 하는, 이와 유사한 다른 것들이 우리를 억누르고 있다.

우리는 이러한 것들과 똑같은 표증들 가운데 일부를 미국에서도 보지 않았던가? 물론 그것들이 모스크바와 같지는 않지만, 분명한 표증이 되고 있는 것만은 사실이다. 그러한 문제들은 대략 다음과 같다. 점차 줄어들고 있는 근로자들의 생산성과 제품에 대한 관심의 부족과 계속적인 품질 저하로 세계 시장에서 경쟁력을 잃어가고 있는 미국 제품, 점점 늘어나고 있는 특권층, 점차 벌어지고 있는 노동자와 경영자층 사이의 봉급차, 범죄의 증가와 심각하게 위협받고 있는 사회보장제도 등이 바로 그것이다.

우리가 탄 비행기가 미국 땅에 착륙하는 순간, 우리는 조국에 돌아왔다는 사실에 안도를 하고 미국인으로 태어났다는 것에 커다란 고마움을 느꼈지만, 동시에 우리가 물려받은 유산을 함부로 낭비할 때 우리의 미래가 과연 어떻게 될 것인지를 어렴풋이나마 미리 본 것은 아닌지 두려워졌다.

## 6장

래리 버케트 Larry Burkett는 자기가 성경을 기업 운영의 연구 지침서로 사용한 최초의 인물은 아니라는 것을 분명히 밝히고 있다. 사실 그는 「성경 원리에 의한 기업 운영」Business by the Book이라는 자신의 책에서, 미국의 역사 가운데 대부분의 대학교가 "성경을 통해 미래의 사업 지도자를 훈련시키는 학교"와 다름 없었던 때가 있었다는 것을 지적하고 있다. 다시 말해, 성경이 모든 사업체의 지도자를 양성하는 기초가 되었다는 것이다.

만약 오늘날의 문화가 이처럼 극단적으로 바뀌지 않았다면, 버케트는 성경에 기초한 기업 운영의 원리에 대한 책을 쓰는 일보다 더 유익한 것에 시간을 투자했을 것이다. 그러나 1990년 버케트의 책이 세상에 출판되기 전까지 언론 매체나 학계 등 사회에 막대한 영향을 미치는 세력은 신앙과 노동을 완전히 이분화시켜 놓았다.

재정 운영의 전문가인 버케트는 자신의 책에 대해 "기업 운영에 대한 근본적인 해법"이라고 생각했는데, 실제 오늘날까지 우리에게는 하나님의 말씀에 의해 기업을 계획하고 운영하는 일에 있어 그처럼 완벽하게 실질적인 방법을 제시해 주는 책이 없다. 그가 우리에게 제시하고 있는 조언의 상당 부분이 전통적인 기업 운영 방식과 정면으로 배치되는 것은 사실이지만, 그것은 우리에게 실제적인 기업 운영에 있어 하나님을 추구하고 의지하도록 도전을 준다.

버케트는 본 장에서 하나님의 말씀에 의한 6가지의 "기업 경영 원리" — 기업 활동에 그리스도를 반영함, 책임 의식을 계발함, 적정한 가격으로 양질의 제품을 공급함, 자신의 채권자를 존중함, 종업원과 고객을 공정히 대우함 — 를 제시하고 있다.

이러한 방법이 세상적인 관점에서 볼 때 반드시 유리한 것만은 아니다. 버케트는 우리에게 여기에는 많은 대가가 지불되어야 한다는 것을 분명히 밝히고 있다. 그리고 그것들을 실천하기란 반드시 쉬운 것도 아니다.

버케트는 계속해서 다음과 같이 기술하고 있다. "나는 이러한 최소한의 원리들을 적용시키는 것이 하나의 지속적인 도전이 된다는 것을 알고 있다. 이러한 것들은 가까이에서 함께 일하는 동료가 따라주지 않을 때 그대로 행하는 것이 특히 더 어렵다."

버케트는 이와 같은 최소한의 원리와 그 실천을 위한 노력에 대해 설명하는 가운데, 비록 성경이 우리에게 성공적인 근로 생활을 위한 원리를 제시해 주고 있지만 하나님께서 원하시는 것과 작업 환경이 요구하는 것 사이에는 팽팽한 긴장 관계가 존재하고 있다는 개념을 부각시키고 있다. 따라서 이러한 긴장 관계를 어떻게 조화시키느냐의 여부는 위대한 경영 능력의 기준이 된다.

버케트는 선조들이 인지하고 있던 성경의 원리에 입각한 기업 운영에는 항상 대가가 지불된다는 사실을 아는 사람이다.

Larry Burkett의
「성경 원리에 의한 기업 운영」
Business by the Book에서

# 기업운영을 위한 성경적 원리

대부분의 사람들은 기독교의 기본적인 규범에 대해 생각할 때, 반사적으로 십계명을 떠올린다. 물론, 십계명은 하나님께서 말씀하신 것으로 당신의 백성을 세상 사람들과 구분하는 원리가 된다. 그런데 분명한 것은 기업 환경에 있어서도 이와 똑같은 원리가 적용된다는 사실이다. 그러나 사업의 세계에서는 하나님을 섬기는 자들을 믿지 않는 자들과 구별하는 몇 가지 다른 원리가 있다.

이러한 것들은 너무도 고상하여 우리가 마음 속으로만 상상할 수 있는 불가능한 목표가 아니라, 우리가 자신의 사업을 주님께 드리는 문제에 대해 얼마나 진지하게 생각하고 있는가의 여부를 보여주는 외적인 표증이 된다. 나는 이러한 최소한의 원리를 적용하는 것이 하나의 계속적인 도전이 된다는 것을 알고 있다. 그런데 이러한 것들은 함께 사업하는 동료조차 그대로 따라주지 않으려 할 때 실천이 더욱 어려워진다. 그러나 하나님께서 가장 원하시는 것은 우리가 다른 사람들이 우리에게 행하기 원하는 것을 우리도 그들에게 하고, 우리가 다른 사람에게 원하지 않는 것을 우리도 그들에게 하지 않는 것이다.

## 기업 활동을 통해 그리스도를 나타내라

나는 만약 당신이 자신의 사업에 이러한 원리를 도입한다면, 물질적으로 많은 희생이 따르게 된다는 것을 분명히 밝혀두고자 한다. 우리는 지금 기만과 거짓된 계약이 난무하고 있는 사회 속에서 살아가고 있다. 따라서 그리스도께 영광을 돌리고자 노력하며 기업을 운영하는 사람들은 많은 고통에 직면하게 된다.

그러면 여기에서 온전히 정직하게 행동한 사람의 예를 들어 보도록 하자. 잠언은 우리에게 다음과 같이 말하고 있다. "대저 패역한 자는 여호와의 미워하심을 입거니와 정직한 자에게는 그의 교통하심이 있으며"(3:32). "궤휼을 네 입에서 버리며 사곡을 네 입술에서 멀리하라 (4:24)." 이 두 절의 말씀은 우리에게 동일한 원리를 암시해 주고 있다. 그것은 정직한 자는 상을 받고, 거짓된 자는 징계를 받는다는 것이다. 작은 물건을 훔치는 것과 사소한 잘못이라면 하나님의 백성에게 있어 이러한 원리에 순종하는 것이 큰 문제가 되지는 않을 것이다. 그러나 우리의 실제 삶 속에서는 이 원리로 인해 난처한 상황에 직면할 때가 있다.

기업 경영가였던 폴은 대규모의 소방목장을 경영하기 위해서 멕시코로 건너갔다. 그가 현지 멕시코인 종업원들에게 충분한 급여를 지불하고, 하나님께서 명령하신 방법대로 목장을 경영한 결과 사업이 크게 번창하였다. 한 가지 어려움이 있었다면 미국에서 장비를 구입해 그것을 배로 멕시코까지 운반하는 것이었다. 그는 운반 과정에서 국경 경비원과 몇 사람의 지역 담당 공무원들에게 뇌물을 주지 않고는 장비를 목장까지 운반하는 것이 불가능하다는 것을 깨달았다.

폴은 뇌물이 멕시코에서 불법이라는 것을 잘 알고 있었다. 하지만 그는 뇌물 — 물론 비공식적인 것이지만 — 이 살아가는 한 방법이고, 사업에 있어서의 관행이라는 것도 알고 있었다.

폴은 미국을 방문하는 동안 텍사스주에서 개최된 성경의 원리에 입각한 기업 운영에 대한 세미나에 참석을 하였다. 자신의 사업에 있어 이러한 부분이 하나님을 영화롭게 하지 못했다는 사실을 확신한 폴은 방금 전 자기가 구입한 장비를 운반하기 위해 어떠한 경우에도 뇌물을 주지 않을 것을 굳게 다짐하였다. 예상했던 대로 장비가 국경을 통과

하는 첫 번째 역에서 "불법"이란 이유로 제지를 당하였다. 폴은 장비를 통과시키기 위해 수차례나 노력하다가 지방 세관원에게 "어떻게 하면 통관이 가능할 것인가에 대해" 물었다.

그러자 세관원은 200달러만 지불하면 통관시켜 주겠다고 하였다. 그것은 장비값에 비교하면 극히 적은 액수였다.

폴은 아무리 적은 액수라도 뇌물은 절대 주지 않겠다고 이미 다짐한 상태였다. 따라서 그는 세관원의 요구를 거절하였다. 그리고 그는 장비를 그곳에 놓아둔 채 목장으로 가야 했다. 며칠이 지났는데도, 장비가 계속 도착하지 않았다. 폴은 그 이유를 알아보기 시작하였다. 오랜 수소문 끝에 그는 그의 장비가 분해되어 상당 부분이 암시장에서 팔려 나갔다는 사실을 알게 되었다. 그의 수중에 들어온 것은 원가의 일부에 지나지 않는 적은 액수였다.

이것을 계기로 폴은 방목장을 처분하고 미국으로 돌아가 자기 사업을 다시 일으키기로 결심하였다. 그가 미국으로 돌아가기 위해서는 수천 달러의 비용과 이미 설치해 놓은 장비의 손실을 감수해야 하였다. 하지만 어떠한 이유로도 뇌물을 주지 않겠다는 자신의 소신을 지키기 위해서는 실제로 그 외의 다른 방법이 없었다.

결론부터 말하자면, 이 사건은 오히려 좋은 성과를 가져다 주었다. 폴은 미국으로 돌아간지 몇 달 후 멕시코 정부가 그동안 자기가 경영했던 바로 그 지역의 외국인 소유 대농장 가운데 많은 곳을 강제 점유했다는 사실을 알게 되었다. 따라서 만약 그가 멕시코에 더 오래 남아 있었던들, 그는 농장의 일부 밖에는 차지하지 못했을 것임이 틀림 없었다.

## 책임감을 가져라

오늘날 사회적으로 지도층에 있는 사람들에게 아마 책임감만큼 요구되는 것은 없을 것이다. 지도자의 위치에 있는 사람들의 주변에는 항상 그들의 결정에 맹목적으로 따르는 이들이 있기 마련이다. 처음에는 그것이 좋아 보일지 모르지만, 마침내는 무거운 책임이 되고 만다. 이유가 무엇일까? 그것은 제어와 조화를 위한 제도적인 장치가 없이는 누구든지 결국은 정상적인 궤도에서 벗어나기 마련이기 때문이다. 만약 이것이 믿어지지 않는다면, 아무런 책임감 없이 회사를 경영하면서 처음의 위치를 계속 유지하고 있는 사람의 예를 찾아 보라.

하나님께서 직접 세우신 다윗과 같은 사람도 전쟁터에서 목숨을 잃으면 절대 안 된다는 장군들의 말에 귀를 기울여 자신의 위치에서 벗어나는 행동을 하고 말았다. 하나님께서 자기를 많은 전쟁의 위험으로부터 무사히 구출해 주셨다는 사실을 까마득히 잊었던 다윗은 자신에 대한 그들의 칭찬을 그대로 믿었다(칭찬 받기를 원하는 사람들은 특별히 그것에 쉽게 넘어가는 경향이 있다). 다윗은 자기의 군대가 싸움터에 나가 있을 때 성에 거하고 있었다. 결과는 어떠했는가? 그것은 밧세바와의 수치스러운 사건을 범하는 계기가 되었으며, 마침내 그의 가정에 불화를 일으켰다.

많은 사업가들은 이사회나 정기적인 간부 회의를 주재해야 하는 자신들에게는 막중한 책임이 있다고 생각한다. 나는 지금까지 여러 기업의 임원 회의에 참석하면서 임원들이 권위적인 지도자의 지시에 따라

형식적으로 승인 도장을 찍는 것을 보았다. 사장이 어떠한 방침을 일단 내놓으면, 그것이 기업의 당초 목표나 취지에서 완전히 벗어날지라도 그의 잘못된 지시를 지적하는 직원이 거의 없다.

그렇다면 이것에 대한 해결책은 무엇일까? 나는 성경이 몇 가지의 해답을 제시해 주고 있다고 믿는다. 첫째는 배우자의 조언을 구하는 것이다. 이것은 지도자의 위치에 있는 기혼자들 모두에게 있어 중요하다. 기업을 운영하는 사람이 여자보다 남자가 많다는 점에서 나는 특별히 남자들에게 이러한 권고를 하고 싶다. 하지만 이 원리는 기업을 경영하는 여자들에게도 똑같이 적용된다. 대부분의 남편들은 사업과 관련된 의사 결정에 있어 아내의 조언을 거의 무시한다. 그러나 성경은 하나님께서 남편과 아내를 한 몸으로 만드셨다는 것을 분명히 밝히고 있다. "이러므로 남자가 부모를 떠나 그 아내와 연합하여 둘이 한 몸을 이룰지로다(창 2:24)." 이것이 비사업적인 관계에만 국한되는 것일까? 만약 그렇게 생각한다면, 하나님의 말씀 가운데서 그것에 대한 증거를 찾아 보라.

아내가 사업에 대해 전혀 무지하기 때문이라는 매우 그럴 듯한 논리가 종종 제시될 수 있다. 그러나, 아내에게 내용을 설명해주고 중요한 사안을 함께 고민하고 의사를 결정한다면 문제될 것이 없다. 사실 아내들은 사업에 대해 그렇게 자세히 알기를 원하지 않는다. 나는 이렇게 말하고 싶다. "성경에 의하면 그것은 결코 선택의 문제가 아닙니다. 아내에게 돕는 자로서의 책임이 부여되었다는 것은 그녀가 돕기 위해서 필요한 것들을 충분히 알도록 할 책임이 남편에게 있다는 의미이지요."

나는 아내된 자들이 거의, 아니 전혀 알지 못하리라고 생각한 주제에 관해 논의할 때마다 제시하는 뛰어난 통찰력에 자주 놀라곤 하였다. 예를 들어, 수 년 전 나는 사업체를 매각하는 문제로 고민 가운데 빠져 있던 크리스찬인 의류 제조업자와 상담한 적이 있다. 동종 업계가 중국에서 들어온 업체들과의 심한 경쟁에 시달리고 있어 간접비용을 줄이기 위해서 사업체를 타이완으로 이전하는 것이 불가피하게 생각되었다. 그런데 나의 강요에 못이겨 우리를 계속 만난 그의 아내가 한번은 우리와 만났을 때 자기는 남편이 회사를 매각해서는 안된다고 생각한다는 것을 단호하게 말하였다.

그러자 남편은 사업 문제에 있어서만은 아내의 의견을 존중할 수 없다는 것을 분명하게 드러내는 표정으로 "도대체 이유가 뭐지요?" 하고 비웃는 식의 질문을 던졌다. 그녀는 지극히 순종형의 아내처럼 한 발 뒤로 물러나더니 더 이상 아무 말도 하지 않았다.

따라서 나는 다음과 같이 강하게 권하였다. "재키 여사님! 하고 싶은 말이 있으면, 두려워하지 말고 하세요. 그것은 순종이 아니라, 비겁한 모습입니다." 남편은 나와 눈이 마주치는 것을 피하면서 아내를 노려보고 가만히 앉아 있었다.

그녀는 조심스럽게 남편이 앉아 있는 쪽을 힐끗 쳐다보며 이렇게 말하였다. "저는 유대인들이 거의 독점하다시피 하고 있는 이 사업을 하나님께서 분명히 우리에게 주셨다고 믿고 있어요. 만약 우리가 이 사업을 계속하지 않는다면, 아마 아무도 그것을 할 사람이 없을 것입니다. 저는 우리가 기반만 튼튼히 마련한다면 중국 사람들과의 경쟁에서도 충분히 승산이 있다고 확신합니다. 그리고 그들보다 훌륭한 제품도 만들어 낼 수 있을 것입니다."

나는 놀란 표정으로 그녀의 남편 얼굴을 살피며, "그게 무슨 말씀이시지요?" 라고 물었다.

이번에 그녀는 아주 열정적인 태도로 다음과 같이 대답하였다. "저는 우리가 우리들만의 고유한 진 바지를 개발하는데 주력해야 한다고 생각합니다. 저는 지금까지 공산주의 국가들이 대량의 청바지와 그리고 그와 유사한 옷들을 수입하고 있다는 사실을 눈여겨 보았지요. 다른 분야는 정부가 식료품 사업까지도 지원해 주고 있는데, 우리가 이 제품의 수출을 위해 정부에 지원을 요청하면 되잖아요?"

나는 그녀에게 만약 그녀의 생각대로 실현된다면, 커다란 효과가 있을 것이라고 말해주었다.

그녀의 남편 역시 아내의 말에 용기를 얻었다. 그는 자기도 비슷한 생각을 갖고 있었지만, 그것에 대해 구체적으로 알아보지 않았다고 말하였다. 그 순간 그의 안색이 다시 굳어졌다.

내가, "왜 그러시지요?" 라고 묻자, 그는 낙담한 어조로 이렇게 답변하였다. "기업 환경을 바꾸거나 또는 좋은 제품을 만들 때까지 버틸 수 있는 자금이 없기 때문이지요. 그리고 이러한 투기성의 아이디어를 위해 어떤 은행이 우리에게 돈을 대출해 주겠어요?"

"재키 여사님의 생각은 어떠세요?" 하고 내가 물었다.

재키는 자신 있게 대답하였다. "저는 우리가 종업원들의 도움을 받아 그들에게 회사의 주식을 팔면 된다고 생각합니다. 다시 말해, 그들이 일하는 것은 현금이나 마찬가지지요. 우리는 지금 갖고 있는 사업체와 브랜드만 처분해도 남은 생애를 편히 살 수 있지만, 그들은 점차 사양일로를 걷는 노동 시장으로 퇴출되겠지요."

재키의 남편은 깊은 생각에 잠겼다. "당신이 알다시피, 그것은 내가 지금까지 전혀 생각하지 못한 또 하나의 방법이군요. 하지만 그것은 종업원들이 회사를 위해서 돈을 투자하려고 할 때만 가능해요. 그리고 만약 그렇게 했는데 실패할 경우, 우리의 경영권이 심각한 타격을 받겠지요."

남편의 말에 재키가 조용히 설명해 주었다. "20년 전 우리는 아무것도 없는 상태에서 시작했어요. 나는 지금도 우리가 마음만 먹으면 똑같은 것을 또 다시 시작할 수 있다고 생각해요. 뿐만 아니라, 나는 지금도 사업을 그만두고 정리하기보다 다시 한번 시도할 각오가 얼마든지 되어 있거든요. 그리고 의류 사업에 관련된 회사 가운데 그리스도를 위해 일하는 곳이 별로 없잖아요. 이것이 바로 우리가 할 일이 아니겠어요?"

남편이 아내에게 물었다. "당신은 의류 사업에 대해 어디에서 그렇게 많은 것을 배웠어요? 그리고 종업원들에게 주식을 배당하는 것에 대해서는 어디에서 들었구요?"

재키는 얼굴에 가벼운 미소를 띠며 이렇게 답변하였다. "당신은 우리가 사업을 처음 시작했을 때 당신을 곁에서 도와준 유일한 사람이 바로 나였다는 사실을 모르고 있군요. 그동안 내가 집에서 아이들만 키웠다고 해서 내 머리까지 퇴화되었다고 생각하면 그것은 커다란 오해예요."

재키와 그녀의 남편은 회사 지분의 절반을 종업들에게 팔고 동유럽의 공산권 국가를 상대로 하는 수출 전략 사업으로 바꾸었다. 지금 그들은 사업 일선에서 물러나 1년에 몇 달을 공산 국가에서 오는 그리도인들과 공동으로 자기들이 소유하고 있는 특약점 계약을 맺는 일을 하고 있다. 이러한 마지막 사업은 그들에게 전에는 접촉이 전혀 불가능했던 사람들과 만날 수 있는 기회를 제공해 주었다.

## 책임자 그룹을 만들어라

사업가는 또 차별이 없는 그리스도인 조언자들로 이루어진 그룹을 만들 수가 있다. 나는 우리 나라에서 이러한 분야에 선뜻 나서 봉사할 수 있는 유능한 그리스도인을 찾는다는 것이 결코 쉽지 않다는 것을 알고 있다. 따라서 이것에 대한 대안으로는 우리 나라의 다른 지역에 살고 있는 비슷한 사업에 종사하는 사람들과 손을 잡고, 전화나 그 밖의 다른 통신 수단을 통해 중요한 결정에 대해 서로 정보를 나누는 것이다.

나는 지금 계속 그러한 모임에 참석하고 있으며, 지금도 전화를 통해 최소한 한 달에 두 번 내지는 특별히 필요할 때마다 그들과 만나고 있다. 나는 내가 그들에게 부담없이 조언과 충고를 요구하는 것이 저들에게도 다른 사람들에게 똑같이 하고 싶은 동기를 부여한다는 것을 깨달았다.

우리의 책임자 그룹은 사업에 있어서의 분쟁을 해결하는 것도 도와

주었다. 예를 들어, 두 사람의 그리스도인 사업가들이 서로 비공식적인 파트너가 되어 부동산을 사는 일에 뛰어들었다. 그들 중 한 사람, 즉 랄프는 자금을 관리하고 다른 한 사람인 겐은 부동산을 개발하고 관리하는 책임을 맡기로 서로 합의를 보았다. 그러나 세월이 흐르면서 랄프는 자신의 기업 예금 통장에서 많은 자금이 빠져 나갔지만 돈이 적게 또는 전혀 회수되지 않은 사실을 발견하였다. 랄프가 겐에게 회계 관계에 대해서 묻자 그는 화를 내며 이 문제에 대해 논하는 것을 일체 거절하였다.

마침내 랄프가 회계 업무의 진상을 파악하기 위해 법적인 조치를 취하겠다고 겁을 주자, 겐은 "할테면 해보게, 내게는 잘못이 전혀 없으니까 말일세. 나는 모든 돈을 다시 당신에게 보냈네." 하고 응수하였다.

그리스도 안에서 만난 형제를 상대로 고소하는 것을 원하지 않았던 랄프는 문제의 해결을 위해 내게 도움을 청해 왔다. 겐의 문제를 해결해 주는 책임자 그룹의 일원이 된 나는 문제에 대해 그와 직접 논의하는 것이 가능하다고 생각하였다. 하지만 나는 또 겐이 그 문제에 내가 개입하고 있다는 사실에 대해 엄청난 분을 품고 있다는 사실을 쉽게 알 수 있었다. 그는 우리와의 전화 통화 중 갑자기 수화기를 내려놓았다. 나중에 그가 전화를 걸어 사과하고 자신의 입장을 해명했지만 말이다.

겐은 내게 다음과 같이 말하였다. "나는 아무런 보수도 받지 않고 랄프의 재산을 관리해 주었는데 자금을 빼돌렸다는 누명을 쓰게 되니 억울하기 짝이 없습니다. 모든 돈은 우리 회사의 은행 계좌로 직접 송금되어 들어왔지요. 만약 랄프가 온라인으로 입금된 상황을 살펴만 보았더라도, 그는 아무런 이상이 없다는 것을 알았을 것입니다."

이와 같이 비공식적인 파트너 관계에서 2가지의 정반대적인 상황이 일어나고 있었다. 첫째는 경영 업무 담당 파트너인 겐이 오랜 시간에 걸쳐 마치 개인 사업가처럼 기업을 운영해 왔기 때문에 누구라도 그의 판단이나 동기를 의심할 수 밖에 없는 곤혹을 치렀다는 사실이다. 둘째는 자금 관리 담당 파트너인 랄프가 매 월 수천 달러의 자금이 유출 입되는 기업을(만약 진상이 밝혀지지 않았다면 자칫 회사의 예금 계좌로 온라인 입금되어 들어온 돈이 잘못 분배될 위험성이 있을 정도로) 엉성하게 운영했다는 것이다.

랄프가 경영한 기업으로 온라인 송금된 통장의 회계 장부에 대한 분석을 통해 실제로 돈이(이자와 함께) 들어왔음이 입증되었다. 따라서 두 사람 사이의 우정은 계속 유지되었지만, 경영상 파트너 관계는 무너졌다. 그러나 책임자 그룹을 통한 공개 토론이 없었다면, 아마 소송이 제기되고, 두 사람은 영원히 불미스런 관계가 되었을 것이다. 사람은 누구나 책임 의식이 필요하다. 자기는 책임질 것이 없다고 생각하는 사람에게 있어서는 그것이 더욱 필요하다.

## 적절한 가격에 양질의 제품을 공급하라

기업이 제공하는 제품과 서비스의 가치는 일반 대중에게 기업내의 다른 어떤 것보다도 기업과 종업원의 이미지에 대해 보다 많은 것을 상징한다. 제품과 서비스의 가치는 구입한 물건에 대해 돌아오는 가치 효과로 정의될 수 있다. 처음에 낮게 책정된 가격이 반드시 제품의 질을 나타내는 것은 아니다. 하지만 그리스도인 기업가가 경영하는 회사가 성경에 기록되어 있는 서비스와 제품을 위한 기준대로 행할 때, 그것은 가장 적절한 가격에 최고의 상품을 제공하는 것이 될 것이다.

나는 언젠가 자신이 진료비를 청구하는 것을 중단하고 환자가 스스로 알아서 지불하는 방법을 택한 어느 의사에 대한 기사를 읽은 적이 있다. 진료를 받기 위해 환자가 병원에 들어서면, 안내원이 손님에게 사무실의 간접비와 보험료에 대해 상세하게 분류해 놓은 가격표는 물론 진료비의 지불 방식에 대해서까지 설명을 해준다. 그리고 환자에게 자기가 적당하다고 생각하는 진료비를 지불할 것을 요구한다.

의사가 속아 넘어갈 것이라고 생각한 환자들은 진료비를 적게 지불한 것이 사실이다. 그러나 의사가 이렇게 고정된 진료비의 방식을 바꾼 후 시간이 좀 흐르면서 수입이 전체적으로 약 10퍼센트 가량 증가되었다. 환자들은 자기가 의사로부터 의료 서비스 이상의 혜택을 받았다고 생각했던 것이다.

이러한 원리에 대한 또 하나의 좋은 예는 애틀란타에 본사를 두고 있는 칙필라 주식 회사이다. 이 회사의 그리스도인 지도자들은 자기들이 생산하는 제품의 질에 대해 커다란 자부심을 갖고 있다. 그들은 국내 광고를 하는 데는 거의, 아니 전혀 돈을 쓰지 않는다. 그럼에도 불구하고 이 회사는 지금 미국에서 급성장하고 있는 3대 식료품 체인점 가운데 하나이다.

칙필라사는 똑같은 쇼핑몰에 자리잡고 있는 다른 식료품 회사들과는 반대로 주일에는 영업을 하지 않는다. 종업원들에게도 자녀의 대학교 학자금 지급을 비롯하여 여러 모로 대우를 잘 해주고 있다. 그들이 어떻게 해서 회사를 성장시켰으며, 그것을 위해 특별히 노력하고 있는 것이 있다면 무엇일까? 그것은 쇼핑몰에 새로운 점포가 처음 개업을 하면 칙필라사가 자기 회사 제품의 식료품에 대한 견본품을 무료로 제공하는 것 이외에 아무 것도 없다. 회사의 경영진은 치킨을 좋아하는 고객들이 자기 회사의 것을 한번 맛보면 다음부터는 친구들과 함께 반드시 다시 온다는 것을 알고 있다. 기업에 최고의 광고 효과를 가져다 주는 것은 고객 만족이다.

오늘날 우리 사회의 기업들이 갖고 있는 일반적인 사고는 고객들에게 비싼 가격에 물건은 적게 주는 것이다. 이러한 것은 단기적으로는 효과가 있을지 몰라도, 장기적인 면에서는 경쟁력이 거의 없거나 전혀 없다.

그리스도인 기업가들의, 고객에게 적절한 가격에 양질의 제품을 제공하고자 하는 철학의 추구는 곧 그들의 영적인 헌신을 반영한다. 당신이 진정 다른 사람을 자신보다 더 사랑한다면, 당신은 그들에게 가능한 한 가장 유리한 조건으로 물건을 제공하기 원할 것이다. 이렇게 할 때, 당신의 기업도 반드시 성장한다.

## 채무 관계를 철저히 하라

사업에 있어서의 채권자는 당신에게 돈을 빌려준 사람만이 아니라 자재 내지는 재료를 공급해 준 사람도 포함된다. 오늘날의 기업 환경에 있어 원료 공급자들은 자금 운영에 전혀 유익을 주지 못하는 자들로 취급받고 있다. 따라서 사업이 잘 되지 않을 때는 줄어든 현금의 유출입을 상쇄시키기 위해 원료 공급자에게 대금 지불을 유예시키는 것을 당연한 것으로 여긴다.

물론, 당신의 능력으로 어떻게 할 수 없는 불가피한 상황일 때는 문제가 다르다. 그러나 당신이 단지 돈을 활용하여 당신의 이득을 취하기 위해 지불을 연기하는 것은 성경의 원리에 어긋나는 것이다. 잠언 3:27~28은 우리에게 다음과 같이 경고하고 있다.

네 손이 선을 베풀 힘이 있거든 마땅히 받을 자에게
베풀기를 아끼지 말며, 네게 있거든 이웃에게 이르기를
갔다가 다시 오라 내일 주겠노라 하지 말며

지불 기한이 이미 지난 대금 청구서가 있는데도 불구하고 계속해서 재료나 다른 원료의 구입을 주문하는 그리스도인 사업가가 있다면, 그는 자신을 기만하는 것이다. 이러한 표현이 귀에 거슬릴지 모르지만 한번 당신이 재료를 공급해 주는 사람의 입장이 되어 보라.

당신이라면 그(혹은 그녀)가 자신의 사업이 계속해서 손실을 보고 있다는 것을 이미 말했음에도 불구하고 대금을 나중에 지불하겠다는 기한없는 약속만 믿고 당신에게 재료를 제공하기를 원하겠는가? 당신은 당신의 고객이 돈을 갚지는 않고 계속해서 미룬다면 좋아하겠는가?

한번은 내가 기업가들을 상대로 세미나를 인도하던 중 고객이 대금 지불을 제대로 해주지 않는다는 이유로 원료 공급상에게 지불을 미루는 것은 좋지 않다고 말한 적이 있다. 그때 참석자 중 한 사람이 나의 말문을 막더니 다음과 같이 질문을 하였다. "그렇다면 강사님은 제가 급여를 받지 못해 대금을 지불하지 못하는 것도 죄가 된다는 말씀입니까?"

나는 그의 이러한 질문에, "아니, 제가 말하는 것은 그러한 의미가 아닙니다. 제 말의 의미는 자신이 그것이 잘못된 것인 줄 알면서도 의도적으로 대금의 지불을 미룰 때 그것이 죄가 된다는 말씀입니다."라고 답변해 주었다.

그는 다소 반항적인 어투로, "만약 대금을 제때에 지불하다가는 사업이 망하게 될 경우에는 어떻게 합니까?"라고 다시 물었다.

나는 그와 비슷한 상황 가운데 내가 항상 쓰는 기준을 제시하였다. "우리는 지금 실제 상황에 대해서 논의하고 있는 것입니까, 아니면 하나의 가설적인 상황에 대해 논의하고 있는 것입니까?"

그는, "그게 무슨 말씀이지요?"라고 물으면서 나의 의도를 파악하려 하였다.

"당신이 재료값을 지불하여 사업이 더 이상 회생할 수 없는 상황이 된다면 재료 공급상을 직접 만나 문제에 대해 진지하게 상의할 것을 권합니다. 아마 그들 가운데 대부분은 당신의 사업이 망하는 모습을 보기보다 어떻게든 협조하려 할 것입니다."

그러자 그는 "저의 사업은 망하지 않지만, 그것으로 인해 다른 사람의 사업이 망할 때는 어떻게 합니까?"라고 얼버무리며 말하였다.

나는 다음과 같이 답변해 주었다. "물론 그런 때는 자신이 알아서 문제를 처리해야 겠지요. 하나님께서는 우리에게 감당할 수 없는 책임을 맡기지 않으시니까요. 그러나 만약 그러한 결정이 순전히 계산적인 측면, 다시 말해, 은행에서 대출받는 것보다 원료 공급업자에게 빚을 지는 것이 유리하기 때문에 그렇게 한다면, 그것은 크게 잘못된 행동입니다."

그는 잠시 후 이렇게 말하였다. "강사님의 의미가 지불 기한이 된 돈에 대해서는 빌려서라도 재료값을 갚아야 한다는 말이라는 것을 잘 이해하겠습니다. 저의 회사 같은 경우 이자 지불은 쉽게 감당할 수 있습니다. 우리가 대금의 지불을 그렇게 미루어 온 것은 회계 담당자가 원료 공급상의 입장만을 생각하지 말 것을 권했기 때문이지요."

오늘날, 다른 사람과 특히 금전 문제로 얽힐 때 고결한 인격을 갖춘 사람은 거의 찾아볼 수가 없다. 그러나 다른 이와의 신용을 유지하기 원하는 그리스도인이라면 적어도 그 정도의 기준은 지켜야 한다. 나는 1976년 미국에서 가장 큰 제지 회사 가운데 한 회사의 사장으로부터 받은 짧은 감사의 편지가 생각난다. "저희 회사에 대한 대금 지불을 통해 보여주신 귀하의 훌륭한 인격에 대해 깊이 감사드립니다."

나는 제지 회사 사장의 이러한 행동에 대해 매우 의아스럽게 생각하였다. 왜냐하면 그 전년도 우리 회사의 총재료 구입액은 1만 달러 미만으로 그것은 저들의 총 판매액의 일부에도 지나지 않는 적은 액수였기 때문이다. 따라서 나는 사장에게 전화를 걸어 감사 편지를 보낸 이유를 알아보았다.

그는 다음과 같이 설명해 주었다. "귀하의 회사는 우리가 거래하는 기업들 중 그리스도인이 경영하는 몇 개 안 되는 회사 가운데 하나로 항상 제 날짜에 대금을 결제해 주고 있지요. 저 역시 그리스도인입니다. 하지만 교회와 그 밖의 다른 기업들은 체납금으로 인해 우리 회사의 임원회가 있을 때마다 종종 비웃음거리가 되고 있습니다."

그리스도인이 경영하는 기업들이 채무 불이행으로 이와 같이 비웃음의 대상이 되고 있다는 것은 쉽게 넘어갈 일이 아니다. 많은 사람들이 그리스도인과의 동업을 피하려 하는 이유가 충분히 이해된다.

## 종업원을 정당하게 대우하라

"정당하다" fairness는 말에는 책임과 특권이라는 2가지의 의미가 함축되어 있다. 고용주는 자기가 공정하게 행동할 때 비로소 종업원들에게 그리스도를 전할 수가 있다. 그것은 고용주가 자기의 말을 그대로 실천하는 것이다. 종업원들 가운데는 경영자나 고용주가 하는 것에 대해 사사건건 불만을 표하는 이들이 있다. 그것은 종업원들이 고쳐야 할 문제지만, 높은 지위에 있는 사람은 자신의 행동을 깊이 주의해야 한다.

"정당하다"는 말은 일반적으로 근로 환경에 있어 임금 지불이나 수당과 관련해서 사용되는 표현이지만, 그렇다고 이러한 의미로만 사용되는 것은 아니다. "정당하다"는 말에는 고용주의 태도와 인간 관계에 대한 의미도 함축되어 있다. 예를 들어, 경영 위치에 있는 사람들이 자기보다 낮은 직책에 있는 근로자를 (인간적 또는 지적으로) 무시하는 경향이 있을 때, 그것은 저들에게 그대로 전수되어 결국은 자기에게 돌아간다. 종업원들과의 관계에 장벽이 있을 때는 그들에게 복음을 전하기 위한 어떠한 노력도 소용이 없다.

  정당한 인간 관계를 위한 원리의 실천에 있어 요구되는 첫 번째 단계는 직책과 상관 없이 사람은 모두가 소중하다는 사실을 인식하는 것이다. 나는 공군으로 복무할 때 이러한 원리를 처음 깨달았다. 일반 사병과 장교 사이의 벽이 너무 커서 심각할 정도였다. 군대에서는 (장교들로 형성된) 통치 집단의 절대적인 권위를 강조하기 위해 이와 같은 거리감을 의도적으로 만들어 낸다. 왜냐하면 사활이 걸린 명령의 수행을 위해서는 이것이 불가피하기 때문이다.

  그런데 유감스럽게도 이것과 동일한 사고 방식이 기업체 안에서의 인간 관계에도 그대로 유입되었다. 노예 제도가 폐지된 지 100년 이상이나 지났음에도 불구하고 주인과 종의 관계가 여전히 잔재해 있음을 반영해 주는 것이라 하겠다. 그러나 예수께서는 당신과 당신의 제자들 사이에 이와 같은 인위적인 장벽을 만들지 않으셨다. 그리고 당신의 제자들에게도 그들과 그들을 따르기 원하는 자들 사이에 그러한 장벽을 만드는 것을 허락하지 않으셨다.

  만약 당신이 자신의 회사에서 일하는 가장 낮은 직책에 있는 종업원들에게 이와 같은 존중심과 관심을 보여주지 못하고 있다고 깨닫는다면, 지금 당장 주님 앞에 나아가 이 문제를 해결해야 한다. 야고보서

2:9은 다음을 통해 우리에게 이것에 대해 분명히 밝혀주고 있다. "만일 너희가 외모로 사람을 취하면 죄를 짓는 것이니, 율법이 너희를 범죄자로 정하리라."

나는 청년 시절 신앙 생활을 할 때 교회 안에서 이러한 원리가 실제 적용되는 것을 보았다. 그것은 우리 교회 담임 목사님의 사례비 인상에 대한 문제와 관련이 되었다. 제직회 회장이 전체 교인을 대상으로 연봉 수 천 달러의 인상안을 제시하였다. 교인들은 사례비의 인상에 만장일치로 찬성하였다. 이때 제직회 회장이 사찰 집사의 급여에 대한 인상도 추천했는데, 그것은 목사님의 사례비보다 조금 적은 액수로 연봉 수 천 달러의 인상안이었다.

목사님은 회의를 잠시 중단시키더니, "여러분은 사찰 집사님이 저보다 자녀가 많은데도 모든 면에서 혜택은 적고 사례비도 저보다 적게 지급하는 이유가 무엇이지요?" 하고 물었다.

이러한 질문에 제직회장은 몹시 당황하였다. 이유는 분명하였다. 그것은 사찰 집사를 담임 목사님과 똑같이 대우해 줄 수 없다는 것이다. 그것은 곧 "인디안 추장의 원리"와 같은 것이었다. 회장은 이렇게 답변하였다. "목사님, 그렇게 많이는 도저히 인상해 줄 수가 없습니다."

그러자 목사님이 이렇게 말하였다. "정 그렇다면 제가 받게 될 인상분의 일부를 사찰 집사님에게 주시지요. 사실 저는 그 이상의 돈이 필요치 않습니다. 하지만 사찰 집사님은 틀림없이 그렇지 않을 것입니다."

그 날 밤 회의는 아무런 결론을 보지 못한 채 끝났다. 그러나, 제직회는 마침내 사찰 집사의 급료도 목사님의 사례비와 거의 비슷한 수준으로 인상하자는 의견을 내었다. 그리고 그 날 있었던 일련의 사건은 전체 교인의 태도에 지대한 영향을 주었다. 그것은 내게 있어서도 모든 사고와 행동을 일반적 관행인 아닌 하나님의 말씀에 기초해서 하고 있는지 나 자신을 점검하게 하는 도전이 되었다.

## 고객을 정당하게 대하라

만약 당신이 자신의 가장 큰 책임이 주님의 충성된 증인이 되는 것이라는 사실을 진정 믿는다면, 가장 중요한 전도 사역을 자신과 가장 가까운 사람들로부터 시작할 것이다. 이러한 원리는 당신의 기업 활동과 관련된 채권자들에게도 적용이 되는데, 그들은 당신이 자기들에게 대금을 정상적으로 지불하고 그들을 바르게 대할 때 당신의 말에 귀를 기울일 것이다. 이러한 원리는 종업원들에게도 똑같이 적용이 된다. 그들 역시 당신이 자기들을 존중하고 그들에게 정당한 급여를 지불할 때 당신의 말에 귀를 기울일 것이다. 마지막으로 고객들에게도 동일한 원리가 적용된다. 하지만 그들로 하여금 당신의 말에 진지하게 귀를 기울이게 할 수 있는 것은 좋은 물건을 적절한 가격에 공급해 줄 때만 가능하다.

나는 수 년 전 내가 전기에 관련된 사업을 할 때에 이러한 원리가 매우 실질적인 방법으로 나의 삶 가운데 적용되는 것을 보았다. 나는 우리 회사의 제품 가운데 하나인 컴퓨터화된 회로 테스트기의 구입을 위해 고객과 대화를 나누고 있었다. 특수한 이 제품은 25,000달러로 가격이 꽤 비싼 편이었지만, 꼭 필요한 사람의 경우 1년 정도만 제대로 쓴다면 25,000달러의 가치를 충분히 뽑을 수 있었다. 하지만 그 고객에게는 25,000달러나 되는 거액의 회로 테스트기가 필요해 보이지 않았다. 그는 기존의 모든 테스트 장비를 갖추고 있을 만큼 테스트기 수집광이었다. 그는 내가 우리 회사 제품의 테스트기에 대한 설명을 채 마치기도 전에 그것을 사기로 이미 마음을 굳혔다. 물론 우리 회사의 테스트기가 그의 업무 수행에 커다란 도움이 될 것은 분명하였다. 하지만 그것이 과연 엄청난 가격을 주고 살 만한 가치가 있는 것이지는 의문이었다.

우리로서는 물건을 하나라도 더 파는 것이 필요했으며, 그는 그것을 꼭 사기로 하였다. 그런데 내가 서류 가방에서 계약서를 꺼내는 순간 내게는 사도 바울의 다음과 같은 말이 귓전을 강하게 울리며 지나갔다. "아무 일에든지 다툼이나 허영으로 하지 말고, 오직 겸손한 마음으로 각각 자기보다 남을 낫게 여기고(빌 2:3)." 나는 갑자기 계약을 멈추고는 "이것을 손님에게 팔 수가 없습니다."라고 정중히 말하였다.

그는 기분 나쁜 표정으로, "왜 그러시지요? 살 수 있는 충분한 돈이 있습니다. 선금이 필요하신가요?" 하고 물었다.

나는 그에게 이렇게 답변해 주었다. "아니오. 돈이 문제가 아닙니다. 손님의 용도를 위해서라면 굳이 비싼 이것을 쓸 필요가 없다고 생각하기 때문이지요. 나중에 가서 틀림 없이 후회하실 것입니다. 그리고 저도 손님에게 손해를 끼쳤다는 생각이 들 것 같구요."

그의 표정은 순식간에 분노에서 경이로움으로 바뀌었다. 그의 얼굴에는 미소가 감돌았다. 그는 내가 물건을 팔지 못할 것을 감수하면서까지 자기에게 솔직히 말해 준 것이 고맙지만, 자기 역시 그것에 대해 나름대로 이미 계산을 했다고 말하였다. 그는 자기의 것과 비슷한 다른 중소 기업의 물건을 고쳐주는 데 그것을 쓰기로 계획하였다. 나는 그러한 기능을 위해서라면 우리 회사의 제품이 딱 어울릴 것이라는 사실에 기꺼이 동의를 하고, 우리는 거래를 마쳤다.

나는 그 후로도 몇 년 동안에 걸쳐 그와 만날 기회가 여러 차례 있었으며, 그런 가운데 우리는 절친한 친구가 되었다. 그는 막내 아들이 죽었을 때 내게 찾아와 조언을 구하였다. 그것은 내가 그를 그리스도께 인도할 수 있는 절호의 기회였다. 나는 그가 필요로 하는 것을 인식하고 그를 고객으로 정중히 대해야겠다고 생각했을 때부터 이미 그러한 관계가 시작되었다는 것을 분명히 믿고 있다.

그로부터 20년의 세월이 흐른 지금 내가 그에게 판 물건은 고물이 되었지만, 그가 물건 값으로 우리 회사에 지불한 25,000달러는 오랫 동안 유익하게 활용되어 오고 있다. 그러나 지금까지 그대로 남아 있는 한 가지가 있으니 그것은 주님께 대한 우리의 사랑이다. 그 물건으로 맺어진 소중한 가치는 영원히 계속될 것이다.

# 7장

대학교 부총장 출신인 윌리엄 폴라드는 교육의 중요성에 대해 누구보다도 잘 아는 사람이었다.

서비스 매스터사의 관리직에 취직하기 위해 면접을 볼 때 그는 재학중이었다. 면밀한 조사를 통해 기업의 내막을 알아낸 폴라드는 자기가 그 회사에 입사하면 당장에 최고 경영자의 자리에 오르게 되리라는 것을 알았다. 그는 면접을 하는 동안 면접관에게 자기가 그 자리로 고속 승진을 하기 위해서는 어떻게 해야 할 것인지에 대해 물었다.

그는 면접이 끝났을 때 한 가지 중요한 사실을 깨달았다.

면접관은 후에 폴라드에게 다음과 같이 말하였다. "당신이 서비스 매스터사에 입사해 공헌하길 원한다면, 당신에게는 아주 좋은 기회가 주어진 것입니다. 그러나 만약 당신이 특별한 직책이나 직함 또는 어떠한 인정을 받기 위해 들어온다면, 입사를 당장 포기하십시오."

폴라드는 이 회사에 취직하여 얼마 후 최고 경영자가 되었다. 폴라드의 지도 아래 서비스 매스터사는 급성장하고 주주들에게는 많은 이익이 돌아갔지만, 회사는 최초의 창업 이념인 성경의 원리에 끝까지 충실하였다. 폴라드는 1996년 출간된 「기업의 혼」 The Soul of the Firm이라는 자신의 책에서 성경의 이러한 원리들을 개괄적으로 설명하고 있다. 그런데 이러한 성경의 원리 가운데 하나는 우리가 세상의 최고 서비스 기관으로부터 어떤 것을 기대하는 것과 똑같이 다른 사람을 섬겨야 한다는 것이다. 그리고 또 한 가지 헌신해야 할 것은 평생 배우는 일에 자신을 투자해야 한다는 것이다. 이것은 리더십 팀만 아니라 조직 전체에 해당하는 것이다.

「기업의 혼」이라는 책에서 발췌한 본 장은 지속적인 교육의 중요성과 그것이 서비스 매스터사에서 어떻게 실현되고 있는지를 보여주고 있다. 폴라드는 책 속에서, "현대의 모든 기업은 지속적으로 배우는 기관이 되어야 한다. 학습과 혁신은 상호 보완 관계에 있다."고 기술하고 있다.

서비스 매스터사는 사원들에게 기초적인 기술의 전수를 위해 유익한 수단이 되는 JST(job skill training, 직업기술훈련)라 불리우는 5단계 교육 과정을 실시하고 있는데, 그것은 실무 중심 이상의 이론적인 교육 방법이다. 평생 학습의 목적은 언제나 영원한 진리를 추구하는데 있는데, 서비스 매스터사가 실시하고 있는 이러한 방법의 배후에는 진리의 근원이 있다고 믿는 인식이 하나의 강한 동기를 이루고 있다. 그런데 하나님에 관한 초월적 진리 역시 이러한 원리와 동등하다는 점에서, 우리는 특수한 것과 관련된 것뿐만 아니라, 일반적으로 가치있는 것을 위해서도 훈련을 해야 한다. 폴라드의 경험은 노동 원리를 통해 배우는 학습을 뒷받침해 주는 것으로, 그것은 시장에서 우리에게 주어지는 모든 기회와 고통과 혼란이 그리스도 안에서의 우리의 지속적인 학습과 성장과 성숙에 중요한 역할을 한다는 사실을 암시하고 있다.

서비스 매스터사가 근로자들의 개발을 위해 기울이는 노력은 폴라드가 처음 회사에 입사했을 때 품었던 비전 가운데 일부이다. 창업자인 메리온 E. 웨이드가 다음과 같이 말한 것처럼 말이다. "보다 나은 것을 추구하는 것은 사람의 가슴과 시야를 넓게 해준다. 하나님께서 우리에게 요구하시는 것이 이처럼 탁월한 것에 대한 추구이다. 우리는 단체 속에 있을 때 자기가 거대한 기계 속의 한 톱니바퀴에 불과한 것이 아니라, 자기가 없이는 기계가 돌아갈 수 없다는 것을 깨닫게 된다."

William Pollard의 「기업의 혼」
The Soul of the Firm에서

## 계속되어야 할 기업체 안에서의 교육

수 년 전 서비스 매스터사의 이사회는 피터 드루커를 강사로 초청해 이틀 동안에 걸쳐 세미나를 개최하였다. 세미나의 목적은 기업의 보다 효과적인 계획 수립과 운영에 관한 것이었다. 피터는 이번에도 그가 자주 묻는 유명한 질문들 가운데 하나로 세미나를 시작하였다. 그것은

"여러분은 지금 어떤 사업을 하고 있습니까?"라는 질문이었다. 사람들의 대답은 건강 관리, 교육, 그리고 주택 사업과 같은 생산성 있는 것에서부터 음식 서비스와 가사 보조, 그리고 호텔의 객실을 청소하는 것에 이르기까지 매우 다양하였다.

피터는 시장과 서비스에 관한 답변을 약 5분 정도에 걸쳐 들은 후 우리 회사의 이사들에게 나로서는 결코 할 수 없었던 것을 말하였다. "다 틀렸습니다. 여러분의 사업은 순전히 사람을 훈련시키기만 하는 것입니다. 여러분은 각자 다른 방법으로 고객들의 필요와 욕구를 충족시키고 있지만, 여러분의 중요한 사업은 사람을 훈련시키는 것뿐만 아니라, 그들에게 동기를 부여하는 것이어야 합니다. 여러분은 고객들에게 서비스를 제공하고 있습니다. 그런데 동기가 분명하고 훈련된 사람이 없이는 여러분이 고객에게 양질의 서비스를 제공한다는 것이 절대 불가능할 것입니다."

피터는 불과 몇 개의 간단한 문장을 통해 우리가 꼭 들어야 할 핵심 요점들을 상기시켜 주었다. 고객을 상대로 서비스를 제공하는 회사 직원인 우리에게는 배우는 일이 우리가 해야 할 가장 기본적인 것이었다. 그러나 나는 만약 당신의 회사가 서비스 산업에 속한 회사가 아닐지라도, 근로자들에게 배울 수 있는 기회를 주는 것은 그들을 위해서 당신이 할 수 있는 가장 가치 있는 일이라는 것을 확신한다.

혹 당신은 다음과 같은 질문을 할지 모른다. "그렇다면 기업의 진정한 목적은 도대체 무엇일까? 사원들을 교육시키는 것일까, 아니면 물건을 생산하여 이익을 남기는 것일까? 종업원은 근로자인가, 아니면 학생인가? 우리가 제도를 정하는 것은 사람들을 로봇처럼 행동하고, 일관된 결과를 낳도록 관리하고 통제하기 위해서인가, 아니면 여러 가지 위대한 업적은 물론 실수까지도 배움을 위한 기회로 삼기 위해서인가?"

오늘날의 모든 기업은 학습을 위한 기관이 되어야 한다. 학습과 혁신은 상호 보완 관계에 있다. 성공은 우리로 하여금 지난 날 자기가 이룩한 것이 미래를 위해서 충분하다는 오만에 빠지게 한다. 지도자는 가르치는 자와 배우는 자, 2가지 모두에 있어 본을 보여야 한다.

대부분의 사람들이 갖고 있는 한 가지의 문제는 졸업장이나 학위의 유무로 교육 정도를 규정한다는 것이다. 그러나 배움은 실제 평생 동안 계속되어야 하는 경험이다. 배우는 것은 특정한 교사나 학교, 혹은 우리의 삶 가운데 어느 특정한 시기에만 국한되는 것이 아니다. 자신의 현재 상태에 만족할 만큼 많은 것을 이루거나 배운다는 것은 절대 불가능하다. 따라서 우리는 일생 동안에 걸쳐 배우게 되는데, 이러한 배움의 대부분이 이루어지는 곳이 바로 직장이다. 종업원을 가르치는 것은 기업의 중요한 사업 가운데 하나가 되어야 한다. 이러한 배움은 기업의 직무와 직접 관련된 범위를 넘어서 실시되어야 한다.

나는 지금까지 회계 업무를 제대로 해본 적이 한번도 없다. 따라서 우리 회사의 회계 업무를 맡고 있는 사람들은 종종 회계 업무에 대한 나의 잘못된 아이디어나 엉뚱한 질문을 참아내야만 한다. 하지만 나와 절친한 친구로 우리 회사의 재무 담당 책임을 맡고 있는 어니 므로젝은 회계 업무에 대해 친절히 설명해 주었고, 그 과정에서 우리 두 사람은 서비스 산업을 위한 몇 가지의 새로운 회계 업무 방법을 배우게 되었다. 나는 회계 업무에 대한 이론을 배우려다 이해력이 부족해 포기한 적이 종종 있었다. 그러나 나는 회계 업무와 규칙 그리고 기업 경영에 대해 내게 언제나 친절하게 가르쳐 준 어니로부터 지금까지 많은 것을 배울 수 있었다. 그는 도움과 가르침을 통해 나를 이끌어 주었다.

기업체 안에서의 교육은 어느 특정한 부서에서만 실시해야 하는 기능이 아니다. 경영주는 지나치게 바쁜 나머지 사원 교육에 직접 참여할 수 없는 경우를 제외하고는 반드시 깊은 관심을 기울여야 한다. 교육은 지적 능력을 증진시킨다. 우리가 교육을 장려하기 위해서는 다른 사람을 지도하고 개발시키기 위해 노력하는 자들에 대한 공식적인 보상 제도를 실시해야 한다. 우리는 회사 내에서 승진 대상자를 선발할 때 그들의 교육에 대한 열정을 고려해야 한다. 우리는 그들이 자기의 부하 직원을 개발시키기 위해 어떤 노력을 기울였는지를 살펴보아야 한다.

동시에 우리는 배움에 대한 책임을 학생에게서 교사에게 떠넘기지 않기 위해 유의해야 한다. 학생인 종업원은 노동의 산물이 결코 아니다. 그는 근로자이다. 따라서 배우는 자의 적극적인 참여와 주인 의식은 대단히 중요하다.

이러한 원리는 기본적인 직업 기술 훈련(JST)을 위해 우리가 사용하고 있는 교수법에서도 명백하게 드러난다. JST는 "이론적인 것보다" 업무 중심의 작업이나 실무적인 것을 가르치기 위해 주로 사용되는 교수 방법이다. 이 과정은 그룹의 구성원들에게서 "어리석은" 질문을 할 것에 대한 두려움을 제거하기 위해 1:1 방식으로 진행된다.

5단계로 이루어진 이 교육 과정은 감독이나 팀리더의 업무에 대한 설명과 함께 시작하여 업무 수행과 관련된 심화 과정으로 진행된다. 이때 지도자는 학생에게 자기가 직접 실무에 대한 시범을 보이면서 그에게도 그대로 할 것을 요구한다. 이 단계를 마친 학생은 그것을 다음 학생을 가르쳐야 할 지도자에게 가르치고 준비시킨다. 실제 급속한 학습 효과가 이루어지는 것은 바로 이 단계이다. 마지막으로, 교사와 학생이 함께 작업을 점검하는 것을 배우는 것으로 모든 과정이 끝난다.

### 배워야 하는 이유는?

학습은 단지 자신을 충족시키기 위한 또 하나의 수단이 아니다. 학습에는 궁극적으로 재생산을 위한 과정이 포함되어야 한다. 다시 말해, 학생은 교사가 되어 자기가 배운 것을 전수해야 한다. 그렇게 할 때 다른 사람을 유익하게 하는 행동 변화가 나타난다.

우리는 지금 급변하는 세상에서 살고 있다. 변화는 종종 사람들에게 배움에 대한 동기를 부여하고 적응하고 배울 수 있는 기회를 제공한다. 이러한 관점에서 맥스 드 프리는 "변화가 주는 선물"이라는 말을 사용하였다. 그러나 사람들은 종종 변화를 두려워한다. 사람들은 그것을 기회로 받아들이지 않는다. 그러나 이러한 불안에도 불구하고 우리 가운데 지도자들이 변화의 과정 속에서 기꺼이 배우고자 하는 준비가 되어 있다면 우리에게는 얼마든지 긍정적인 방향을 향해서 나아갈 수 있는 가능성이 있다. 학습 환경에 있어서의 변화는 지도자에게 새로운 것을 가르칠 수 있는 중요한 기회를 제공하며, 직장 안에서 일하는 사람들로 하여금 자신의 견해에 대해 다시 생각하고, 상호간에 보다 잘 이해하며 바람직한 관계를 발전시켜 나아갈 수 있게 한다. 변화가 없이는 혁신과 새로운 창조와 발전을 위한 동기가 있을 수 없다. 변화를 추구하는 사람들은 불가피한 변화의 상황을 보다 유리한 기회로 삼는다.

### 기업인가 대학교인가?

기업체 안에서 실시하는 교육에 대한 나의 견해는 그것이 특정한 업무나 계획에 대한 훈련에 국한되어서는 안된다는 것이다. 지난날의 성공에서 위로를 찾고, 독서나 사람들로부터의 조언, 교육이나 다양한 시도, 그리고 새로운 경험으로 계속해서 자신을 발전시키지 못하는 경영자는 조만간 무지한 가운데 스스로 교만에 빠져 기업을 학습 환경으로 이끌어 가는데 실패하고 만다. 성공은 종종 경영자로 하여금 자기 만족에 빠지게 하므로 기업의 생명력과 경쟁력을 약화시킨다. 사고와 행동의 획기적인 변화와 다양성을 위해서는 지속적인 학습의 틀 안에서의 적응과 수용이 요구된다. 지도자가 기업의 목표와 방향을 지속적으로 유지해 나가기 위해서는 기업의 신념과 목적을 상기하고 실천할 뿐만 아니라, 그러한 신념과 목적의 실현이 가져 오는 시련에도 대비해야 한다. 지도자가 자기의 신념을 옹호하고 변호하기 위해서는 능력과 논리적인 타당성을 갖추고 있어야 한다. 기업은 마치 대학교와 같으며, 따라서 지속적인 학습은 기업 활동에 필수적인 요소가 된다. 토마스 제퍼슨 Thomas Jefferson이 버지니아 대학교에서 행한 연설의 한 토막은 종업원들에게 깊은 관심을 기울여야 할 기업가들에게 깊은 감동을 주고 있다. "우리는 진리가 우리를 어디로 인도하든 그것을 따라가거나, 또 이성이 남아 있어 오류와 과감하게 맞서 싸울 수 있는 한 과실을 참아내는 것을 결코 두려워하지 않는다."

  교육은 학생으로 하여금 "정확한" 답변을 하거나 실수를 범하지 않고, 교사의 비위를 맞추려는 경향이 지나치게 많다. 지금 나는 자기가 배운 지식을 그대로 베껴 써서 시험에 합격한 몇몇 학생들이 생각난다. 그들이 진정 제대로 배운 것이라고 할 수 있는가? 문제는 근로 환경 속에서도 이러한 현상이 자주 일어나고 있다는 것이다. 예를 들어, 기업은 고객을 위해 제품이나 서비스의 질을 개선하려는 노력보다 사람들로부터 인정을 받는 것에 더 많은 비중을 둔다. 기업의 학습 분위기를 조장하기 위해서는 기업주의 비위를 맞추려는 행동을 피하고, 상호 이해와 행동의 변화를 위해 지속적으로 노력해야 한다. 이렇게 해서 다른 사람들에게 유익한 결과가 나타날 때 교사와 학습자는 자기들의 노력의 소중한 가치를 깨닫게 된다. 사원들이 기업의 설립 취지와 맞는 목적을 위해 일할 때, 기업과 대학교는 서로 하나가 된다.

## 진리의 추구

  학습은 진리의 추구로부터 비롯되어야 한다. 인간은 그들의 환경 속에서 다른 사람과의 관계를 유지하는 가운데 가치 체계를 수용하고 그것을 적용하는 법을 배운다. 그리고 그런 과정에서 자신의 정체성과 자신의 과거, 그리고 미래에 자기가 어떻게 될 것인지에 대해 알게 된다. 그런데 우리는 이때 인생에 있어 가장 기본적인 문제, 즉 '진리의 궁극적 인자(因子)는 있는가?', '하나님은 과연 계신가?'라는 질문에 대한 해답을 찾기 위해 노력해야 한다.

알란 브룸 Allan Bloom은 「미국 정신의 종말」 The Closing of the American Mind이란 자신의 책에서 세상의 모든 것은 상대적일 뿐 절대적 진리란 없다고 믿는 것이 오늘날 대학생들의 일반적인 현상이라는 내용으로 결론을 맺고 있다. 이러한 상황에서는 진리에 대한 추구를 더 이상 기대할 수 없다. 진리의 탐구가 부재한 상황에서 진정한 학습이 있을 수 없으며, 따라서 우리는 지금 미국의 정신이 서서히 사라져 가고 있는 것을 목격하고 있다. 그러나 진리의 존재 가능성을 수용하여, 어떻게 하면 진리를 이해하고 적용할 수 있는지에 대해 지속적으로 연구하는 것이 바로 서비스 메스터사에서 행하고 있는 훈련과 개발 프로그램의 핵심이다.

이러한 것은 우리로 하여금 진리의 궁극적 인자는 결코 변하지 않으며, 우리에게 이성과 소망을 가져다 준다는 확신과 함께 삶 가운데의 어려움과 실패를 극복할 수 있게 하는 삶의 원리가 된다. 이것은 또 자기가 하는 일을 개발하고 자신의 인격을 함양하고자 노력하는 우리에게 자신을 평가하는 기준이 되기도 한다.

수 년 전, 나는 하버드 대학교의 경영대학원 학생들을 상대로 강의한 적이 있다. 모든 학생이 서비스 매스터사에 대한 사례 연구를 자세히 경청하고 있을 때, 한 학생이 내게 질문을 던졌다. 그것은 우리 회사의 첫 번째 창설 목적에 관한 질문이었다. 그녀는 이렇게 말하였다. "폴라드 선생님, 여러 유형의 신앙을 가진 사람들로 이루어진 다양하고 다원론적인 세계에서, '우리는 하나님만을 가장 존귀하게 여긴다'는 본 회사의 첫 번째 목적에 대해 식상해 하는 사람들이 있을 텐데, 이것을 해결하기 위해 첫 번째 목적을 삭제할 생각은 없으신지요?"

당신은 이러한 질문에 내가 어떻게 답변했을 것인지를 짐작할 것이다. 그러나 당신이라면 하버드 대학교의 학생들 앞에서, "안됩니다"라고 딱 잘라 말하지 못할 것이다. 아마 당신은 그것에 대해 장황하게 설명을 늘어놓을 것이다. 학생의 질문에 대한 나의 답변은 만약 우리의 첫 번째 목적의 폐지 여부에 대해 질문하는 사람이 있다면, 바로 그러한 사람을 위해서 첫번째 목적은 꼭 필요하다는 것이었다. 하나님의 존재 여부에 대한 질문은 우리가 피하거나 또는 은폐해야 할 사안이 결코 아니다. 사람이 하나님께 응답할 것인지, 아니면 그분을 무시하거나 그분의 존재를 부인할 것인지의 여부는 전적으로 개인의 선택에 달려 있다. 그러나 우리는 하나님의 존재에 대한 가능성을 은폐시키거나 학습을 통해 밝혀진 그것에 대한 증거를 회피하려 해서는 안된다. 하나님께서는 교회나 회당뿐 아니라 우리의 일터에도 계신다.

## 참여 학습은 다른 사람의 실수를 이해하게 함

배움은 단순히 자기의 부족한 부분을 바로 잡거나 교정하는 과정이 아니다. 우리는 사람을 채용하거나 승진시킬 때 이미 준비된 사람을 뽑으며, 그렇지 않은 사람은 대상에서 제외시킨다. 우리는 배우는 사람들에게 자신의 재능을 개발하고 능력을 극대화시킬 것을 권해야 한다. 근로 환경에서 이루어지는 학습에는 실수가 허용되어야 한다. 이러한 관용이 결여될 때는, 자신의 잠재력을 십분 발휘한다는 것이 불가능하기 때문이다.

나는 수 년 전 우리 회사의 본사 건물을 리모델링할 때 동료 직원인 샌디 제트에게 사람들의 마음을 상하지 않게 하면서도 책정된 예산 범위 안에서 새로운 건물의 공사를 할 것에 대한 책임을 부여하였다. 샌디에게 있어 그것은 커다란 도전과 동시에 부담이 되었다. 우리는 사람들이 서로 힘을 합해 일할 수 있도록 변화에 대처하기 위한 획기적인 방안을 개발하고, 새로운 사무기기를 도입하기로 하였다. 그런데 건축업자가 우리에게 처음에 제시한 비용이 터무니없이 부족한 것으로 나타났다.

샌디는 자기의 의무를 잘 지키는 사람이었지만, 이번에는 그렇지 못하였다. 우리가 돈을 더 지출하기 위해서는 이사회의 승인을 받아야 하였다. 샌디와 나는 몇 가지 판단 착오와 과실을 범하였다. 그에게는 이사들로부터의 독려와 지원이 필요하였다. 샌디와 나는 이사회에 찾아가 신청 서류를 제출하고 필요한 승인을 받아냈다. 나중에 샌디는 내게 이사회가 열리기 전 계약서를 불태우고, 낭떠러지 밑으로 뛰어내리고 싶은 심정이었다고 말하였다. 하지만 그는 자신의 직장 생활 가운데 가장 불행할 수 있었던 상황이 나의 격려와 도움으로 가장 보람 있는 순간이 되었다고 말하였다. 나 역시 만약 우리가 추가 지출에 대한 이사회의 승인을 얻어내지 못할 경우 그와 함께 낭떠러지 밑으로 뛰어내리고 싶은 심정이었지만 차마 그것을 그에게 말하지는 못하였다.

우리는 사람들과 일하면서 그들에게 중요한 직무를 맡길 때, 그들의 단점만 보고 숨어 있는 능력은 간과하는 경향이 있다. 사람에게서 가능성을 찾을 때 단점보다는 장점을 눈여겨 보아야 한다. 지난 날 그들이 범한 실수에 얽매여서는 안된다.

새로운 능력을 발견했을 때는 그것에 대한 시험과 지도가 반드시 요구된다. 새로운 사업의 성공은 치밀한 계획의 구상이나 시장 분석 또는 연구 팀의 집중적인 조사만으로 가능한 것이 결코 아니다. 사업의 성공을 위해서는 시험과 지도가 반드시 필요하다. 우리 회사의 전임 회장이었던 켄 한센이 "비록 어떤 것이 할 만한 가치가 있을지라도 처음에는 지나치게 많은 것을 투자하지 마라."고 주지시킨 것이 생각난다. 다시 말해, 일단 시작했으면, 끝까지 포기하지 말고 계속하고, 그런 가운데 이론적인 것을 익히도록 노력하라는 것이다. 그러한 상황은 조만간 끝날 것이며, 그런데도 불구하고 기업이 계속해서 부실하게 경영되고 있다면 그것을 과감하게 포기해야 한다. 그러나 모든 학습 기관이 치밀한 계획을 통해 새로운 것을 얻어내고, 실제 경험을 통해 익히고 배우는 것은 중요하다. 우리는 새로운 아이디어에 대해 지나칠 정도로 연구하고 분석하는 경향이 있다.

단순한 직장인 관계에서 직장 내의 동업자 관계로의 변화는 이러한 원리를 매우 잘 보여주고 있다. 주주들은 법인 명의로 상세하게 적혀 있는 연간 수입에 대한 과세 고지서를 받았다. 그들은 세금 고지서의 한쪽에 자기들의 연간 수입에 대한 액수를 써 넣기만 하면 되었다. 그러나 동업자 형태에서는 문제가 달라진다.

우리는 아주 복잡한 서류인 "K1"을 만들어 주주들에게 보내야 한다. 1987년 우리가 주주들에게 보낸 첫 번째의 K1 세금 고지서 양식은 2회분에 해당하는 우편물로 20쪽 이상의 긴 분량이었다. 그리고 개인 납세자들은 6가지의 다른 양식에 10가지나 되는 수입 총액에 대한 항목을 기입해야 했다. 우리는 장기적인 관점에서 그것을 결코 수용할 수 없다는 사실을 알았다. 그러므로 브루스 둔칸과 그의 조세팀은 이것을 개선하기 위해 계속 노력하였다. 지난 해의 K1에는 소득 신고서에 작성해야 할 항목이 2가지 밖에 되지 않았다. 그리고 브루스는 지금도 그것을 단일 창구화하기 위해 노력하고 있다.

만약 우리가 이러한 문제가 풀릴 때까지 마냥 기다리기만 했다면, 우리는 주주들과의 파트너 관계를 통해 이루고자 하는 이익을 이루지 못했을 것이다. 그것으로 인한 이익은 지금까지 100만 달러가 넘는 것으로 추정되고 있다. 나는 이처럼 힘든 일을 잘 해 준 브루스에게 한없는 고마움을 표한다.

훌륭한 의사 결정은 우리가 갖고 있는 지식이나 분석을 통해 좌우되는 것이 아니다. 좋은 의사 결정은 의사 결정 후에 그것을 성실히 행하고 실천할 때 가능하다. 지금부터 35년전, 쥬디와 나는 결혼하기로 결정했다. 우리는 서로 상대에 대해 많은 것을 알고 있다고 생각하였다. 그러나 실제는 그렇지가 않았다. 우리는 서로 사랑했지만, 두 사람이 함께 살면서 가정을 이룬다는 것이 어떤 것인지를 몰랐다. 우리의 결혼 생활이 훌륭한 결정이 되고 행복이 된 것은 그 전에 우리가 이미 알고 있었던 것이 아니라, 그 후에 기울인 우리의 노력 때문이다.

## 열심히 배우고, 열심히 즐겨라

직장 안에서 우리가 배워야 할 것에 대한 도전 가운데 하나는 사람들이 즐기기를 원한다는 것이다. 구시대적인 교수법은 이제 더 이상 어떠한 효과도 기대할 수가 없다. 만약 당신이 노동자들을 강의실에 앉혀 놓고 그들에게 4시간 동안 강의를 한다면, 그들은 당신에게서 얼굴을 돌리고 배우려 하지 않을 것이다.

TV는 우리에게 어느 정도의 오락거리와 의사 소통 수단으로 가시적인 뛰어난 방법을 제공해 주고 있는 것이 사실이다. TV는 또 우리에게 주의 지속 시간을 보다 짧게 해주었으며, 우리로 하여금 들으면서 동시에 최소한 2가지를 할 수 있게 하였다. 사람들은 지루하다는 이유로 배우는 것을 피할 때가 많다. 그러나 교육은 우리가 학습 과정 속에 흥미를 더하므로 학생들의 주의를 끌기만 한다면 얼마든지 재미있고, 흥미로운 것이 될 수 있다.

오늘날 어느 것에도 오랫 동안 집중하지 못하는 청취자들에게 있어, 비디오나 CD 롬, 컴퓨터, 대화형 CD(CDIs) 그리고 그 밖의 다른 기술적인 방법들은 보다 강력하고 효과적인 정보 교환 수단이 되고 있다. 예를 들어, 서비스 매스터사는 최근 지도자들이 우리 회사의 목적과 우리의 21가지 리더십 원리에 대해 자기들의 견해를 토의하는 장면을 담고 있는 대화형 CD 시리즈를 제작해 놓았다. 우리 공장의 규모와 위치의 다양성은 그것이 우리에게 있어 여러 공장의 경영자들과 직접 접하고, 의사 소통할 수 있는 유일한 방법이 된다는 것을 의미한다.

정보는 배움의 요소가 된다. 하지만 그것이 제대로 정리 전달되고, 바른 의사 결정이 가능한 사람에 의하여 활용되지 않는다면 그것은 유익한 것이 아니라 커다란 짐이 된다. 그것은 지식이 아니라, 죽은 정보에 불과하다. 어떤 면에서, 우리는 최고 경영자층으로 하여금 조직을 관리하도록 하기 위해 지식이 계속해서 목표를 향해 흘러가도록 그것을 사용하고 계획하는 것이다.

그렇다면 우리가 지식을 무조건 자연의 법칙에 따라 하류로 흘러가는 것이라고 보지 않는 이유는 무엇일까? 그것을 제일선의 경영자들로 하여금 효과적인 의사 결정을 할 수 있도록 돕기 위해 일반적인 정보체계로부터 가져올 수는 없는 것일까? 그들이 자기의 일을 하기 위해서 필요한 정보는 무엇인가? 이러한 질문은 기업체 안에서의 지식 계획을 세우기 위해서 필요한 기본적인 탐구가 된다. 정보의 유입에 대해서는 의사 결정 과정과 고객들에 대한 상품이나 서비스의 운반 지원을 돕는 다양한 운송 수단에 대해 지속적으로 연구하는 가운데 관찰해야 한다.

오늘날 중간 관리층은 상하로 지식을 전달해야 하는 막중한 업무를 맡고 있다. 앞에서 말한 것처럼, 중간 관리층은 경영자층과의 업무 제휴나 유기적인 관계를 통해 수고를 절반으로 아끼면서 효과를 배로 증대시킬 수 있다.

## 참여를 통해 배운다

사람들은 자신의 복리와 장래에 영향을 미치게 될 중요한 의사 결정에 적극적으로 참여하길 원한다. 이러한 것은 근로 환경뿐 아니라, 학교에 있어서도 마찬가지이다.

수 년 전 나는 교장 선생님 한 분을 방문할 기회가 있었다. 내가 교장 선생님과 함께 초등학교의 시설을 둘러보고 있을 때 한 3학년 학생이 그녀에게 다가와 자기가 교사의 직무 수행을 평가하는 학생 위원회의 회원이 되는 것이 언제부터 가능한지에 대해 물었다. 그녀가 수고스러운 노동 인력에 그렇게도 편입되길 원하는 것은 어떤 기대 때문인가? 그녀가 참석하는 것이 반드시 필요한가? 그녀에게 필요한 정보는 무엇일까? 그녀로 하여금 계속해서 배움에 대한 동기를 부여하는 것은 무엇인가? 그녀의 잠재 능력은 어떻게 할 때 충분히 개발될 수 있을까? 회사는 자기 행동에 대해 깊이 생각하고, 바르게 판단하며, 책임과 의무를 다하는 자를 필요로 한다. 다가오는 차세대는 그들의 근로 환경에 대해 훨씬 더 많은 것을 필요로 할 것이다.

오늘날 서비스 매스터사는 600만 이상의 가구를 상대로 기업 활동을 하고 있다. 우리는 물건을 구매하는 고객들의 수가 계속해서 늘어나는 이유를 어느 정도는 알고 있다. 그러나 우리는 항상 겸손한 자세로 차세대의 고객들로부터 배우기를 원한다. 그렇다면 우리가 저들의 구매 취향을 맞추기 위해서는 어떻게 해야 할까? 마케팅을 위해 우리는 배우는 일과 고객의 목소리에 계속 귀를 기울여야 한다.

폴 베르트Paul Bert는 우리가 고객에게 가까이 다가가 쉽게 서비스를 제공할 수 있도록 무료 전화를 개설한 것을 비롯하여 고객들로부터 배우고 그들의 말에 귀를 기울이기 위해 부단히 노력함과 동시에 여러 가지 혁신적인 마케팅 전략과 판매 방법을 개발하였다. 그는 우리가 현재와 미래의 고객에 대해 이해하기 위해서는 학생들의 말에 귀를 기울이고 그들로부터 배우는 것의 중요성을 강조하였다. 학생들은 자기들이 원하고 필요로 하는 것이 무엇인지를 통해 부모의 의사 결정에 영향을 주고, 가정의 미래에 대한 계획에 커다란 작용을 한다. 폴과 그의 팀은 우리로 하여금 미래에 대해 계속해서 생각하게 만든다.

물론 그들의 아이디어와 추론이 반드시 옳은 것만은 아니다. 회사 안에서 다른 사람들보다 먼저 배우고, 앞서 생각하는 그들은 당장 필요한 것과 있어야 할 것들에 대해서도 먼저 생각하고 설명해야 한다. 이러한 것은 우리에게 유익하고 풍부한 사고를 위한 커다란 도전을 준다.

## 기업 이상의 파트너 관계

기업은 지속적인 학습 과정에 대한 책임 의식을 인식할 때, 다른 학습 기관들과의 유기적인 관계 속에 서로 지원하고 협조해야 한다. 여기에는 우리의 전통적인 교육 방식이 포함되며, 따라서 여러 가지의 복잡한 문제의 도전에 직면하게 된다. 중도 탈락이나 여러 가지 위험한 상황, 그리고 부모의 지원 부족이나 부족한 재정은 평생 학습을 위해 극복하기 힘든 장애물이 될 수 있다. 점차 정보화 사회로 글로벌 마케팅화 되어 가고 있는 이 시대에 그러한 장벽은 "가진 자"와 "갖지 못한 자" 사이의 간격을 더욱 커지게 할 것이다. 이것이 세계 시장에서 경쟁력 있는 자리를 유지하기 위해서 반드시 필요한 유능한 노동력의 결핍을 초래할 때, 그것이 우리에게 경제적인 관점에서 암시하는 의미는 훨씬 더 크다.

이처럼 계속 증가하는 난관을 타개하기 위해서는 시장에 있는 사람들이 배움을 권하고 학교로서의 기업과 사업체로서의 기업 사이의 파트너 관계를 더욱 발전시켜야 할 필요성을 인식해야 한다. 기업은 학교에 대해 고객과 같다. 따라서 기업은 조세나 여타의 방법 이상으로 공헌할 수가 있다. 기업은 학생으로 하여금 그들이 지금까지 배운 것과 방법을 적용할 수 있는 기회를 주므로 그들이 다른 사람에게 커다란 기여를 할 수 있도록 한다. 그런즉 기업의 적극적인 참여가 없이는 교과 과정의 개발이 불가능하다. 학교와 기업은 중도 탈락하거나 위기 상황에 있는 아이들로 하여금 그들이 발전적이고 능률적이며 존귀한 삶을 영위할 수 있는 지속적인 학습을 제공할 수 있도록 함께 노력해야 한다.

우리 회사는 학교와의 이러한 수많은 파트너 관계를 발전시켜 놓았다. 거기에는 컴퓨터 구입과 과학 기구 및 운동 장비의 구입을 위한 재정적인 지원이 포함되어 있다. 그러나 학생과 우리 회사의 직원들에게 있어 그보다도 더 중요한 것은 거기에는 종업원들이 학생들을 가르치고 지도할 때 그들이 적극적으로 참여할 수 있는 기회가 포함되어 있다는 것이다.

이러한 파트너 관계가 갖고 있는 장점은 그것이 상호 보완적이며 장기적으로 지속될 수 있다는 것이다. 이러한 프로그램은 대부분 월리 두잔스키의 지도 아래 우리 회사의 종업원들과 그 외의 다른 많은 사람들에 의해 개발되었다. 이것들은 또 부시 대통령의 1,000가지 프로그램 가운데 하나에 포함되는 것을 비롯하여 그 효과가 입증되었다.

　기업은 지속적인 학습 현장 가운데 하나이다. 학생과 교사, 근로자, 훌륭한 조언자, 남을 섬기는 자, 그리고 지도자 등 모든 사람에게 있어 배움은 평생 동안 계속되어야 하는 과정이다.

# 8장

척 스윈돌 Chuck Swindoll은 미국인들의 태도에 대해 자세히 연구하는 가운데 한 가지 매우 우려되는 사실을 발견하였다. 그것은 저들이 "안주하고 있다"는 사실이다. 그들은 자기가 보다 더 훌륭한 사람이 될 수 있음에도 불구하고 현재 선하고 순진하거나, 아니면 그저 "괜찮은 정도"의 상태에 만족한다. 그들은 자기가 밝게 빛나는 금성과 같은 인물이 될 수 있음에도 불구하고, 희미한 빛을 발산하기 위해서 필요한 정도의 능력만을 발휘한다. 그들은 현실에 안주하는 것이다.

그런데 더욱 안타까운 것은 이처럼 어중간한 태도가 그리스도를 믿는 성도들 사이에서도 믿지 않는 자들과 똑같이, 아니 어쩌면 더 심각할 정도로 보편화되어 있다는 사실이다. 스윈돌에게는 의구심이 일어나기 시작하였다. 그것은 우주를 창조하시고, 온전한 분이신 하나님을 믿는 우리가 땅을 기어다니는 벌레가 아니라 독수리처럼 높이 나는 것이 당연하지 않은가라는 것이었다.

스윈돌은 믿는 자들로 하여금 날개를 펴고 높이 비상할 것을 자극하고 도전을 주고자 자기의 신학적인 지식을 바탕으로 현실에 맞게 1987년 「상식을 뛰어넘는 삶」Living Above the Level of Mediocrity이라는 책을 세상에 냈다. 스윈돌은 자신의 책에서 우리가 갖고 있는 기술이나 또는 기술의 부족이 그대로 드러나는 직장에서처럼 "다르게 사는 것"이 중요한 곳이 없다는 것을 말하고 있다.

1994년부터 달라스 신학교의 총장직을 맡고 있는 스윈돌은 단순한 지식적인 이해에서 벗어나 삶의 변화가 일어나기 위해서는 다음과 같은 4가지, 즉 꿈(vision)과 결단(determination), 우선 순위(priorities), 그리고 책임감(accountability)이 전제되어야 한다는 것을 기술하고 있다.

   본 장은 이 4가지의 요소에 대해 개괄적으로 설명해 주고 있지만, 그 중에서도 특별히 우리가 평범한 수준을 넘는 삶을 살기 위해서 반드시 요구되는 비전에 대해 집중적으로 다루고 있다. 스윈돌은 본 장 가운데 자기의 비전에 대한 기본 원리, 즉 비전이 있는 사람의 5가지 특징에 대한 목록을 소개하고 있다.

   스윈돌은 자신의 주장에 대한 정당성을 입증하기 위한 수단으로 약속의 땅을 정탐하기 위해 파견된 구약에 나오는 이스라엘의 12정탐꾼들에 대한 이야기를 인용하고 있다. 민수기 13장에 소개되고 있는 이 이야기는 부정적인 생각의 위험성과 용기의 소중한 가치에 대해 잘 묘사해 주고 있다. 10명의 정탐꾼은 이스라엘 백성이 약속의 땅에 거하는 원주민들에게 살육을 당하고 말 것이라고 보고하였다. 그러나 나머지 두 정탐꾼인 갈렙과 여호수아는 그 일반적인 견해에 반대하였다.

   스윈돌은, "비전이 있는 한 조금도 두려워 할 것이 없다. 그것은 두려워 할 이유가 전혀 없기 때문이다."라고 기술하고 있다.

   여호수아의 비전은 하나님의 능력을 믿는 자신의 신앙에 기초한 것이었다. 믿음은 여호수아에게 비전을 주었으며, 그러한 꿈은 여호수아로 하여금 마침내 이스라엘 자손을 약속의 땅으로 인도하는 지도자가 되게 하였다. 신앙 생활은 우리에게 평범한 것을 뛰어 넘어서 바라볼 수 있는 꿈과 지도자로서 필요한 내적인 능력을 준다.

   꿈이 있을 때, 우리는 사람들이 갖고 있는 일반적인 생각에서 벗어나 독수리처럼 높이 날게 된다.

Charles R. Swindoll의 「상식을 뛰어넘는 삶」
Living Above the Level of Mediocrity에서

# 비전, 일반적으로 눈으로 보지 않음

편집자주 : 스윈돌은 「상식을 뛰어넘는 삶」이란 책의 처음 네 개의 장을 분별력 있는 사고의 중요성(즉, 우리가 삶 가운데 행하는 모든 것은 마음에서 시작된다는)을 강조하는데 할애하고 있다. 그는 본 장에서 꿈에 대한 탐구를 통해 이것을 더욱 확신하고 있다.

분별력 있는 사고의 중요성에 대해 지금까지 논한 우리는 두 번째 과제인 차별화된 삶을 살 수 있는 충분한 준비가 되어 있다. 자신의 정신적인 안개를 걷어내는 사람은 누구나 무비판적으로 다수의 의견을 따르는 것에 더 이상 만족하지 않는다. **꿈**(vision)은 정신적인 저항을 물리친다. **결단**(determination)은 게으름과 무관심을 몰아내고 들어온다. 우리가 **우선 순위**(priorities)의 중요성에 대해 깨닫기 시작하는 것은 바로 이때이며, 우리에게 개인적인 **책임**(accountability)의 필요성을 각인시킨다. 이 4가지 단어의 의미에 대해서는 잠시 후에 정의하고자 한다. 그러나 지금으로서는 이 4개의 단어를 다른 것과 서로 상충하는 하나의 도미노로 간주하라. 각각의 이 단계들은 반복적이고 따분하며 무미건조한 세상에서 차별화된 위대한 삶을 위한 기본 원리에 대해 설명하는 하나의 단위가 되며 다음 것에 선행한다.

유진 피터슨 Eugene Peterson이 지적한 것처럼, 여기에서 내가 말하는 "세상"은 "우리의 신앙을 부식시키고, 소망을 빼앗아 가며, 사랑을 타락시키는", 눈에 보이지 않지만 우리를 둘러싸고 있는 환경을 의미한다. 그것은 인간의 지성과 마음을 사로잡는 매력, 명쾌하고 설득력 있는 논리와 경쟁력, 그리고 창의력과 풍부한 지식으로 구성된 사고 체계일 수 있지만, 우리로 하여금 독수리처럼 날아가게 하기 위해서 반드시 필요한 요소가 결핍되어 있다. 우리가 가장 경계해야 할 것은 제도에 세뇌당하여 자신의 잠재력을 극대화시키지 못하는 것이다. 따라서 그것이 가져다 주는 최종적인 결과는 불을 보듯 뻔하다. 그것은 내적인 불안과 외적인 평범성이다.

## 세상의 원리에 대해 부인할 수 없는 3가지 사실

그러면 세상의 제도에 대해 보다 더 깊이 있게 이해하도록 하자. 예수께서 하신 말씀을 통해 우리의 판단 기준을 삼도록 하자. 염려에 대해 그분께서 반복해서 하신 말씀에 귀를 기울이도록 하자.

한사람이 두 주인을 섬기지 못 할 것이니 혹 이를 미워하며 저를 사랑하거나 혹 이를 중히 여기며 저를 경히 여김이라 너희가 하나님과 재물을 겸하여 섬기지 못하느니라 그러므로 내가 너희에게 이르노니 목숨을 위하여 무엇을 먹을까 무엇을 마실까 몸을 위하여 무엇을 입을까 염려하지 말라 목숨이 음식보다 중하지 아니하며 몸이 의복보다 중하지 아니하냐

공중의 새를 보라 심지도 않고 거두지도 않고 창고에 모아 들이지도 아니하되 너희 천부께서 기르시나니 너희는 이것들보다 귀하지 아니하냐 너희 중에 누가 염려함으로 그 키를 한 자나 더할 수 있느냐

또 너희가 어찌 의복을 위하여 염려하느냐 들의 백합화가 어떻게 자라는가 생각하여 보아라 수고도 아니하고 길쌈도 아니하느니라 그러나 내가 너희에게 말하노니 솔로몬의 모든 영광으로도 입은 것이 이 꽃 하나만 같지 못하였느니라

오늘 있다가 내일 아궁이에 던지우는 들풀도 하나님이 이렇게 입히시거든 하물며 너희일까보냐 믿음이 적은 자들아 그러므로 염려하여 이르기를 무엇을 먹을까 무엇을 마실까 무엇을 입을까 하지 말라 이는 다 이방인들이 구하는 것이라 너희 천부께서 이 모든 것이 너희에게 있어야 할 줄을 아시느니라

너희는 먼저 그의 나라와 그의 의를 구하라 그리하면 이 모든 것을 너희에게 더하시리라 그러므로 내일 일을 위하여 염려하지 말라 내일 일은 내일 염려할 것이요 한 날 괴로움은 그 날에 족하니라 (마 6:24~34)

나는 잘 알고 있는 이 본문을 읽을 때마다 사람들이 일반적으로 살아가는 방법(불안과 염려로 가득찬)과 하나님께서 우리가 살아가도록 예비하신(모든 무거운 짐으로부터 자유케 하는) 방법 사이의 차이점을 항상 의식하게 된다. 그 이유가 무엇일까?

우리가 하나님께서 우리를 위해 계획하신 것과 매번 정반대의 생활 방식을 택하는 이유가 무엇일까? 그것은 그러한 "방식"이 우리 안에 침투해 들어오기 때문이다. 우리가 열등한 생활 방식에 복종하는 것은 "이방인들이 구하는 것"(32절)에 의식을 빼앗겨 버리고, 마침내는 그것이 우리의 삶을 지배하기 때문이다. 여기에는 3가지의 상호 관련된 요소가 있다.

1. 우리는 부정적이고 적대 관계가 난무하는 세상에서 살고 있다. 우리를 둘러싸고 있는 주위 환경은 우리로 하여금 부정적인 것들에 관심을 집중하게 한다는 사실을 인정하라. 옳은 것보다 그릇된 것에, 실제 존재하는 것보다 존재하지 않는 것에, 아름다운 것보다 추한 것에, 건설적인 것보다 파괴적인 것에, 가능한 것보다 불가능한 것에, 유익한 것보다 해로운 것에, 가진 것보다 갖지 않은 것에 더 관심을 기울이게 한다. 당신은 이것에 대한 이유가 궁금할 것이다. 당신이 사는 곳에서

발행되는 지방 신문을 구입해서 그것을 자세히 읽어 보라. 기사의 대부분이 부정적인 내용으로 되어 있는지 그렇지 않은지 보라. 이것은 대단히 나쁜 영향을 미치고 있다.

이처럼 부정적인 사고 방식은 우리에게 엄청난 불안감을 가져다 준다. 주위가 온통 부정적인 것들로 가득찬 분위기 속에서 살고 있는 사람들에게 어떠한 결과가 나타날 것인지는 너무도 뻔하다. 그것은 두려움과 적개심과 분노이다. 부정적인 지식에다 적개심이 어우러질 때 그것은 불안감을 가져다 준다. 그러나 예수님께서는 반복해서 우리에게, "염려하지 말 것"을 말씀하신다. 다시 말하지만, 세상의 방법은 하나님께서 당신의 백성을 위해 계획해 놓으신 삶과 정반대로 작용하고 있다.

이미 250여 년 전에 이러한 사실을 깨달은 아이삭 왓트는 다음과 같은 표현을 썼다.

내가 맞서 싸워야 할 적은 없는가?
내가 홍수를 막을 수는 없지 않은가?
이 진절머리 나는 세상 때문에 나는
하나님을 더욱 의지하지 않는가?

2. 우리는 지금 평범한 생각과 부정적인 세계에서 사는 것이 가져다 준 직접적인 결과로 인한 냉소주의에 빠져 있다. 사람들은 하나님께로부터 오는 위대한 통찰력과 열정에 대한 추구가 없이 열등한 수준만을

벗어난 평범한 상태에 만족하려는 경향이 있다. 이러한 경향은 결국 우리에게서 더 나은 것을 추구하려는 열정을 빼앗아 가고 있다. 이것은 대다수의 사람들 사이에 주류를 형성하고 있으며, 따라서 신나는 것은 없고 모든 것이 의기 소침한 상태에 있다. 사람들은 우월한 대상 앞에서는 자기도 모르게 겁을 먹고 숨어 들어가며, 탁월하게 되어야만 한다는 것은 하나의 위협으로 다가오고 있다.

3. 대부분의 사람들은 남들과 구별된 삶을 사는 방식을 택하려 하지 않는다. 세상의 제도에 영향을 받은 사람들은 뚜렷한 주관없이 다수에 휩쓸려 들어간다. 사람들 사이에는 "대세를 그대로 따르라" 거나 "튀려 하지 마라" 거나 "될 대로 되라"는 식의 말이 인기를 끈다.

그러면 여기서 잠시 멈추어 생각해 보자. 이처럼 도처에 냉소주의가 팽배해 있는 세계에서 없는 것이 있다면 그것은 무엇일까? 바로 용기이다. 우리는 지금 국가에 자부심을 주고, 가정에는 분명한 목적 의식을 부여하며, 개인에게는 남보다 뛰어나고자 하는 의지를 심어주는 강인한 정신을 찾아 볼 수가 없다. 나는 이러한 용기의 결여를 지적한 최초의 인물이 결코 아니다.

알렉산더 솔제니친은 연설 가운데 종종 이것에 대한 경고를 언급하였다.

우리는 고대로부터 용기의 쇠퇴는 종말의 시작을 의미해 왔다는 사실을 깨달아야 한다.

그렇다면 우리가 다른 사람과 구별된 삶을 살기 위해서는 어떠한 대가를 치러야 하는가? 나는 비전(혹은 꿈)에 대해 생각할 때마다, 마음 속에서 보통 사람들보다 높이, 그리고 멀리 볼 수 있는 능력을 떠올리게 된다. 나는 또 1입방 센티당 인간보다 8배나 많은 시각 세포를 갖고 있다는 독수리가 생각난다. 이것은 독수리에게 아주 엄청난 능력으로 작용한다. 예를 들면, 독수리는 600피트 상공을 비행하면서 10센트 짜리 동전 크기의 물체가 잔디 위에서 6인치만 움직여도 감지할 수 있다고 한다. 뿐만 아니라, 독수리는 5마일 떨어진 곳에서도 3인치 정도 크기의 물고기가 연못에서 뛰어 노는 것을 볼 수 있다고 한다. 마찬가지로 사람도 독수리와 같은 눈을 가진 자는 자기에게 있어 가장 필요한 것이 무엇인지를 알 수 있다.

결단에 대해 생각할 때 나는 능력의 우열이나 외적인 조건에 구애받지 않고 끝까지 시종일관하는 것, 강하며 근면하도록 훈련된 내적인 인내력, 곧 고상한 인격을 떠 올리게 된다. 다시 말하지만, 독수리에게는 이러한 특징이 있다. 흰머리독수리는 자기 영역과 어린 새끼를 보호할 때 매우 완강하다. 독수리의 발톱은 무엇이든 해낼 수 있을 만큼 튼튼하다. 예를 들면, 그것은 사람의 팔뚝뼈를 물어서 부러뜨릴 만큼 힘이 대단하다. 독수리의 특징 가운데 하나는 끈기이다.

나머지의 2가지에 대해서는 길게 설명하지 않아도 우리가 잘 알 수 있는 것들이다. 우선 순위란 가장 중요한 것을 제일 먼저 고르는 것을 의미한다. 다시 말해, 이것은 중요도에 따라 부수적인 것은 도외시하고 보다 본질적인 것을 먼저 하는 것이다. 그리고 책임감이란 고립된 채 론 레인저처럼 독불장군으로 살아가는 것이 아니라 오히려 사람들과 긴밀한 관계를 유지하면서 그들의 어려운 문제를 도와주는 것을 의미한다. 독수리와 같은 사람이 흔치는 않다. 하지만 그들은 함께 일할 때 대단한 성실성을 발휘한다.

지금부터 본 장의 나머지 부분에서는 비전의 소중한 가치에 대해 집중적으로 살펴보고자 한다.

## 다수에 동조하지 않은 용감한 두 사람

탁월한 인물이 되기 위해 자신을 쇄신시킬 수 있는 최고의 방법은 성경을 읽는 것이다. 이것과 관련해 내가 항상 마음 속에 기억하고 있는 것은 구약성경의 네 번째 책인 민수기 13장에 기록되어 있는 이야기이다.

### 배경

우리가 민수기 13장에 기록되어 있는 이야기를 신속하게 읽어내려가기 위해서는 다음과 같은 5가지 사실을 기억해야 한다.

첫째는 출애굽 사건이 있었다는 것이다. 이스라엘 민족은 애굽의 속박으로부터 해방되었다. 바로가 이스라엘 백성에게 애굽을 떠날 것을 허락했던 것이다. 그래서 이스라엘 백성들은 자기들의 모든 소유와 가족을 이끌고 애굽을 떠났다.

둘째는 모세의 인도 하에 하나님의 택하신 백성이 약속의 땅과 인접한 곳에 도착했다는 것이다. 민수기 12장의 마지막 절은 이스라엘 백성이 가나안 땅(약속의 땅)과 가까운 "바란 광야에 진을 치니라"고 기록하고 있다. 출애굽 사건을 통해 하나님께서는 당신의 위대한 능력을 보여주셨다. 하나님께서는 이스라엘 백성이 홍해를 건너게 하시고, 저들을 가나안 땅으로 가는 광야를 안전하게 건너게 하시므로 당신의 초자연적인 능력을 보여주셨다. 이스라엘 자손은 가나안 접경에 도착했을 때 멀리 떨어진 성읍들에서 연기가 희미하게 타오르는 것을 볼 수 있었다. 아마 그들은 유리한 위치에서 커다란 마을을 둘러 싸고 있는 성벽의 일부도 볼 수 있었을 것이다. 나는 그들이 "와, 마침내… 우리가 해냈구나!"라는 안도의 탄성을 외칠 때 심장이 더욱 빠르게 고동쳤을 것이라고 짐작한다.

셋째는 새로운 땅이 이스라엘 백성에게 주어졌다는 사실이다. 하나님께서는 그들에게 이미 그것을 약속하셨다.

"사람을 보내어 내가 이스라엘 자손에게 주는 가나안 땅을 탐지하게 하되 그 종족의 각 지파 중에서 족장된 자 한 사람씩 보내라."

하나님께서는 당신의 백성에게 그 땅을 분명히 약속하셨다. "너희가 올라가서 싸우면, 내가 반드시 너희로 승리하게 하리라." 아마 그때까지 세상에서 전쟁에 나갈 때 이보다 더 확실한 승리를 보장받은 자는 아무도 없었을 것이다.

드와이트 아이젠하워 장군과 그의 정책 자문팀이 제2차 세계 대전

상식을 뛰어넘는 삶 | 193

당시 군대를 이끌고 노르망디 상륙 작전을 개시하려 했을 때, 그들은 자신감을 상실해 두려움으로 가득 찼고, 불안감은 더욱 가중되었다. "계속 전진해야 할 것인지? 포기해야 할 것인지? 작전에 완전히 실패하는 것은 아닌지?" 그들에게 엄습해 온 불안감은 우리로서는 감히 상상할 수 없을 정도였을 것이다. 아이젠하워 장군은 이러한 대규모의 상륙 작전을 감행하기 위해 모든 준비를 완벽하게 마쳤음에도 불구하고, 자기 군대가 적군에게 발각되지나 않을까 하는 두려움은 말할 것도 없이 그들이 상륙에 안전하게 성공할 수 있을 것인지에 대한 확신이 없었다. 두려움과 불안함 가운데 아이젠하워 장군은 마침내 전진 명령을 내렸다.

그러나 이스라엘 백성에게는 그러한 장애물이 전혀 없었다. 그들에게는 하나님으로부터의 확실한 언약의 말씀이 주어졌다. 하나님께서는 이스라엘에게, "그 땅을 내가 너희에게 주리라."고 말씀하셨다. 지금까지 이러한 확신 가운데 이보다 더 큰 명분을 갖고 전쟁을 치를 수 있는 군대는 없었다.

넷째는 하나님께서는 모세에게 그 땅에 정탐꾼을 보낼 것을 명령하셨다는 것이다. 치밀한 전략을 세우기 위해서는 몇 사람을 선발하여 그 땅을 면밀히 탐지해야 했다. 따라서 모세는 이것을 실천에 옮겼다. 우리는 여기에서 정탐꾼들에게 그들이 약속의 땅을 정복할 수 있을 것인지에 대해 의견을 제시할 것을 일체 요구하지 않았다는 사실을 기억해야 한다. 하나님께서 이미 약속하신 이상 그러한 질문은 필요하지 않았다. 그들에게는 땅의 정복을 위해서 어떻게 해야 할 것인지에 대해서만 정확히 보고할 것이 요구되었다.

모세가 여호와의 명을 좇아 바란 광야에서 그들을 보내었으니 그들은 다 이스라엘 자손의 두령된 사람이라 그들의 이름은 이러하니라 르우벤 지파에서는 삭굴의 아들 삼무아요 시므온 지파에서는 호리의 아들 사밧이요 유다 지파에서는 여분네의 아들 갈렙이요 잇사갈 지파에서는 요셉의 아들 이갈이요 에브라임 지파에서는 눈의 아들 호세아요 베냐민 지파에서는 라부의 아들 발디요 스불론 지파에서는 소디의 아들 갓디엘이요 요셉 지파 곧 므낫세 지파에서는 수시의 아들 갓디요 단 지파에서는 그말리의 아들 암미엘이요 아셀 지파에서는 미가엘의 아들 스둘이요 납달리 지파에서는 웝시의 아들 나비요 갓 지파에서는 마기의 아들 그우엘이니 이는 모세가 땅을 탐지하러 보낸 자들의 이름이라 모세가 눈의 아들 호세아를 여호수아라 칭하였더라

(민 13:3~16)

여기에 소개되고 있는 이름들은 모두가 그 당시 널리 알려진 인물들이었다. 그들은 오늘날 미국에서 유명한 시장이나, 아니면 명망 있는 주지사 내지 상원 의원 가운데 12명과 같은 사람들이었다. 그들은 이스라엘 백성 사이에서 저명 인사들이었다. 내가 이 점을 강조하는 것은 이들 가운데는 상식이 부족한 무지한 사람이 한 명도 없었다는 사실을 주지시키기 위해서이다. 열 두 사람은 모두가 지도자격인 인물이었다. 하지만 그들 가운데 두 사람만이 극히 제한되고 부정적인 일반적인 사고의 틀을 벗어났다.

다섯째, 그들에게는 업무가 분명하게 제시되었다. 그것은 너무도 분명하고 확실하게 명시가 되었다.

모세가 가나안 땅을 탐지하러 그들을 보내며 이르되 너희는 남방길로 행하여 산지로 올라가서 그 땅의 어떠함을 탐지하라 곧 그 땅 거민의 강약과 다소와 그들의 거하는 땅의 호불호와 거하는 성읍이 진영인지 산성인지와 토지의 후박과 수목의 유무니라 담대하라 또 그 땅 실과를 가져오라 하니 그 때는 포도가 처음 익을 즈음이었더라 (17~20절)

모든 업무 제시가 완료되었다. 그들은 이러한 것들에 대해서만 알아내면 모든 임무가 완수된다. 모세는 그들에게, "너희는 돌아와서 우리가 그 땅을 정복해야 할 것인지의 여부에 대해 조언을 주어야 할 것이다."라고 말한 적이 한 번도 없다. 정탐꾼들에게는 이러한 명령이 주어지지 않았다. 그들에게는 땅을 조사하여 신속하게 비밀 탐사를 마치고 돌아와 자기들이 관찰한 것을 보고하라는 명령만 주어졌다.
정탐꾼들은 약속의 땅으로 출발하여 40일 동안 그곳에 머물면서 탐지 활동을 하였다.

이에 그들이 올라 가서 땅을 탐지하되 신 광야에서부터 하맛 어귀 르홉에 이르렀고 또 남방으로 올라가서 헤브론에 이르렀으니 헤브론은 애굽 소안보다 칠년 전에 세운 곳이라 그 곳에 아낙 자손 아히만과 세새와 달매가 있었더라 또 에스골 골짜기에 이르러 거기서 포도 한 송이 달린 가지를 베어 둘이 막대기에 꿰어 메고 또 석류와 무화과를 취하니라

이스라엘 자손이 거기서 포도송이를 벤 고로 그 곳을 에스골 골짜기라 칭하였더라 사십일 동안에 땅을 탐지하기를 마치고 돌아와 바란 광야 가데스에 이르러 모세와 아론과 이스라엘 자손의 온 회중에게 나아와 그들에게 회보하고 그 땅 실과를 보이고 모세에게 보고하여 가로되 당신이 우리를 보낸 땅에 간즉 과연 젖과 꿀이 그 땅에 흐르고 이것은 그 땅의 실과니이다(21~27절)

가나안 땅에 40일 동안 체류한 12명이 과실의 견본품을 따갖고 돌아왔다. 이스라엘 백성의 진으로 돌아온 그들은 제일 먼저 백성에게 가나안 땅에서 자란 포도 같은 과일을 보여주었다. 백성들은 한 자리에 모여 그들의 보고에 귀를 기울였다. 여기까지는 좋았다. 탐스럽고 맛있게 보이는 과일도 있었다. 그것들은 매우 인상적이었다. 따라서 나는 백성들 가운데는 휜호성을 지른 사람들이 있었을 것이라고 확신한다.

### 부정적인 보고

모든 사람이 몹시 흥분돼 있는 가운데 열 정탐꾼의 보고가 계속되었다.

그러나 그 땅 거민은 강하고 성읍은 견고하고 심히 클 뿐 아니라 거기서 아낙 자손을 보았으며 아말렉인은 남방 땅에 거하고 헷인과, 여부스인과, 아모

리인은 산지에 거하고 가나안인은 해변과 요단 가에 거하더이다 (28~29절)

그와 함께 올라갔던 사람들은 가로되 우리는 능히 올라가서 그 백성을 치지 못하리라 그들은 우리보다 강하니라 하고(31절)

나는 지금 다음과 같이 소리치고 싶은 충동을 느낀다. "잠깐만요, 여러분들! 누가 이런 말을 해 달라고 부탁했나요? 우리가 그곳을 올라갈 수 있는지의 여부에 대해 알기 원하는 사람은 아무도 없어요. 당신네들이 할 일은 그것이 아니예요. 하나님께서는 우리에게 그 땅이 이미 우리 것이라는 것을 말씀하셨어요. 우리는 그 땅의 상태에 대해 알고 싶을 뿐이예요."

열 사람의 정탐꾼은 자기들에게 맡겨진 임무 이상의 월권을 행하였다.

이스라엘 자손 앞에서 그 탐지한 땅을 악평하여 가로되 우리가 두루 다니며 탐지한 땅은 그 거민을 삼키는 땅이요 거기서 본 모든 백성은 신장이 장대한 자들이며 거기서 또 네피림 후손 아낙 자손 대장부들을 보았나니 우리는 스스로 보기에도 메뚜기 같으니 그들의 보기에도 그와 같았을 것이니라 (32~33절)

"와! 여러분은 그들이 얼마나 큰 거인인지 상상할 수도 없을 것입니다!" 아마 오늘날의 표현을 빌린다면, "그들은 운동 선수처럼 보였습니다!"라고 말했을 것이다.

당신은 프로 농구 경기장의 코트 바로 옆에 가본 적이 있는가? 그렇다면, 당신을 메뚜기처럼 작은 존재로 느끼게 하는 사람들과 함께 있는 것이 어떻다는 것을 당신은 알 것이다. 나는 로스앤젤레스 레이커스팀의 센터인 카림 압둘 자바 선수와 나란히 섰던 때를 지금까지 생생하게 기억하고 있다. 압둘 자바는 나를 "메뚜기 척 목사님."이라고 불렀다.

나는 미식 프로 축구 경기가 열리기 전에 선수들의 예배를 인도한 적이 종종 있다. 그런데 그때마다 나는 항상 거인들에게 둘러싸여 있는 것 같은 기분이었다. 언젠가는 대부분의 선수들이 실내의 한 쪽에 몰려 앉아 있었다. 나는 몇몇 선수들에게 반대쪽으로 자리를 옮겨 줄 것을 요구하였다. 왜냐하면 실내가 한쪽으로 기울어가고 있었기 때문이다. 선수들이 자리를 이동하느라 움직이기 시작했을 때, 나는 나 자신이 한 마리 곤충과 같아지는 것을 여실히 느낄 수 있었다.

예배가 끝나고 선수들이 육중한 걸음으로 밖으로 나올 때, 그들에게 밟히지나 않을까 매우 조심스러웠다. 모세가 보낸 정탐꾼들이 바로 이러했을 것이다.

그렇다면 이처럼 편협된 생각이 백성들에게는 어떠한 영향을 주었는가? 부정론과 선입견이 악영향을 미치는지의 여부에 대해 의문이 생긴다면, 다음의 성경 본문을 계속 읽도록 하라.

온 회중이 소리를 높여 부르짖으며, 밤새도록 백성이 곡하였더라. 이스라엘 자손이 다 모세와 아론을 원망하며 온 회중이 그들에게 이르되 우리가 애굽 땅에서 죽었거나 이 광야에서 죽었더면 좋았을 것을(민 14:1~2)

당신은 이렇게 원망하는 이스라엘 백성에 대해, "하나님께서 그들에게 땅을 주시겠다고 약속하셨는데, 어떻게 저런 말을 할 수 있었을까?"라고 의문을 제기할지도 모른다. 이것이 바로 부정주의의 영향 때문이다. 세상적인 선입견으로 인한 소망의 상실은 우리를 절망에 빠지게 한다. 인간의 이성적 사고가 신앙을 지배하는 것이다. 인간적인 생각으로는 우리가 그처럼 큰 사람을 물리칠 수 없는 것이 당연하다. 그 땅을 공격해봤자 승리할 수 없다. 이성은 우리에게 그들의 수가 얼마나 많은지 헤아려 보라고 말한다. 거기에는 여부스 족속, 헷 족속, 아모리 족속, 그 외에도 가나안 여러 족속들이 있지 않느냐고 묻는다. "바닷가의 모래수 만큼이나" 많지 않느냐고 말한다. 모든 가나안 거민이 유랑하는 히브리 민족을 대적하고 있지 않느냐고 말한다. 거기에다 거인 족속인 아낙 자손까지 있지 않느냐고 말한다.

이스라엘 백성이, "우리가 그러한 거인들과 맞서 싸워야 하다니!"라고 외치는 소리가 들리는가? 그렇다면 그 곳은 당장이라도 떠나고 싶은 도시가 될 것이다.

> 이에 서로 말하되 우리가 한 장관을 세우고 애굽으로 돌아가자 하매(4절)

이런 때 "우리 퇴각합시다! 돌아갑시다. 너무 두렵습니다!"라고 뜻밖의 의견을 내놓는 사람이 항상 있기 마련이다.

당신은 이러한 태도가 모세와 아론에게 어떠한 행동을 하게 했는지 궁금할 것이다.

모세와 아론이 이스라엘 자손의 온 회중 앞에서 엎드린지라(5절)

다수의 무리에게 꿈이 없을 때, 그들의 근시안적인 안목은 지도자들에게 심각한 피해를 야기시킬 수 있다.

**긍정적인 보고… 무한한 꿈**
다행스러웠던 것은 열 사람의 정탐꾼의 보고가 전부는 아니었다는 사실이다. 내가 지금까지 두 사람의 용감한 정탐꾼에 대해 소개하지 않은 것은 특별한 목적이 있었기 때문이다. 그 중 한 사람은 갈렙이다.

갈렙이 모세 앞에서 백성을 안돈시켜 가로되 우리가 곧 올라가서 그 땅을 취하자 능히 이기리라 하나(13:30)

그리고 다른 한 사람은 여호수아였다.

그 땅을 탐지한 자 중 눈의 아들 여호수아와 여분네의 아들 갈렙이 그 옷을 찢고 (14:6)

모세와 아론이 백성 앞에서 무릎 꿇는 것을 본 여호수아와 갈렙은 그 순간 자기들의 옷을 찢으며, "잠깐만요! 그들의 보고와 전혀 다른 점이 있습니다. 위험한 것은 사실입니다. 그러나 지금은 우리에게 담대한 용기가 필요한 때입니다.

그러니 이처럼 도전적인 상황을 믿음의 눈으로 바라보도록 합시다!"

이스라엘 자손의 온 회중에게 일러 가로되 우리가 두루 다니며 탐지한 땅은 심히 아름다운 땅이라 여호와께서 우리를 기뻐하시면 우리를 그 땅으로 인도하여 들이시고 그 땅을 우리에게 주시리라 이는 과연 젖과 꿀이 흐르는 땅이니라 오직 여호와를 거역하지 말라 또 그 땅 백성을 두려워하지 말라 그들은 우리 밥이라 그들의 보호자는 그들에게서 떠났고 여호와는 우리와 함께 하시느니라 그들을 두려워 말라 하니(7~9절)

나는 이처럼 용기 있는 말을 아주 좋아한다. 이 부분을 읽을 때마다 시편 27편의 처음 몇 절이 생각난다.

여호와는 나의 빛이요 나의 구원이시니
내가 누구를 두려워하리요
여호와는 내 생명의 능력이시니
내가 누구를 무서워하리요
나의 대적 나의 원수된 행악자가
내 살을 먹으려고 내게로 왔다가
실족하여 넘어졌도다
군대가 나를 대적하여 진 칠지라도
내 마음이 두렵지 아니하며

전쟁이 일어나 나를 치려 할지라도
내가 오히려 안연하리로다(1~3절)

꿈이 있는 자에게는 두려워 할 것이 없다. 두려워 할 이유가 없기 때문이다. 따라서 앞으로 전진하기만 하면 된다. 확신과 긍정적인 생각을 갖도록 하자.

갈렙과 여호수아의 말이 끝난 후, 백성들이 손뼉을 치며, "좋습니다. 우리 올라갑시다!" 이렇게 말했다면 얼마나 좋았을까?

그러나 이것은 희망사항에 불과하였다. 직접 그 말씀을 읽어보도록 하라. "온 회중이 그들을 돌로 치려하는 동시에"(민 14:10). 우리는 그들에게서 긍정적인 생각을 전혀 찾아 볼 수 없다. 다만 그들 중에는 하나님의 마음을 기쁘시게 해 드린 사람이 둘 있었을 뿐이다. 아마 그 당시 솔제니친이 있었다면 이 두 사람에 대해 굉장히 자랑스럽게 생각했을 것이다.

우리가 신앙의 인물로 존경하는 이 두 사람은 남들과 다른 꿈을 가진 자들이었다. 그러나 다수의 무리는 이렇게 말하였다. "정신 나간 사람들이군. 완전히 잘못 생각하고 있어. 우리는 그러한 어려움들을 도저히 이겨낼 수 없다구."

이스라엘 백성 다수의 이러한 태도는 내게 아놀드 토인비의 다음과 같은 말을 생각나게 한다. "우리는 다수가 언제나 옳았는지에 대해 의심을 해보아야 한다." 나는 이 말을 생각할 때마다 항상 새로운 힘이 솟구친다.

## 차별성을 위해서 요구되는 한 가지 자질

　우리는 지금 고대 역사를 공부하고 있는 것이 아니다. 우리는 지금 현재의 삶에 대해 생각하고 있다. 나의 관심은 바란 광야로부터 가나안 땅에 이르기까지의 이스라엘 민족의 출애굽 여정에 관한 책을 쓰는 것에 있지 않다. 나의 커다란 관심은 사람들에게 오늘날 그들이 직면하고 있는 장애물을 잘 대처하고, 정복할 수 있도록 돕는 것에 있다. 하지만 그것들은 극복하기가 결코 쉽지 않은 난제들이다. 만약 당신이 사람들에게 커다란 장애물이 당신의 앞을 가로막고 있다고 말한다면, 그들은 서슴치 않고 "포기하십시오. 당장 그만두고 돌아가십시오." 라고 말할 것이다. 우리의 마음 가운데는 두려움이 밀려오고, 평안이 사라진다.

　당신은 지금까지의 이야기에서 부족한 것을 발견했는가? 이런 경우 제일 먼저 나타나는 현상은 담대한 꿈이 사라진다는 것이다. 다시 말해, 사실을 있는 그대로 보는 데 가장 본질적 요소가 되는 꿈을 상실당하고, 거짓된 것의 지배를 받는다. 이 얼마나 한탄할 일인가! 우리는 문제에만 시선을 집중하게 된다. 우리는 사람의 수를 세기 시작한다. 우리는 그들의 신장과 몸무게를 측정하기 시작한다. 우리는 눈에 보이는 손익을 비교하기 시작한다. 결과는 불을 보듯 뻔하다. 우리는 두려움에 빠지고, 패배라는 공포에 사로잡히게 된다.

　당신의 가나안 땅은 어디인가? 당신에게 있어 가장 커다란 도전이 되는 것은 무엇인가? 당신으로 하여금 자신을 마치 메뚜기처럼 왜소하게 느끼게 하는 것은 무엇인가? 당신이 현실에 근거하여 판단하고 생각할 때 앞으로 예상되는 결과는 어떤 것인가? 당신은 절대 굴복하고 싶지 않을 것이다. 당신은 담대하길 원할 것이다. 거기에는 여러 가지 방법이 있을 수 있다. 하지만 그것을 위해 가장 필요한 자질이 있으니 그것은 꿈이다. 꿈은 우리에게 장애물 앞에서도 하나님의 임재와 권능을 깨닫고, 그분의 계획을 볼 수 있는 능력이 되어 준다.

나는 종종 어떤 것을 A-B-C의 순서에 따라 자세하게 설명하는 것을 좋아한다. 따라서 나는 이번에도 "꿈"에 대해 영어 철자인 A-B-C-D-E로 설명하며 결론을 맺고자 한다.

**A. 태도(Attitude).** 당신에게 꿈이 있을 때, 그것은 당신의 태도에 영향을 준다. 당신은 비관적인 태도에서 낙관적인 태도로 바뀌게 된다. 역경 속에서도 하나님을 바라보는 당신의 긍정적인 생각은 결코 어리석은 것이 아니다. 두 다리가 절단되어 나가는 상황 속에서도 당신은 결코 좌절하지 않는다.

오히려 당신은, "주님, 지금은 바로 당신의 역사가 필요한 때입니다. 제게는 지금 당신의 도움이 필요합니다. 저는 이러한 환란 가운데서도 당신이 함께 하고 계신 것을 압니다."라고 말한다. 갈렙과 여호수아도 다른 열 명의 정탐꾼들과 똑같은 장애물을 보고 돌아왔지만 그들의 태도는 달랐다. "우리가 능히 감당할 수 있도다."라는 그들의 말을 기억하라. 나는 당신도 이러한 태도를 갖기 바란다.

**B. 믿음(Belief).** 이것은 하나님의 능력에 대한 굳은 신앙을 의미한다.

이것은 당신과 비슷한 싸움을 싸우고 있는 당신 주위에 있는 다른 사람들에 대한 신뢰를 의미한다. 그리고 당신 자신을 의지하는 믿음을 의미한다. 이것은 유혹과 냉소주의와 의심에 굴복하기를 거절하는 것을 의미한다. 이것은 자포자기 상태에 빠지지 않도록 경계하는 것을 의미한다. 자신을 믿는 것은 대단히 중요하다.

사람에게는 자신을 전문화하고, 기술을 연마하며, 자기의 장점을 발견할 수 있는 환경이 필요하다. 위대한 인물들의 곁에는 그들에게서 다른 사람은 보지 못한 장점을 아주 정확히 발견하여 일정 기간 동안 관찰하면서 그에게 그것을 완성시킬 수 있는 능력이 있다는 것을 믿어 준 훌륭한 스승이나 지도자가 있었다. 타프트Taft의 가정은 자녀들에게 자연스런 행동 가운데 자기의 장점을 발견하게 하는 훌륭한 교육 방법을 행하였다. 마르다 타프트는 신시내티에서의 초등학교 시절 자신에 대해 소개해야 할 때가 있었다. 그때 그녀는 이렇게 말하였다. "나는 마르다 바우어스 타푸트라고 합니다. 증조 할아버지께서는 미국의 대통령을 지내셨습니다. 할아버지께서는 상원 의원이셨구요. 그리고 아버지는 지금 아일랜드 주재 대사로 계십니다. 마지막으로 제 이름은 브라우니입니다.?"

C. 능력(Capacity). 우리는 자신의 능력을 어떻게든 사용하고자 하는 의지를 가져야 한다. 하나님께서는 무서운 대적들이 있는 가나안을 보게 하시며 이렇게 말씀하신다. "너는 네가 할 수 있는 모든 것을 최대한 발휘해야 할지니라. 그리고 너는 너 자신의 능력이 아닌 나의 힘을

의지해야 할지니라." 이러한 면에서 나는 윌리엄 제임스의 다음과 같은 글이 마음에 와 닿는다.

사람은 그 당시는 모르지만 자신에게 스스로를 고무시키는 능력이 있다는 것을 알게 된다…. 물론 우리는 그것에 대해 마땅히 알 것의 절반도 깨닫지 못한다. 우리의 열정에는 찬물이 뿌려지고, 우리의 의도는 좌절에 부딪친다. 우리는 결국 자신의 정신적이고 육체적인 자원 중에서 극히 일부만을 사용할 뿐이다…. 이것을 생각할 때 인간은 지극히 제한된 범위 내에서 살고 있다는 것을 알 수 있다. 그에게는 미처 사용되지 못한 다양한 능력이 있음에도 불구하고 말이다.

이것은 분명한 사실이다. "불가능"이란 절망적인 상태는 우리에게 있어 오히려 자기의 능력을 최대한 발휘할 수 있는 기회가 된다.

D. **인내**(Determination). 인내는 사태가 어렵게 진행되어 갈 때도 처음의 결정을 바꾸지 않는 것이다. 내게는 당신의 미래를 가리키며 갑자기 "모든 문제가 잘 풀릴 것일세."라고 말할 수 있는 마법의 지팡이가 없다. 비전은 우리를 지켜보고 웃으시는 하나님을 끝까지 의지하는 인내심을 요구한다.

E. **열정**(Enthusiasm). 열정, 얼마나 위대한 말인가! 이 말의 헬라어 원어인 엔테오스entheos에는 "하나님께서 내 안에 거하신다."는 뜻이 있

다. 이것은 어떠한 상황 속에서도 하나님을 볼 수 있는 능력을 말하는 것으로, 우리에게 힘을 준다. 그렇다면 당신은 지금 하나님께서 당신을 지켜보고 계시다는 사실을 알고 있는가? 당신은 그것을 인식하는가? 우리가 하나님께서 우리의 활동 가운데 개입하시어 함께 일하고 계시다는 사실을 믿을 때 우리의 소망에는 기적 같은 사건이 일어난다.

몇 년 전 올림픽 경기의 장대 높이 뛰기 선수로 출전했던 밥 리차드스는 축구 경기 때 열심히 뛰지 않고 빈둥거리며 농땡이나 치던 사람에 대한 이야기를 자주 하였다.

그는 주전과 후보 선수 사이의 어중간한 위치에 있었다. 문제가 있을 때마다 항상 그가 관련되었다. 물론 그런 것들이 사소한 우연에 의한 것들이었지만 말이다. 따라서 그는 팀에 거의 도움이 되지 않았다. 그는 연습할 때도 최선을 다하지 않았다. 그는 유니폼을 입고 경기장에 나타나기는 하지만, 열정이 전혀 없었다.

그는 관중들로부터의 응원을 듣기 원했지만, 공을 잡고 상대 진영에 들어가 본 적이 한번도 없었다. 그는 유니폼을 입는 것은 좋아지만, 연습하는 것은 싫어했다. 그는 최선을 다하지 않았다. 하루는 다른 선수들이 운동장을 50바퀴씩 돌고 있는데, 그 선수는 평소와 같이 5바퀴만 돌았다. 코치가 그에게 다가가, "나 좀 보게, 여기 전보가 한 통 왔네." 하고 말했다. 그러자 그는 "코치님이 대신 읽어 주시지요." 하고 말했다.

그는 이렇게 읽는 것도 하기 싫어 할 만큼 게을렀다. 코치가 전보를 뜯자 거기에는, "아들에게, 아버지께서 사망했으니 속히 귀가 바람" 이라고 써 있었다. 코치는 감정을 억제했다. 코치는 그에게 "가서 한 주 동안 쉬었다 오게." 하고 말했다. 사실 코치는 그가 1년 동안 쉰다 해도 개의치 않을 심사였다.

그런데 재미있는 상황이 벌어졌다. 금요일 날 경기 시간이 되어 동료 선수들이 경기장으로 달려나오고 있는데, 그 말썽꾸러기 선수의 모습이 보이는 것이 아닌가! 경기의 시작을 알리는 총성이 울리자 그는, "코치님, 저 오늘 경기해도 됩니까? 경기해도 되느냐구요?" 하고 물었다. 코치는 이렇게 생각했다. '이 친구가 오늘 경기에 출전하면 안되는데. 그것은 곧 귀가조치와 직결될 수 있는데. 매우 중요한 경기라서.' 그리고 말했다. "우리는 지금 열심히 뛰는 선수가 필요한데 자네는 그렇지 않다네." 코치가 거절하자, 그는 "코치님, 제발 경기에 뛸 수 있게 해주세요. 경기를 꼭 하고 싶거든요."라고 애원하다시피 말했다.

제1쿼터는 코치가 맡은 팀이 일방적인 점수 차로 패했다. 휴식 시간 때까지 그 팀은 경기에 뒤지고 있었다. 제2쿼터가 시작되면서 상황은 훨씬 더 악화되어 갔다.

코치는 혼잣말을 중얼거리며 사직서를 쓰기 시작했다. 그 때 게으름쟁이 친구가 다가와, "코치님, 코치님, 제발 제가 경기에 뛰게 해 주세요."라고 말했다. 코치는, "알았네. 들어가게. 하지만 팀에 절대 피해를 주어서는 안돼."라고 주의를 주었다.

그런데 그가 경기장에 들어서자마자 팀이 활기를 찾았다. 그는 마치 유성처럼 종횡무진 경기장을 뛰어다니며 상대팀 선수를 막고, 태클을 하였다. 전광판에 있는 그 팀의 숫자가 올라갔다. 스코어가 동점이 된 것이다. 그리고 경기의 마지막 순간에 이 선수가 상대팀의 패스를 가로채 혼자 질주하여 승리를 결정짓는 터치다운을 올렸다.

　스탠드에 앉아 있던 관중들은 모두가 자리에서 일어나 힘찬 박수를 보냈다. 그는 순식간에 모든 사람의 영웅이 되었다. 아마 당신은 지금까지 그러한 함성은 들어보지 못했을 것이다. 마침내 모든 흥분이 가라앉자 코치가 그에게로 다가가 다음과 같이 말했다. "지금까지 이런 일은 처음이네. 도대체 어떻게 된 것인가?" 그러자 그는 "코치님께서 아시다시피 지난 주에 저의 아버지께서 세상을 뜨셨습니다."라고 짧게 대답했다. 코치는, "그래, 내가 그 전보를 대신 읽어주지 않았나?"라고 답변을 했다. 그러자 그 친구는 이렇게 말했다. "코치님, 돌아가신 저의 아버지는 시각 장애자이셨습니다. 그분은 제가 경기하는 모습을 오늘 처음 보셨습니다. "

　오늘이 당신에게는 하나님께서 삶 가운데 당신을 지켜보고 계시다는 사실을 처음으로 깨달은 날이 될지도 모른다. 그분께서는 잠시도 당신을 떠나시거나, 관심을 기울이지 않으시거나, 보지 못하시거나, 잠잠하지 않으신다.

　그분께서는 항상 살아 계신다. 그분께서는 지금도 당신을 지켜보고 계시며, 당신에게 관심을 기울이고 계신다. 그것은 곧 세상의 모든 것을 바꿔 놓을 수 있다.

　이러한 것은 부정적이며 적개심으로 가득 찬 세계에 있어서도 마찬가지이다. 다수가 "당신은 절대 할 수 없다."고 말하더라도 당신은 그것을 할 수가 있다.

　하나님을 의지하라. 신앙의 눈을 갖고 경기장에 들어가라. 커다란 열정을 갖고 경기에 임하라. 지금은 높이 비상을 시작할 때이다. 이것은 당신이 남들과 다른 삶을 살아야 한다는 것을 의미한다. 그것은 다수가 보지 못하는 건너편의 세계를 보기 시작하는 것이다.

그것은 곧 꿈, 비전을 말한다.

# 9장

전자 우편은 훌륭한 통신 수단이고, 전화는 놀라운 의사 소통 수단이다. 그리고 편지는 우리에게 기쁨을 선사해 주는 수단이 된다. 그러나 무엇보다 사람과 직접 얼굴을 맞대고 알게 되는 것에는 어떤 특별함이 있다. 우리가 시카고에서 개최된 원탁 회의 기간 중 로리 베스 존스 Lauri Beth Jones를 처음 만났을 때 그녀에게서 저술가적인 자질과 인간적인 면을 발견하는 데는 그리 오랜 시간이 걸리지 않았다. 그녀의 작품 속에는 그녀의 성공비결을 쉽게 알 수 있게 해주는 영적 감각과 심오함이 나타나 있다.

존스는 1995년 그녀의 「최고 경영자 예수」 Jesus CEO가 전국적인 베스트셀러가 된 것을 계기로 자신의 신앙과 노동관을 알리는 것이 주된 활동 내용이 되었다. 그것은 사업과 신앙에 관한 책은 틈새 시장에서나 판매되기 때문에 기독 서점에서만 팔아야 한다는 전통적인 고정 관념을 깨뜨렸다. 존스는 자신의 자료에 대한 출처를 분명히 밝혔으며, 기업체에서는 그것을 기꺼이 받아들였다. 존스의 책과 그녀의 계속된 노력은 사업에 대한 개념에 커다란 변화를 가져다 주었다.

「최고 경영자 예수」는 크게 세 부분으로 이루어져 있으며, 그것들은 오메가식 경영 방법의 리더이신 예수님을 자아 극복과 행동 및 인간 관계의 형성에 있어 탁월한 능력을 가지신 분으로 소개하고 있다. 오메가 경영 방식은 남성적인 알파식 경영 방식의 지도자, 여성적인 베타식 경영 방식 지도자의 전통적인 지도 방식에 대해 존스가 만들어낸 개념이다.

존스의 오메가 경영 방식 지도자 이론은 지도력이란 성경에 설명되고 예시되어 있는 것처럼 인간적인 방법의 지도 유형들과 다르다는 것을 우리에게 상기시켜 주고 있다.

「최고 경영자 예수」의 각 장들은 실질적이면서도 영감이 넘치는 소중한 지식을 제공해 준다. 예를 들어, 자아 극복의 강점 부분에서는 예수님께서 당신의 사명에 얼마나 충실하셨는가를 보게 된다. 그분은 자신을 믿으셨다. 그분은 자신의 능력을 잘 관리하셨다. 그분은 고맙다는 말을 자주 하셨다. 그분은 자신의 생각을 표현하였다. 그분은 자신을 낮추려 하셨다. 그분은 자신의 운명을 아셨다. 행동의 강점에서는 예수님께서 인간적인 서열을 깨뜨리신 것을 보게 된다. 그분은 활동 영역을 넓히셨다. 그분은 팀을 만드셨다. 그분은 요약과 비유를 사용해 설명하셨다. 그분은 실존적인 인물이셨다. 그분은 제자들을 훈련시키셨다. 마지막으로, 인간 관계 형성의 강점 부분에서는 우리가 예수님께서 여자에게 능력을 주신 것을 보게 된다. 그분께서는 사람을 동등하게 대하셨다. 그분은 상하기 쉬운 것을 매만지셨다. 그분은 작은 자를 돌보셨다. 그분은 사람들과 잘 어울리셨다. 그분은 마음에 선한 생각만 품으셨다.

우리는 「최고 경영자 예수」의 각 장의 내용이 매우 짧기 때문에 본 책에 4개의 장을 포함시키로 하였다. 처음 2개의 장은 그녀의 책의 배경을 이루는 서론 역할을 하고 있다. 그리고 나머지 2개의 장은 예수님께서 리더십을 어떻게 실천하셨는지를 보여주고 있다.

오늘날 우리 문화는 계속해서 연구하고 자신을 평가하는 지도자를 찾고 있다. 존스는 우리에게 예수 그리스도의 삶은 오늘날의 기업가들에게 수많은 교훈을 제시해 주고 있다는 사실을 상기시킨다. 로리 베스 존스는 성경에는 단지 거룩한 주일뿐만 아니라 월요일에도 우리에게 주는 교훈으로 가득하다는 것을 상기시켜 주고 있다. 성경은 매우 실제적이고 필요 적절하며 영감으로 가득한 책이다.

Laurie Beth Jones의
「최고 경영자 예수」 Jesus CEO에서

서문, 제자들 선발 과정, 나귀를 발로 차지 않음,
"나는 왜 아니냐?"고 말씀하심,

 당신은 아마 남성적이며 권위주의적인 힘에 기초한 알파식 경영 방법에 대해 들어보았을 것이다.
 그리고 여성적이며 상호 협력적인 힘에 기초한 베타식 경영 방법에 대해서도 들어 보았을 것이다.

그런데 나는 지금부터 위의 2가지 경영 방식을 상호 연관시키므로 효과를 증대시키는 오메가식 경영 방법에 대해 소개하고자 한다.

「최고 경영자 예수」 Jesus, CEO: Using Ancient Wisdom for Visionary Leadership는 다음과 같은 3가지의 단순한 전제를 기초로 하고 있다.

1. 한 사람이 장차 세상에 엄청난 영향을 미치게 될 열 두 사람을 훈련시켰다. 그분은 오늘날 그분의 생애를 기준으로 하여 기원전과 기원후로 나누어 기록될 만큼 역사의 분기점을 이루는 중심 인물이다.
2. 그분은 신성(神性)이라고는 조금도 찾아볼 수 없는 완전한 인간인 제자들과 함께 일하였다…. 그들은 비록 배운 것이 없고, 성장 배경이 분명하지 않으며, 성격적으로 다듬어지지 않고 때로는 비겁한 자들이었지만 스승이신 그분께서 자기들에게 행하도록 훈련시키신 과업을 성취하기 위해 세상으로 나갔다. 그들이 이 과업을 행한 중요한 한 가지 목적은 그분과 다시 함께 하기 위해서였다.
3. 그분의 리더십 스타일은 누구나 사용할 수 있는 것이었다.

지금부터 20년 전 내가 산중에 칩거하고 있을 때 최고 경영자로서의 예수님에 대한 개념이 떠올랐다. 그 순간 나는 예수님의 경영 방식에는 많은 여성적인 가치관이 포함되어 있었으며, 그분의 제자들에 대한 접근 방법은 그동안 내가 목격하고 경험해온 다른 경영 방식들과 종종 정면으로 충돌할 때가 있다는 사실을 깨달았다. 그로부터 10년 후 나는 광고업을 시작하여 다양한 계층의 사업가들과 접하면서 회사원들 가운데 집 없는 사람들이 수없이 많다는 사실을 알고는 몹시 당황하였다. 나는 또 인간의 매우 소중한 능력과 지성이 개발되지 않은 채 사장되는 것을 종종 보았다. 뿐만 아니라, 종업원에 대한 학대와 무관심, 그리고 인권 유린에 대한 사례를 수없이 많이 목격하였다. 따라서 나는 이러한 조류를 뒤엎고 모든 계층의 지도자적인 위치에 있는 자들에게 자신은 물론 자기가 관리하는 사람들에게 잠재되어 있는 신성한 탁월성을 재발견할 수 있는 능력을 부여하고자 본 책을 집필하기로 하였다.

나아가 나는 또 리더십과 경영에 관한 거의 모든 서적들이 남성들에 의해 집필되고 있다는 사실에 당혹감을 감출 수 없었다. 그러나 오늘날 우리 나라는 여성 기업가의 수가 매우 빠른 속도로 증가하고 있는 추세이다. USA 투데이지는 최근호에서 머지 않아 여성 기업가들이 포춘지가 선정한 500대 기업의 종업원들의 수를 합한 것보다 많은 인력을 고용하게 되리라고 보고하였다. 사실이지 오늘날 전체 미국 기업 중 거의 80퍼센트가 20명 안팎의 종업원을 거느리고 있다. 분명히 말하지만, 개혁적인 지도자와 경영주들의 관리하에 있는 소규모의 집단이 오늘날 우리 나라의 주된 세력과 희망을 이루고 있다. 기업 세계의 이런 급격하고 근본적인 변화는 내게 과거 어느 때보다도 창조적이고 획기적인 역할 모델의 필요성을 더욱 절실히 느끼게 하였다.

나는 지금 세계가 분열보다는 화합을, 착취보다는 상호 발전을 추구하며, 일방적인 지배보다는 버팀목과 힘이 되어주는 역할을 해주는 지도자를 필요로 하는 방향으로 진행되어 가고 있다는 것을 믿고 있다.

그러한 면에서 내게는 모든 지도자들 가운데 우리 예수님이 가장 고상한 분이라는 생각이 강하게 떠올랐다.

나는 예수님의 "오메가식" 경영 방법이 남성적인 알파식 경영 방식과 여성적인 베타식 경영 방식의 장점만을 결합시킨 것으로 그 각각의 방식보다 월등히 뛰어나다고 믿는다. 왜냐하면, 여성이든 아니면 남성이든, 영적인 능력을 활용할 때 21세기가 요구하는 유능한 지도자가 될 수 있기 때문이다.

빠른 시간 안에 돈을 벌고 싶거나 단시일 내에 경영상 어려운 문제를 해결하고자 하는 사람들에게는 본 책이 거의, 아니 전혀 도움을 주지 못할 것이다. 따라서 나는 수확을 위해 기꺼이 씨를 뿌리고, 사람들이 삶의 대부분을 보내는 일터가 매우 신성하고 비옥한 토양이라는 사실을 인식하는 사람들을 위해 이 책을 쓰고 있다.

## 제자들 선발 과정

당신은 인간적인 면에서 당신과 함께 일하는 새로운 동료가 천사와 같은 성품과 능력을 가진 자들이기를 바랄 것이다.

그러나 첫 번째 사람은 하늘 나라의 빛을 발하는 것이 아니라 하수구와 죽은 물고기에게서 나는 것과 같은 썩은 냄새가 나는 사람이었다.

그리고 다음 사람도 대학 출신의 엘리트가 아니라 모든 사람에게 증오의 대상이 되는 정부의 이름으로 세금을 징수하는 사람이었다. 이러한 선발 과정은 계속 마찬가지이다. 앞으로 선발될 스태프와 추종

자들은 나무 위에 올라 가거나 빈민가에서, 그리고 부둣가에서 뽑히는 자들이다.

당신은 몇 명의 선발된 자들을 주시할 때 그들이 당신보다 더 오래 살 것이며, 당신 혼자의 힘으로는 불가능한 세상을 변화시키는 일을 그들과 함께 해야만 한다는 사실을 깨닫게 될 것이다. 당신이 그들을 훈련시킬 수 있도록 주어진 기간은 단 3년이다. 그것을 위해 당신은 어떻게 하겠는가?

이것이 바로 젊은 지도자이신 예수님께서 직면하신 난제였다. 우리 가운데 많은 사람들처럼 목적을 달성하기 위해서는 다른 이들의 도움을 필요로 하는 젊은 지도자로서 말이다.

나는 예수님의 리더십에 대해 연구하면서 최초의 오메가식 경영 방식의 지도자인 그분께는 3가지 영역에 있어 탁월한 강점이 있었다는 사실을 깨닫게 되었다.

그것은 다음과 같다.

자아 극복에 있어서의 강점
행동에 있어서의 강점
인간 관계 형성에 있어서의 강점

아마 당신은 위의 3가지 영역 가운데 한 두 가지에 있어서는 강한 면모를 보이고 있을지 모른다. 그러나 경영에 있어 성공을 거두기 위해서는 이 3가지 전체의 균형 있는 결합이 요구된다. 예를 들어, 의사가 자기 관리와 행동에는 뛰어난 능력을 갖추었지만, 인간 관계에 있어서는 기술이 서툴다면 그는 자기의 직무를 수행하는 데 커다란 제약을 받을 것이다. 마찬가지로, 우리는 인간 관계와 행동에 있어서는 뛰어난 능력을 갖추었음에도 불구하고, 자기 관리에 허술하여 하루 아침에 몰락한 정치 지도자들을 너무나 잘 알고 있다.

따라서 본 책의 목적은 3가지의 각 영역에 있어 당신의 의식을 고양시키고, 당신으로 하여금 이러한 모든 영역을 완벽히 갖추도록 돕는 데 있다.

## 나귀를 발로 차지 않음

구약 성서는 우리에게 발람 선지자에 대한 이야기를 들려주고 있다. 그가 다른 사람을 저주하려는 그릇된 사명을 완수하고자 했을 때 길을 가고 있던 그의 나귀가 갑자기 멈추었다. 발람 선지자가 아무리 채찍질을 해도 나귀는 꼼짝도 하지 않았다. 나귀가 없이는 발람 선지자가 자기의 임무를 완수할 수 없었다. 그는 계속해서 나귀를 가혹하게 때렸다. 이것은 분명히 공포와 위협을 통해 다스리는 경영 기법이다. 마침내 나귀는 이렇게 항변하였다. "도대체 나를 때리는 이유가 무엇이지요? 나는 최근 몇 년 동안에 걸쳐 충성스럽게 당신을 위해 봉사한 것밖에 없는데요." 그때 천사가 나타나 발람에게 다음과 같이 말하였다. "바보 같으니라구! 당장 그만두지 못해! 나귀도 내가 여기에 서 있는 것을 볼 수 있다. 나귀는 네 생명을 구해준 은인이다. 만약 네가 이 사명을 실천했다면 너는 벌써 죽었을 테니까. 솔직히 말해, 내가 나귀만 살려두고 너는 죽였을 것이다." 천사는 이렇게 말하고 홀연히 사라졌다. 나는 발람이 나귀를 이끌고 외양간으로 돌아가는 동안 줄곧 나귀에게 입맞춤을 해 주었으리라는 것을 상상해 본다.

하나님께서 우리에게 다른 길을 보여주시기 위해 저지하시는 것과 단지 용기를 시험하는 것을 구분하는 것은 결코 쉬운 일이 아니다. 당신이 힘들이지 않고도 당신에게 반대가 되는 세력을 극복할 수 있다면, 그것은 아마 하나님의 뜻을 거역하는 것이 아닐 것이다. 그러나 만약 당신이 무엇인가를 행하기 위해 모든 방법을 동원했는데도 그것이 실현되지 않을 때는 틀림없이 어디에선가 천사가 그것을 방해하고 있는 것이니, 나귀를 절대 때려서는 안된다. 그럴 때는 잠시 마음을 가다듬고 꽃 향기를 맡으며 자신의 행로와 사명에 대해 다시 한번 생각하도록 하라.

로마 군인들이 예수님을 체포하러 왔을 때, 베드로는 즉각적인 방어자세와 함께 폭력적인 무력을 취할 자세를 갖추었다. 베드로는 실제 한 병사의 귀를 칼로 쳤다. 이것은 예수님께 로마 군인들로부터의 체포를 피할 수 있는 절호의 기회가 되었지만, 그분은 로마 군대가 당신에 대한 계획의 일부가 되고 있다는 것을 아셨다. 그리하여, 로마 군대라는 "나귀"를 발로 걷어차지 않으셨다. 그분은 당신에 대한 때가 왔음을 아셨던 것이다.

의학 박사인 버니 시겔은 자기가 진료하는 암환자들에게 "당신은 왜 이 병에 걸렸습니까?"라고 질문하여 그들을 깜짝 놀라게 한다. 그는 우리의 몸이 상할 때 거기에는 우리에게 주는 중요한 의미가 내포되어 있지만, 우리는 지금까지 계속해서 그것을 무시해 왔다고 주장한다. 시겔 박사에 의하면 인간은 누구나 병에 걸리는 것을 원하지 않는 데, 이에 비해 많은 암환자들은 암이야말로 자기들에게 있어 가장 유익한 것이었다고 말한다고 한다. 그들은 삶의 진정한 의미를 발견하고, 사랑하는 사람들에게 자기의 감정을 표현하는 법을 배우게 된다. 그들은 방금전까지만 해도 너무 바쁘다는 이유로 손에서 놓았던 미술용 화필을 다시 잡게 된다. 이와 같이 질병이 우리에게는 하나의 축복이 될 수 있다.

자동차 타이어가 펑크나거나 비행기를 놓치거나 약속 위반으로 중대한 프로젝트를 연기시키는 일, 우리의 요구에 대해 거부로 일관하는 은행 직원, 이 모든 것들은 우리에게 있어 자신도 모르게 위험 속으로 빠져 들어가는 것을 막아주는 나귀가 될 수 있다.

당신이 진리로부터 한없이 멀리 떨어져 있다고 느껴질 때, 당신은 사실 그것에 매우 가까이 있는 경우가 많다. 그리고 당신이 지구상에서 가장 높은 위치에 있다고 생각할 때, 그것이 당신에게는 매우 위험한 장소가 될 수 있다.

당신이 타고 가는 나귀가 갑자기 멈추어 더 이상 움직이기를 거부한다 할지라도 나귀를 발로 걷어차지 마라. 그럴 때는 나귀의 등에서 내려 노정에 천사가 서 있지 않은지를 살펴 보도록 하라. 결국 나귀가 당신의 생명을 죽음의 위기에서 구해줄 수도 있다(나귀의 귀가 큰 것에는 분명한 이유가 있는 것이다).

■ 질문 :
당신의 삶 가운데 당신이 목적을 성취하는 것을 방해하는 것으로 가장 생생하게 기억되는 상황이 있다면 무엇인가?

■ 질문 :
당신을 "훼방하는 나귀"가 실제로는 당신을 위험으로부터 보호해 준 적이 있다면 언제인가?

## "나는 왜 아닐까?" 라고 질문하심

어떤 불행한 일이 닥칠 때 제일 먼저 떠오르는 생각이, "주님, 왜 내게 이런 일이 일어나야 합니까?"라는 물음이다. "지붕 위의 바이올린"이라는 연극에서 테비란 노인이 "하나님, 저는 우리가 선택받은 백성이라는 것을 압니다. 그러나 잠시 동안이라도 다른 사람을 대신 택하실 수는 없는지요?"라고 부르짖는 것처럼 말이다.

그런데 "나는 왜 아닐까?"라는 질문은 리더십과 개인의 성숙에 있어 반드시 있어야 하는 요소가 된다. 나의 친구인 캐서린은 TV를 통해 하나님께서 끔찍스런 비행기 추락 사고나 고속도로의 연쇄 충돌 사고로부터 사람을 살려 주셨다는 소식을 들을 때면 두 눈을 동그랗게 뜨며, "이것은 하나님께서 사고로 죽은 사람들은 사랑하지 않으셨다는 뜻이 잖아?"라고 의심 섞인 질문을 한다. 하나님께서 의로운 자만을 축복하시고, 악인은 저주하신다는 견해는 우리에게 즉각 다음과 같은 질문을 하게 한다. "그렇다면 예수님께서 젊은 나이에 그토록 고통스러운 죽음을 당하신 것은 어찌된 일인가?" 선과 악에 대한 하나님의 생각은 우리가 이해할 수 없을 정도로 매우 넓으며, 그분께서는 어느 누구도 온전히 헤아릴 수 없는 영원한 계획을 갖고 계신다. 사실, 하나님께서 우리에게 원하시는 것을 기꺼이 행하고자 하는 우리의 의지야말로 영적인 리더십의 기준이 된다.

예수님께서는 자기의 포도밭을 농부들에게 맡기고 타국으로 떠난 부유한 소작인에 대한 이야기를 비유로 들려주셨다. 땅 주인은 자기의 토지가 잘 경작되고 있는지의 여부를 알아보기 위해 먼 나라에서 종들을 계속 보냈지만 그들은 무시와 학대를 당하고, 심지어는 구타와 돌로쳐 죽임을 당했다는 보고만이 돌아왔다. 나는 여기에서 토지 소유주의 맏아들인 예수님께서 당당하게 앞으로 나아가, "아버지, 왜 나를 보내시지 않으세요?" 라고 말씀하시는 모습을 상상할 수가 있다.

다윗 역시 거인 골리앗이 모욕적인 말을 하며 도전해 와 모든 이스라엘 백성이 장막 안에서 공포 가운데 떨고 있을 때 이와 똑같은 말을 하였다. "아무도 앞으로 나갈 사람이 없습니까? 나를 보내주세요."

"왜 나는 아닌가?" 라는 질문은 축복의 경우에도 똑같이 적용된다. 당신은 훌륭한 운동 선수나 사업가들처럼 어떠한 부분에서 성공을 누리고 있는 사람들을 보고, "왜 나는?" 이란 질문을 품은 적이 분명 있었을 것이다.

지금부터 1년 전 나의 어머니는 애리조나 주의 세도나에 있는 화랑을 방문한 적이 있다. 그때 어머니가 거기에서 일하며 지내는 여자에게 그토록 아름다운 곳에서 사니 얼마나 행복하냐며 감탄사를 연발하자, 그녀가 "그럼 이곳으로 이사를 오세요."라고 말하였다. 어머니는 그곳에서 살만한 형편이 못된다고 답변을 하였다. 그러자 그녀는 웃으며 다음과 같이 말하였다. "당신은 제가 돈이 굉장히 많은 줄로 생각하시는 모양인데, 절대 그렇지 않습니다. 다만 저는 어느 날 제가 살고 싶어하는 이곳에서 살아야겠다는 굳은 각오를 하고 이사를 왔지요. 당신도 그렇게 하시면 되잖아요." 그러면서 어머니께 부동산 중개소의 명단이 기록되어 있는 목록을 주었다. 어머니는 집으로 돌아오는 동안 내내 마음 속으로, '그녀는 세도나에서 살고 있는데, 나라고 살지 못할 이유가 없지.' 라는 생각을 하였다. 어머니는 줄곧 기도하는 마음으로 엘 패소El Paso에 있는 집으로 돌아와 그동안 34년이나 살아온 집을 내놓았다. 평소에 우리집을 갖고 싶어하던 남자에게 그 날 당장 팔렸으며, 어머니는 채 두 달이 안되어 세도나에 있는 새 집의 발코니에서 차를 마실 수 있게 되었다.

　최근에 내가 하고 있는 정신적인 훈련 가운데 하나는 자신이 정말로 하고 싶어하는 것을 하며 살아가는 사람들을 보고, "그들은 하는데, 나는 왜 하지 못할까?"라는 질문에 대한 답변을 찾는 것이다. 그러나 이것은 시기나 질투, 또는 악의로부터 나오는 것이 아니다. 그것은 우리 가운데 아무도 태어날 때부터 계급이 정해지는 것이 아니며, 살아가면서 쌓이는 유익이나 축제와 같은 상황을 통해 기쁨을 누릴 수 있다는 사실을 깨닫는 것이다.

　진정 예수님께서는 우리를 위대한 천국 잔치로 인도할 살아 있는 초대장이시다. 거기에 참석하기 위해서 우리에게 요구되는 유일한 조건은 초대장을 받아들이는 것이다.

"모세도 거기에 가고 있고, 다윗도 가고 있으며, 왕후 에스더도 가고 있고, 예레미야와 그 밖의 다른 모든 무리들이 다 가고 있다. 그렇다면 나라고 가지 못할 이유가 어디 있겠는가?"

■질문 :
당신은 다른 사람의 성공에 대해 질투심을 느낄 때가 있는가?

■질문 :
당신이 그러한 성공을 누리기 위해서 할 수 있는 것이 있다면 무엇인가?

## 10장

우리가 '시(詩)'를 상상력을 최대한 발휘하여 문제의 핵심을 간단 명료하게 표현하는 경제적인 단어 사용이라고 정의할 때, 맥스 드 프리 Max De Pree는 기업의 총수임과 동시에 위대한 시인이라 할 수 있다.

드 프리는 1980년부터 1987년까지 헤르만 밀러사의 회장을 지냈으며, 성경의 원리와 그리스도에 대한 자신의 신앙에 기초를 둔 뛰어난 리더십으로 지금까지 성공적인 삶을 살아오고 있다. 수 십년 동안 미국에서 가장 존경받고 많은 이익을 남기는 가구회사 가운데 하나인 헤르만 밀러사의 성공으로 드 프리는 포춘지가 선정한 전국 기업인 명예의 전당에 오르는 영예를 차지하기도 하였다. 그가 베스트 셀러 작가가 될 수 있었던 것은 사업에 대한 아이디어와 그것을 기술적으로 표현할 수 있는 뛰어난 능력 때문이다.

그의 첫 번째 책인, 「리더십의 예술」 Leadership is an Art은 1990년 출간되어 리더십에 대해 연구하는 사람들의 필독서가 되고 있다. 책의 표제가 말해 주듯이, 드 프리는 자칭 최고 권위자라고 말하는 자들의 관심을 끌 수 있을 만한 충분한 리더십의 지식적인 면이 아닌 예술성에 대해 집중적으로 다루고 있다. 대다수의 리더십에 관한 책들이 지도자의 역할을 중심으로 쓰여진 반면, 본 책은 지도자가 감당해야 할 부채에 초점을 두고 있다.

드 프리는 본 책이 "실용적인 것보다는 아이디어에 관한 책"이라는 것을 인정하고 있다. 그러나 우리가 드 프리의 아이디어를 실천에 옮길 때 우리는 "가장 효과적이며 인간이 할 수 있는 가능한 방법 안에서 사람들에게 요구되는 것을 그들에게 할 수 있게 하므로" 리더십이 갖고 있는 예술성을 성취하게 된다.

「최고 경영자 예수」 Jesus, CEO라는 책과 마찬가지로, 드 프리는 리더십의 예술성은 성경이 정의하고 있는 것처럼 리더십에 대한 인간의 정의와는 다르다는 사실을 보여주고 있다. 성경에 바탕을 둔 리더십은 우리에게 피지도자의 삶 가운데 의미 있는 변화를 일으켜야 할 막중한 의무를 제시한다.

그런데 드 프리는 본 장에서 다소 새로운 방법, 다시 말해, "재산과 유산, 실천과 효과, 예의와 가치관"이라는 관점에서 주로 리더십에 대해 정의하고 있다. 그러나 이 책의 나머지 장들과 마찬가지로, 본 장을 가볍게 스치고 넘어가서는 안된다. 여기에 기록된 내용은 한번에 들이 마시는 것이 아니라 커피를 한 잔 마시면서 맛을 음미하며 숙고해야 할 이야기이다.

느긋한 자세로, 천천히 읽어가며, 깊이 생각하라.

Max De Pree의
「리더십의 예술」 Leadership is an Art에서

## 리더십이란?

지도자에게 있어 가장 우선적인 책임은 현실을 정확히 파악하는 것이다. 그리고 마지막에 해야 할 책임은 감사의 말을 하는 것이다. 그 2가지 사이에서 지도자는 종과 채무자가 되어야 한다. 이것은 훌륭한 지도자가 되기 위해서 반드시 요구되는 과정이다.

리더십에 관한 개념과 아이디어, 그리고 리더십에 대한 실천은 오늘날 다양한 견해와 토론, 그리고 서적과 가르침과 배움의 주제가 되고 있다. 사람들은 진정한 지도자를 추구하며 키워내고 있다. 리더십이란 설명하기에 그렇게 단순한 주제가 아니다. 나의 친구 가운데 하나는 지도자의 특징에 대해 다음과 같이 짧게 정의하였다. "지도자란 고통을 지우는 것이 아니라 대신 지는 자이다."

우리가 리더십에 대해 이렇게도 신중하게 생각하는 목적은 위대하고 카리스마적이고 유명한 지도자를 만들기 위한 것이 아니다. 리더십에 대한 평가 기준은 두뇌의 우수성이 아니라 몸 안에 스며들어 있는 품격이다. 훌륭한 리더십은 무엇보다도 그를 추종하는 자들에게서 나타난다. 그를 따르는 자들에게 잠재력이 있는가? 그들이 배우는 것에 열정을 갖고 있는가? 그들에게 섬김의 모습이 나타나는가? 그들에게서 필요한 결과가 성취되고 있는가? 그들에게서 바람직한 변화가 일어나고 있는가? 그들이 갈등 문제를 잘 해결하고 있는가?

필자는 당신에게 리더십의 개념에 대해 다음과 같은 관점에서 생각해 볼 것을 권한다. 그것은 누가가 복음서에 기록하고 있는 것처럼 지도자에 대해 "섬기는 자"라는 관점에서 생각하는 것이다. 리더십에는 자기가 속한 공동체에 빚을 지고 있다는 개념이 내포되어 있다. 이것은 리더를 공동체의 상속인, 즉 소유자와 대비되는 청지기적인 관점으로 보는 견해이다. 로버트 그린리프 Robert Greenleaf의 명저인 「청지기적 리더십」 Servant Leadership이라는 책에는 이러한 개념에 대해 잘 묘사되어 있다.

우리가 리더십이라는 예술을 이해하기 위해서는 관계, 즉 자산과 유산, 실천과 효과, 예의와 가치관의 관점에서 청지기로서의 지도자에 대해 생각해야 한다.

지도자는 자산과 유산을 남겨야 한다. 먼저 자산에 대해 생각해 보도록 하자. 지도자는 분명히 자산 가치가 있는 부채를 안고 있다. 지도자는 자기가 속한 공동체에 있어 매우 중요한 재정과 건강한 재정 상태를 지속시켜 나갈 수 있는 상호 관계와 신용이란 빚을 지고 있다. 지도자는 자기가 관리하고 있는 조직의 구성원들이 자기의 책임을 다하기 위해 필요한 적절한 서비스와 도구, 장비를 제공해 주어야 한다. 뿐만 아니라, 지도자가 토지와 시설을 제공해야 하는 책임까지 져야 하는 공동체도 많이 있다.

그러면 이 외에 지도자가 지고 있는 부채에는 어떠한 것들이 있는가? 훌륭한 지도자가 져야 할 책임에는 어떤 것들이 있는가? 분명히 말하지만, 가장 중요한 것은 바로 사람이다. 중요한 모든 것들 가운데 심장부와 영혼과 같은 역할을 하는 것이 사람이다. 사람이 없다면 지도자가 필요치 않을 것이다. 지도자는 자기가 속한 공동체의 상속인들에게 자산을 물려주는 것에만 주된 관심을 기울일 것인지, 아니면 그 이상으로 사람들의 삶 가운데 자기가 줄 수 있는 보다 커다란 의미와 많은 도전과 기쁨을 제공해 주는(인생의 질적인 측면을 깊이 생각하는) 유산을 남길 것인지의 여부를 결정해야 한다.

지도자는 자기가 속한 공동체에 대해 자산이란 부채를 지고 있을 뿐만 아니라 공동체에 속한 사람들에 대해서도 몇 가지 부채를 지고 있다. 지도자는 자기가 속한 공동체의 구성원들에게 행동의 지침이 되는 원리와 기준을 제공해 주는 공동체의 가치 체계에 관심을 기울여야 한다. 지도자에게는 자기가 속한 공동체의 가치관을 명확하게 진술해야 할 책임이 있다. 이러한 가치관은 공동체에 속한 사람들로부터의 폭넓은 이해와 동의를 필요로 하며, 기업 활동과 개인 행동의 규범이 되어야 한다. 그렇다면 이러한 가치 체계의 근거는 무엇인가? 그것은 어떻게 표현되어야 하는가? 그것은 어떻게 검토되어야 하는가? 이러한 것들은 결코 해결하기 쉬운 질문이 아니다.

지도자는 '자유'를 위해 사람들에게 공간을 제공해야 할 빚을 지고 있다. 이것은 사람들에게 자신의 재능을 마음껏 활용할 수 있게 해준다는 의미에서의 자유를 말한다. 지도자는 성장하고, 자기 세계를 추구하며, 다양한 능력을 실천할 수 있는 공간을 제공해야 한다. 우리는 서로에게 아이디어와 자신에 대한 개방, 존엄성, 기쁨, 그리고 치유 및 참여와 같은 위대한 것들을 함께 나눌 수 있는 공간을 주어야 한다. 또한 서로 이러한 공간이란 선물을 줄 때는, 각자가 마땅히 누려야 할 은혜와 아름다움이란 선물도 함께 주어야 한다.

우리는 "만약 이러한 부채가 없다면 이 공동체가 지금과 어떻게 달라졌을 것인가?"란 질문을 통해 지도자가 가지고 있는 또 다른 부채가 무엇인지를 생각할 수 있다.

지도자에게는 실천해야 할 것에 대해 강한 동기를 제공하고 그것을 계속 유지해야 할 의무가 있다. 리더십에는 미래에 대한 많은 부채가 수반된다. 그러나 당장 실천하지 않으면 안되는 의무 역시 그에 못지 않게 많이 있다. 실천을 위한 최초의 동기는 그 의무 중 하나가 된다. 활기차게 운영되는 기업체에서 이러한 실천은 매우 눈에 띄게 드러난다. 이것은 결코 추상적이거나 모호한 것이 아니다. 그것은 공동체를 이루고 있는 사람들 사이에 그들의 삶과 일이 서로 조화를 이루어 분명하고 합당한 목표를 향해 진행되어 가고 있다는 분위기를 느끼게 하는 것이다. 강한 동기의 시도는 적극적인 경영 전략의 개발과 기회의 활용에 헌신적인 노력을 쏟는 유능한 리더십과 경영진에 의해 시작된다. 과감한 시도를 위한 힘을 응집시킬 수 있는 환경을 조성하는 것이야말로 경영진의 중요한 임무이다.

강한 동기의 시도는 기업이 마땅히 지향해야 할 목표에 대한 분명한 비전, 다시 말해 그러한 비전을 성취하기 위해 충분히 검토된 전략과 대화를 통해 신중히 고려된 지침과 계획으로부터 비롯된다. 이것은 목표의 달성을 위해 모든 사람이 참여하여 공동으로 책임을 지게 되는 것이다.

목표 달성을 위한 철저한 시도는 탁월한 은사와 특별한 재능을 지닌 사람들에 의해 주도되는, 적절하면서도 융통성 있는 연구와 개발 프로그램의 영향을 받는다. 기업에 마케팅과 영업 분야에 적극성과 전문성과 열정을 갖춘 사람들이 있을 때 목표 달성을 위한 노력에 박차가 가해진다. 기업의 영업 파트를 담당한 직원들이 자기들의 회사가 기구와 설비와 서비스에 있어 최고의 제공자라는 것을 인정하도록 고객을 섬길 때 목표 달성을 위한 노력에 더욱 탄력이 붙는다. 이처럼 복합적인 활동들을 뒷받침해 주기 위해서는 재무팀의 역할 또한 필수적이다. 재무팀은 재정에 관한 지침과 균형 있는 재정 관리를 위해 반드시 필요한 비율을 제시하는 역할을 한다. 따라서 재무팀은 기업이란 공동체를 구성하고 있는 다양한 부서들 사이에 차별 없이 공정성을 유지해야 할 책임이 있다.

지도자에게는 효과를 가져와야 하는 책임이 있다. 효과에 대해서는 지금까지 많은 책들이 출판되었지만, 그 가운데 뛰어난 것으로 피터 드루커 Peter Drucker의 책을 꼽을 수 있다. 그에게는 개념을 간단하면서도 명료하게 표현하는 뛰어난 능력이 있다. 그의 표현 가운데 다음과 같은 말이 있다. "효율이 일을 제대로 하는 것이라면, 효과는 올바른 것을 하는 것을 의미한다."

따라서 일의 능률적인 면, 효율적인 면은 다른 사람에게 위임할 수 있지만, 효과적인 측면은 지도자가 직접 맡아야 한다. 물론 여기에는 "어떻게?"라는 질문이 당연히 수반된다. 일의 효과를 가져오는 방법에 대해서 여러 장에 걸쳐 장황하게 이야기할 수 있겠지만, 나는 여기에서 2가지의 방법에 대해서만 언급하고자 한다.

첫째는 다른 사람으로 하여금 잠재력(그것이 개인적인 것이든 아니면 기업이나 기관이 갖고 있는 것이든)을 발휘하도록 도와줄 때 효과가 나타난다는 사실을 이해하는 것이다.

남태평양의 일부 문화권에서는 사람이 일시적으로 자기의 권위를 주장할 때 조개 껍질을 들고 말하도록 되어 있다. 따라서 지도자는 조개 껍질을 들고 있는 사람이 누군지, 다시 말해 그 순간에 누구의 말에 귀를 기울여야 할 것인지를 알아야 한다. 이것은 사람들로 하여금 모든 사람의 유익을 위해 자기의 능력을 최대한 활용할 수 있게 한다.

물론 지도자는 종종 앞에 나서서 이야기할 사람을 선택해야 할 때가 있다. 어떤 면에서 이것은 리더십이 갖고 있는 모험이기도 하다. 지도자는 능력을 평가할 수 있는 사람이어야 한다. 지도자는 사람을 판단할 수 있는 사람이어야 한다. 왜냐하면 지도자는 단순한 지위나 직책이 아니기 때문이다.

효과를 향상시키는 또 한 가지의 방법은 특정한 상황에서 나타나는 욕구를 충족하도록 장려하는 것이다. 리더십은 상황과 때에 따라 다양하게 제기되는 욕구를 충족시키고, 그것에 대해 표현되어야 한다. 상황 대처에 뛰어난 지도자는 이와 같이 어떤 상황 속에서도 지도력을 행사할 수 있는 특별한 은사나 능력, 또는 자질을 갖고 있다. 따라서 그들은 자기들을 추종할 준비가 되어 있는 사람들로부터 그러한 능력을 충분히 인정받는다.

지도자에게는 예의를 중시하고 가치관을 개발하고 표현해야 할 책임이 있다. 의식이 개화된 공동체나 기업체에는 훌륭한 예절과 인간에 대한 존중, 우수한 제품에 대한 안목과 서로의 섬김에 대한 감사가 살아 있다.

예의는 유행을 좇는 것과는 반대로, 곧 확고한 가치관의 정립과 일치한다. 우리는 예의를 진정으로 건강한 것과 단지 겉으로만 살아있는 것처럼 보이는 것을 분별할 수 있는 능력으로 정의할 수 있다. 지도자는 생명력이 있는 것과 죽어 있는 것을 구분할 수 있어야 한다.

이상과 소망, 그리고 기회가 가져다 주는 위대함을 발견하지 못하는 것과 필요한 존재가 될 수 있는 권리를 상실하는 것은 곧 죽음의 경계선에 닿아 있다는 것을 의미한다. 물건과 이상을 마구 버리고 원리와 법규를 무시하며, 사람과 가정을 포기하는 유기 정신에 사로잡히는 것은 곧 죽음을 향해 치달아 가는 것이다.

소비하고 낭비하며, 눈 앞에 보이는 당장의 만족에 빠져드는 것 역시 죽음의 경계선에 가까이 와 있는 것이다.

마지막으로 노동의 존엄성과 단순성의 소중함, 그리고 서로가 섬겨야 하는 본질적인 책임을 무시하는 것 역시 죽음 가까이에 와 있는 것이나 마찬가지다.

판사인 올리버 웬델 홈즈는 '단순함'에 대해 다음과 같이 말했다고 한다. "나는 단순한 것을 복잡하게 만들고 싶은 생각은 조금도 없지만, 복잡한 것을 단순화시키기 위해서라면 어떠한 노력도 아끼지 않겠다."

복잡한 것에서 단순함을 추구하는 것이야말로 삶을 되찾는 길이다.

공동체의 유지와 규정, 제도, 그리고 무의미한 숫자의 표시에 지나치게 많은 에너지가 소모되고 있는 듯한 오늘날에 있어 지도자가 된다는 것은 마치 복잡성과 모호성, 그리고 다양성을 특권처럼 누리는 것이 되고 있다. 그러나 진정한 지도자가 된다는 것은 자신에게 지도자로서의 역할을 허용한 사람들의 소중한 삶 가운데 의미 있는 변화를 가져다줄 수 있는 기회를 갖게 되는 것을 의미한다.

## 11장

존 맥스웰 John Maxwell은 1970년대 젊은 목회자로서 건강한 교회를 위한 효과적인 리더십의 중요성을 발견하게 되었다. 그러한 리더십이 없었다면, 교회들은 이미 사라졌거나 제 기능을 발휘하지 못하고, 긍정적인 측면에서의 영향력을 거의 주지 못했을 것이다. 그러나 뛰어난 리더십이 있었기 때문에 교회는 지금까지 개인의 삶과 사회 전체를 변화시키며 번창해 왔다.

그리하여 맥스웰은 리더십에 대한 평생 연구 작업을 시작하였다. 그는 리더십에 대해 많은 것을 깨달을수록, 다른 목회자들과 함께 그러한 지식을 나누어야겠다는 충동을 강하게 느꼈다. 따라서 그는 리더십에 관한 책을 쓰고, 세미나를 인도하며, 강연을 하기 시작하였다. 동기 유발에 대한 강사와 작가로서의 그의 뛰어난 기술은 실질적이고 기억하기 쉬운 방법으로 지식을 전달하는 그의 능력과 어우러져 맥스웰로 하여금 목회자로서뿐만 아니라, 리더십에 관한 권위자로서의 명성을 얻게 하였다.

리더십에 관한 맥스웰의 메시지는 주로 목회자를 대상으로 한 것이었지만, 그것은 그들이 속한 조직의 구조와 상관 없이 리더십(또는 목표 의식)에 대한 책임을 지고 있는 사람들 누구에게나 적용이 된다. 한편으로, 맥스웰의 저서는 특히 기업을 운영하는 이들로부터 공감을 얻어 전세계에서 베스트셀러가 되고 있다.

맥스웰은 1991년 출간된 「당신 안에 잠재된 리더십을 키우라」 Developing the Leader Within You는 책의 서문 가운데, "모든 것의 성패는 리더십에 달려 있다."고 기술하고 있다. 그는 '거의 모든 것'이라고 말하지 않고, '모든 것'이라고 말하였다. 마찬가지로, 당신의 성공 수치 ― 당신의 주위에 있는 사람들의 성공 수치 역시 ― 는 당신의 리더십 기술 여하에 의해 결정된다.

맥스웰은 "태어날 때 지도자의 자질을 갖고" 세상에 나오는 사람이 있는 반면, 리더십은 기술과 같은 것이어서 발견되는 것이 아니라 개발되는 것이라고 말하고 있다. "'지도자의 자질을 갖고 태어나는' 사람이 있는 것은 분명한 사실이다. 그러나 정상의 자리를 유지하기 위해서는 리더십이 갖고 있는 자연스러운 특징을 개발시켜야 한다."

이 책은 리더십 기술의 개발을 위한 방법을 제시해 주고 있는데, 특별히 본 장은 성경의 원리에 기초한 리더십의 가장 기본적인 특징 가운데 하나인 태도에 대해 다루고 있다.

맥스웰은 그의 책 가운데 다음과 같이 기술하고 있다. "태도가 우리를 위대한 지도자로 만드는 자산이 되는 것은 아니다. 그러나 태도가 바르지 않고는 우리가 자신의 잠재력을 결코 최대로 활용할 수 없다. 태도는 우리에게 그릇된 사고를 갖고 있는 자들보다 다소 유리한 자리를 차지하게 한다."

우리는 나쁜 태도를 갖는 것이 잘못된 것이라는 것을 안다. 이것에 대해 우리는 부모님께 수없이 많은 것을 배운다. 그러나 맥스웰은 우리가 부모님으로부터 배우지 못한 것들을 골라 태도의 가장 핵심적인 실체, 다시 말해, 좋은 태도와 나쁜 태도를 잘 분별해야 할 것을 촉구하고 있다. 맥스웰은 그의 전통적인 방식에 따라, 우리로 하여금 성경의 기준에서 벗어나는 행동들을 변화시키도록 하기 위한 행동 계획과 함께 결론을 맺고 있다.

John Maxwell의
「당신 안에 잠재된 리더십을 키우라」
Developing the Leader Within You에서

## 리더십에 따르는 특별한 장점 — 태도

나는 리더십 세미나에서 강의를 할 때 참석자들에게 종종 다음과 같은 과제를 준다.

1. 당신이 아주 존경하는 친구의 이름을 적으십시오.

2. 그 친구에 대해 당신이 가장 존경하는 점을 한 가지 쓰십시오.

_____

_____

척 스윈돌 Chuck Swindoll은 이렇게 말하였다. "나는 나이를 먹으면서 삶에 대한 태도가 내게 얼마나 많은 영향을 미치고 있는가를 더욱 절실히 느끼게 된다. 내게 있어 삶에 대한 태도는 다른 어떤 것보다도 중요하다. 내게 있어 태도는 과거보다도, 교육보다도, 돈보다도, 환경보다도, 실패나 성공보다도, 그리고 다른 사람들이 생각하고 말하고 행동하는 것보다도 더 중요하다. 태도는 외모나 재능이나 기술보다도 중요하다. 태도는 회사나 교회나 가정을 훌륭하게 세우거나 혹은 파괴하는 역할을 할 수 있다.

우리는 그 날 하루를 어떻게 살아갈 것인지에 대한 태도를 결정하는 선택권이 전적으로 자신에게 달려 있다는 사실을 기억해야 한다. 우리는 과거를 바꾸어 놓을 수 없다. 우리는 다른 사람의 행동 방식도 변화시킬 수 없다. 우리는 자신의 의도와 다르게 일어나는 것들을 바꿀 수 없다. 우리가 할 수 있는 유일한 것은 우리에게 주어진 한 줄로 된 악기를 연주하는 것인데, 그것은 바로 우리의 태도이다. 나는 내게 일어나는 것들 가운데 10퍼센트는 내가 직접 행한 것이고, 나머지 90퍼센트는 나의 반응에 의한 것이라는 사실을 굳게 믿고 있다. 이것은 당신 역시 마찬가지일 것이다. 우리는 각자 자신의 태도에 책임을 가진 사람들이다."

우리의 태도가 삶 가운데 장점을 이루는 요소로 작용하는 것처럼, 다른 사람들을 지도할 때에도 차이점을 가져온다. 리더십은 지위보다 마음가짐과 더 직접적인 관련이 있다. 지도자의 태도는 그것이 자기를 따르는 사람들의 생각과 감정에 영향을 준다는 점에서 대단히 중요하다. 올바른 태도는 사람들로 하여금 정확하게 반응할 수 있는 분위기를 만들어 낸다는 사실을 위대한 지도자들은 알고 있다.

### 태도는 우리의 가장 중요한 자산임

태도가 우리를 위대한 지도자로 만드는 자산이 되는 것은 아니다. 그러나 훌륭한 태도 없이 우리는 결코 자신의 잠재력을 충분히 발휘할 수 없다. 훌륭한 태도는 우리를 그릇된 사고를 갖고 있는 사람들보다 조금 더 탁월하게 해주는 "잉여의 소중한 가치가 있는 것"이다. 월트 에머슨은 말하기를 "우리에게 뒤떨어져 있는 것과 우리보다 앞서 있는 것은 우리 안에 있는 것과 비교할 때 그닥 중요한 것이 되지 않는다."고 하였다.

미국 기업에 대한 1983년판 코스 보고서에 의하면 포춘지가 선정한 500대 기업의 중역들 가운데 94퍼센트가 자신의 성공에 대한 요인을 다른 어떤 것보다도 태도에 돌리고 있다고 한다.

샌프란시스코에 있는 로버트 하프 인터내셔널 컨설팅 회사는 최근 미국 100대 기업의 부사장과 인사 담당자들을 대상으로 종업원을 해고시킬 때 가장 큰 이유로 작용하는 것이 무엇인지를 물어 보았다. 그들의 답변은 매우 흥미로웠고, 기업 세계에서 태도가 얼마나 중요한 것인지를 다시 한번 보여주었다.

- 무능력 : 30퍼센트
- 동료 근로자들과의 협동심 부족 : 17퍼센트
- 부정직 또는 거짓말 : 12퍼센트
- 부정적 태도 : 10퍼센트
- 동기 부족 : 7퍼센트
- 지시 사항에 대한 불이행 혹은 거부 : 7퍼센트
- 기타 다른 이유 : 8퍼센트

비록 무능력이 이 가운데 첫 번째 이유가 되고 있지만, 나머지 5가지 이유들은 모두 태도와 관련된 것이라는 사실을 주목하라.

카네기 재단은 최근 1만 명의 성공한 사람들에 대한 자료를 분석한 결과 그들의 성공 요인의 15퍼센트가 기술적인 훈련에 있는 반면 나머지 85퍼센트는 성품에 있다는 결론을 내리게 되었는데, 성품 가운데서도 태도가 차지하는 비중이 가장 큰 것으로 밝혀졌다.

태도는 우리가 사물을 보고 자기의 감정을 다스리는 방법에 결정적인 영향을 준다. 결국 이 2가지가 우리의 성공을 좌우하는 중요한 요소가 된다.

**우리 눈에 보이는 것** : 나는 심리학 개론을 공부하면서 우리의 눈에는 자기가 볼 수 있도록 준비되어 있는 것이 들어온다는 사실을 배우게 되었다. 도심에서 떨어진 시골에 살고 있는 사람이 자기가 그렇게도 아끼던 톱이 보이지 않자 평소에 나무를 갖고 무엇을 만드는 일에 열심이던 이웃집 아들이 그것을 훔쳐갔을 것이라고 의심을 품었다. 일주일 내내 10대의 그 아이가 하는 모든 행동, 즉 걸음걸이를 비롯해서 말과 몸짓 등이 그의 눈에는 의심스럽게만 보였다. 그런데 어느 날 그 노인이 실수로 작업대를 넘어뜨리는 바람에 그 뒤편에 있던 톱이 눈에 띄었다. 그러자 그 순간부터 이웃집 아들에 대해 의심스럽게 보였던 모든 것이 완전히 사라졌다. 플립 윌슨은 우리가 마음 가운데 품고 있는 것만을 본다고 말하였다.

넬 모니는 「태도에 영향을 미치는 신념」이라는 자신의 책에서 이것에 대해 매우 잘 나타내 주고 있다. 모니는 샌프란시스코 만 부근에서 실시된 이중맹검(double-blind) 실험에 대한 이야기를 예로 들어 설명하고 있다. 학교의 교장 선생님이 3명의 교사를 초청해 다음과 같이 말하였다. "여기에 계신 세 분 선생님들께서는 학교에서 가장 뛰어난 교사들임과 동시에 가장 훌륭한 교육 전문가들이십니다. 따라서 우리는 세 분 선생님께 IQ가 높은 90명의 학생을 맡기려고 합니다. 내년 한 해 동안 선생님들께 학생들을 재량껏 가르치시도록 할테니 그들이 얼마나 많은 것을 배울 수 있는지 살펴보시기 바랍니다."

교사와 학생들 모두가 좋아하였다.

다음 한 해 동안 교사와 학생들은 기쁨 가운데 가르치고 배우는 과정을 마칠 수 있었다. 선생님들은 우수한 학생들을 가르치게 되었으며, 학생들은 매우 실력 있는 교사들의 세심한 보살핌과 지도 가운데 많은 것을 배울 수 있었다. 실험 결과 학생들은 그 지역의 다른 학생들보다 20~30퍼센트 이상 높은 학업 성취도를 나타냈다.

교장 선생님은 교사들을 다시 불러 놓고 이렇게 말하였다. "한 가지 고백할 것이 있습니다. 그것은 여러분들이 지금까지 가르친 90명의 학생들이 학습 능력이 특별히 뛰어난 아이들이 아니었다는 사실입니다. 그들은 지극히 평범한 학생들이었습니다. 학교에서 학생들 가운데 임의로 90명을 선발해서 여러분께 맡겼던 것입니다."

그러자 선생님들은 "그렇다면 이것은 우리가 훌륭한 교사라는 것이 아닐까요?"라고 반문하였다.

교장 선생님은 계속해서 다음과 같이 말하였다. "또 한 가지 고백할 것이 있습니다. 그것은 여러분들 역시 뛰어난 교사가 아니라는 것입니다. 여러분은 교사들 중에서 제비뽑기를 통해 제일 먼저 나온 사람들일 뿐입니다."

교사들은 이렇게 물었다. "이러한 차이가 나타난 원인이 어디에 있을까요? 90명의 학생들에게서 한 해 동안 어떻게 그처럼 높은 학업 향상이 이루어질 수 있었을까요?"

이러한 결과가 나타난 것은 당연히 학생들에 대한 교사의 기대치 때문이었다. 우리의 기대치는 우리의 태도와 밀접한 관계가 있다. 물론 이러한 기대치가 완전히 빗나갈 수도 있다. 하지만 그러한 기대치가 우리의 태도에 결정적인 영향을 미친다는 것만은 분명한 사실이다.

**감정을 다루는 법** : 내가 지금까지 우리의 태도가 우리의 감정을 좌우한다고 말한 적이 한번도 없었다는 사실을 주목하라. 우리가 어떻게 느끼는지와 우리가 자기의 감정을 다루는 방법 사이에는 커다란 차이가 있다. 사람은 누구나 불쾌한 감정을 느낄 때가 있다. 태도가 우리에게서 일어나고 있는 감정을 멈출 수는 없지만, 감정이 우리를 방해하는 것을 막아줄 수는 있다. 그러나 불행하게도 많은 사람들은 연재 만화에 등장하는 가엾은 주인공인 지기처럼 감정이 자신을 다스리는 것을 내버려둔다.

지기는 나무 밑에 앉아서 달을 쳐다보며 이렇게 말한다. "나는 여기에도 있었고 저기에도 있어 봤지. 나는 위에도 있었고 아래에도 있었지. 나는 또 안에도 있어봤고 바깥에도 있어 봤지. 나는 좀 떨어져도 있어봤고 가까이에도 있어봤지. 그러나 지금까지 한 번도, 단 한번도 '달이 있는 곳에는' 있어본 적이 없었단 말이야!"

나는 매일 자신이 무엇에 의해 통제를 당하고 있다고 느끼는 사람들을 만난다. 최근에 실시한 조사에 의하면 감정적으로 문제를 갖고 있는 사람은 안정된 상태에 있는 사람에 비해 교통 사고를 낼 확률이 144퍼센트가 더 높다고 한다.

그리고 교통 사고로 인한 5명의 사망자 가운데 1명 꼴로 사고가 일어나기 6시간 내에 누군가와 다툰 적이 있다는 놀라운 사실이 그 조사에 의해 밝혀졌다.

내게 일어나는 것들 가운데 10퍼센트는 내가 직접 행한 것이고, 나머지 90퍼센트는 나의 반응에 의한 것이다.

리더십은 지위보다 마음가짐과 더 직접적인 관련이 있다.

자신에 대한 확신이 부족할 때 계속해서 능률적으로 행하는 것이 불가능하다.

나는 추종자들이 지도자에게서 그들의 행동보다 태도를 더 빨리 배운다고 확신한다.

### 나쁜 태도를 가진 사람은 계속해서 성공할 수 없음

노만 빈센트 필 Norman Vincent Peale은 「플러스 요인이 주는 힘」 Power of the Plus Factor이라는 자신의 책에서 다음과 같은 이야기를 들려주고 있다. "나는 홍콩 카오룽 지역의 좁고 구부러진 거리를 걷다가 우연히 문신을 새겨주는 가게에 이르렀다. 창문에는 그들이 새겨주는 문신의 견본이 진열되어 있었다. 그들은 가슴이나 팔에다 닻이나 깃발, 인어 등 우리가 원하는 것을 무엇이나 새겨주었다.

하지만 내가 크게 충격을 받은 것은 「패배하기 위해 태어나다」라는 세 개의 단어로 이루어진 문신용 어구였다. 너무도 놀라 가게로 들어간 나는 그 말을 가리키며 중국인 문신 작가에게 이처럼 끔찍한 「패배하기 위해 태어나다」라는 문구를 자기 몸에 문신으로 새기는 사람이 정말 있느냐고 물었다. '예, 가끔 있습니다.' 라고 그가 대답했다. 나는 '하지만 올바른 정신을 가진 사람이 그렇게 한다는 것이 도저히 믿어지지 않는군요.' 라고 말했다. 그 중국인은 손으로 자기의 이마를 가볍게 두드리며 서툰 영어로 이렇게 답변하였다. '그들은 몸에 그러한 문신을 새기기 전에 마음에 이미 문신을 새긴 자들이지요.'"

우리의 마음에 부정적인 생각들로 '문신이 새겨지면', 우리에게는 성공의 가능성이 그만큼 희박해진다. 자신에 대한 확신이 부족할 때 계속해서 능률적으로 행하는 것이 불가능해진다. 우리는 그릇된 생각으로 인해 자포자기하는 사람들을 종종 목격한다.

골프 대회에서 단 한 번 밖에 우승하지 못한 골퍼와 아놀드 파마사이에 차이점이 있다면 그것이 무엇일까? 능력일까? 아니면 운일까? 절대 그렇지 않다! 매 경기에서 평균 2타 이하로 우승하는 세계적인 최우수 골퍼들의 승리 요인에는 능력 이외의 다른 어떤 것이 있다.

그 원인은 바로 태도이다. 부정적인 사고를 갖고 있는 사람도 처음 출발은 잘 할 수 있다. 그리고 며칠 동안은 경기를 잘 하여 한 번 정도 우승을 할 수도 있다. 하지만 그러한 부정적인 태도는 조만간 그들을 형편 없는 상태에 빠지게 할 것이다.

## 자신의 태도에 책임을 져야 함

우리의 인생은 불평하는 마음이나 또는 높은 기대감에 의해 결정되는 것이 결코 아니다. 우리의 삶은 우리를 깜짝 놀라게 하는 사건들의 연속으로 이루어지기 때문에 순간 순간마다 자기의 태도를 잘 적응해 나가는 것은 평생 동안 계속해 나가야 할 과제이다.

염세주의자는 바람이 불 때 그것을 불평한다.
낙관주의자는 바람의 방향이 비껴나갈 것을 기대한다.
지도자는 배의 닻을 풍향에 따라 조절한다.

나의 아버지인 멜빈 맥스웰은 내게 언제나 영웅적인 분이시다. 그는 지도자 가운데서도 위대한 지도자이시다. 아버지의 장점 가운데 하나는 긍정적인 태도이다. 최근 아버지와 어머니는 우리 집에 와서 얼마 동안을 함께 지내셨다. 그런데 아버지가 여행용 가방을 열었을 때 나는 동기유발에 관한 책들이 몇 권 들어 있는 것을 볼 수 있었다.

나는 "아버지, 아버지의 연세가 지금 70이세요. 아버지는 지금까지 훌륭한 자세로만 살아오셨어요. 그런데 아직도 그런 책을 읽으시나요?"라고 여쭤 보았다.

아버지는 나를 정면으로 응시하며 말씀하셨다. "아들아, 나는 깊이 생각하는 삶을 위해 앞으로도 계속 노력해야만 한다. 내게는 훌륭한 자세를 가져야 하고, 그것을 유지하기 위해 계속 노력해야 할 책임이 있단다. 나의 그러한 태도는 결코 저절로 되는 것이 아니란다."

아! 이것은 우리 모두에게 해당되는 교훈이다. 우리가 어떤 태도를 갖느냐는 것은 우리의 선택에 달려 있다. 그런데 이러한 선택의 과정은 끊임없이 계속된다. 나는 자신의 태도에 책임지지 못하는 어른들이 그렇게도 많다는 사실에 깜짝 놀라지 않을 수가 없다. 그들은 기분이 언짢아 보여 이유를 물으면, "아침에 일어났을 때 기분이 좋지 않고 마음이 상했기 때문이지."라고 말한다. 그들은 삶의 실패로 재난이 닥쳐오면 "이 모든 원인은 내가 가난한 집안에서 태어났기 때문이야."라고 불평한다. 그리고 자기의 삶은 더욱 악화되어 가는데 반해 가족 중 다른 사람들이 더욱 좋아지는 것을 보면, "글쎄, 나도 형제 중 이런 순서로만 태어나지 않았다면 나빠지지는 않았을 텐데."라고 투정한다. 그들은 자신의 결혼이 실패한 것은 배우자를 잘못 택했기 때문이라고 생각한다. 그들은 자기가 원하던 자리에 다른 사람이 승진해서 올라갈 경우, 자기들이 잘못된 시기에 적절치 않은 자리에 있던 탓으로 돌린다.

당신은 그들 문제의 원인이 무엇인지 알 수 있는가? 그들은 자신의 문제에 대해 다른 사람만을 탓한다.

당신과 나의 생애 가운데 가장 위대한 날은 우리가 자신의 태도에 대해 온전히 책임을 지는 날이 될 것이다. 그것은 그날이야말로 우리가 진정으로 성숙하는 날이 되기 때문이다.

링컨 대통령의 고문이 링컨 행정부의 내각에 한 사람의 후보자를 추천했을 때 링컨 대통령은 "나는 그 사람의 표정이 마음에 들지 않아요."라고 말하면서 추천을 거절하였다.

고문은 "각하, 하지만 외모에 대해 뭐라고 할 수는 없지 않습니까?"라고 말하며 추천을 고집하였다.

그러자 링컨 대통령은 "사람은 나이 40이 넘으면 자기 얼굴에 책임을 져야 합니다."라고 말하므로 그의 추천에 대해 더 이상 언급하지 않았다. 당신이 갖고 있는 태도는 당신의 얼굴에 그대로 나타난다.

언젠가 나는 자동차 범퍼에 "불행은 선택이다."라는 문구의 스티커가 붙어 있는 것을 보았다. 나는 그 말을 믿는다! 그리고 내가 아는 어느 부인의 딸도 분명 그렇게 믿고 있다.

부인과 그녀의 딸이 함께 크리스마스 쇼핑을 갔다. 어느 곳이나 쇼핑객들로 매우 붐볐다. 부인은 꽉 짜인 일정 때문에 점심을 걸러야 했다. 그녀는 피곤하고 배가 고파왔다. 그리고 다리가 아파오기 시작했다. 마침내 견디기 힘들 만큼 짜증이 났다.

그녀는 마지막 가게를 나오면서 딸에게 "너는 점원이 엄마에게 불쾌한 표정을 짓는 것을 보았니?"라고 물었다. 그러자 딸은, "그가 설마 엄마에게 그런 표정을 지었겠어요? 엄마가 가게에 들어서면서 그렇게 생각했을 뿐이예요."라고 대꾸하였다.

— 우리는 자신이 얼마나 오랜 세월을 살 것인지 선택할 수 없지만, 그 기간 동안 얼마나 많은 것을 행하며 살 것인지에 대해서는 택할 수 있다.
— 우리는 자기 얼굴의 아름다움을 마음대로 조절할 수 없지만, 얼굴에 나타나는 표정은 조절할 수 있다.
— 우리는 삶 가운데 일어나는 어려운 상황들을 통제할 수 없지만, 자신의 삶을 덜 힘들게 할 수 있다.
— 우리가 세상의 부정적인 상황들을 통제할 수 없지만, 자신의 마음 상태를 다스릴 수 있다.

— 우리는 너무나 자주 자신이 어떻게 할 수 없는 것들을 택하여 통제하려고 한다.
— 그러나 우리가 할 수 있는 것, 즉 자신의 태도를 통제하려는 노력은 거의 기울이지 않는다.

## 중요한 것은 내게 어떤 일이 일어나는 것이 아니라 내 안에 어떤 일이 일어나느냐 하는 것이다

휴 다운스는 행복한 사람의 조건은 그가 어떠한 환경에 있느냐에 있기보다 그가 어떠한 태도를 가지고 있느냐에 달려 있다고 말한다. 너무나 많은 사람들이 행복을 특정한 조건에서 나오는 것이라고 믿는다. 그들은 일이 잘 풀릴 때는 행복을 느낀다. 그러나 일이 자기들에게 불리하게 돌아갈 때는 불행해 한다. 어떤 사람들은 마치 "목적지병"이라고 부를 수 있는 것과 같은 병을 앓고 있다. 그들은 행복을 특정한 지위나 장소에서 찾을 수 있는 것처럼 생각을 한다. 그런가 하면 "특정인 의존증"이라고 부를 수 있는 병적인 증후를 갖고 있는 사람들도 있다. 그들은 마치 행복을 특별한 사람을 알거나 그와 함께 있을 때에 누릴 수 있는 것처럼 생각을 한다.

다음과 같은 철학적 진술은 내게 커다란 감명을 준다. "우리가 통과해 나가야 할 것을 정하시는 분은 하나님이시며, 우리는 다만 그것을 통과해 나가는 방법만을 선택할 뿐이다." 빅톨 프랭클은 바로 이러한 자세를 잃지 않고 살아간 사람이다. 그는 나치 강제 수용소에서 매우 가혹한 대우를 받았다. 이때 그는 자신을 고통스럽게 하는 수많은 사람들을 향해 감동을 주는 말을 하였다. "당신들이 아무리 해도 내게서 결코 빼앗아 갈 수 없는 것이 한 가지 있습니다. 그것은 당신들이 내게 행하는 일들에 대해 내가 어떻게 반응할 것인지를 선택하는 방법입니다. 인간에게 있어 주어진 환경 속에서 어떠한 태도를 취할 것인지에 대한 자유만은 최후까지 남게 되지요."

미국 적십자사의 창설자인 클라라 바톤은 자신에게 아무리 불리한 상황이라 할지라도 올바른 태도를 선택해야 한다는 것의 중요성을 누구보다도 잘 아는 사람이었다. 그녀는 누구에게도 악의를 품은 적이 없는 인물로 알려져 있다. 한번은 친구가 클라라에게 몇 년 전 그녀가 당했던 억울한 사건을 상기시켰지만, 그녀는 그것을 전혀 기억하지 못하고 있는 듯 하였다.

친구가 "그렇게 억울한 일을 기억 못해?" 하고 물었다.

그러자 클라라는 "전혀 생각이 나지 않아. 단지 내가 그것을 잊었다는 사실만 기억날 뿐이야."라고 대답하였다.

많은 경우 사람들은 삶 속에서 고난을 당하면 악의와 원한을 품는다. 다른 사람에 대한 그들의 부정적이고, 완고한 태도는 한동안 계속된다. 그들은 지난날의 고달팠던 시절을 상기하며 "그것 때문에 내 인생이 이 지경이 됐어."라고 종종 불평한다. 하지만 그들은 그 사건으로 인한 태도 결정, 즉 그것에 대한 자신의 반응을 점검할 수 있는 기회가 주어졌다는 사실을 깨닫지 못하고 있다. 그들의 인생을 망친 것은 환경이 아니라 잘못된 태도의 선택이었다.

C.S. 루이스는 이렇게 말하였다. "우리는 어떤 것을 선택할 때마다 자신을 통제하여 과거와는 조금씩 다르게 만든다. 지금까지 수많은 선택 과정들로 이루어진 우리의 인생 전체를 돌이켜 볼 때, 우리는 그러한 선택을 통해 자신을 천국의 피조물로, 혹은 지옥의 피조물로 서서히 만들어가고 있다."

## 지도자의 태도는 그를 추종하는 자들의 태도를 좌우함

리더십에는 대단한 영향력이 있다. 감기에 걸린 사람과 가까이 있으면 감기에 걸리는 것처럼 우리와 가까이 하는 사람은 우리의 태도에 영향을 받는다. 지도자로서 내가 마음 속에 가장 뼈저리게 느끼는 것 가운데 하나는 자신의 영향력에 대해서이다. 다시 말해, 내가 훌륭한 태도를 가져야 하는 것은 자신의 성공을 위해서뿐만 아니라 다른 사람의 유익을 위해서도 중요하다는 것이다. 따라서 내게는 자신뿐만 아니라 다른 많은 사람을 위해서도 항상 지도자로서의 자신을 돌아보아야 할 책임이 있다.

프랭크 크레인 박사는 우리에게 벽에 던진 공은 벽에 부딪힌 것과 똑같은 힘으로 다시 튀어나온다는 교훈을 상기시켜 주었다. 물리학에는 작용과 반작용의 법칙이 있다.

이러한 법칙은 영향력의 영역에 있어서도 그대로 적용된다. 사실 지도자의 영향력이 미치는 효과는 그보다 훨씬 더 크다. 지도자의 행동이 몇 배의 반작용 효과를 가져다 주는 것은 많은 사람이 그를 추종하기 때문이다. 예를 들어, 지도자 한 사람의 미소는 수많은 사람으로 하여금 미소를 짓게 한다. 지도자가 다른 사람을 향한 분노를 절제하지 못할 때 그것은 오히려 많은 사람들로부터 분노를 사게 된다.

당신은 1마일을 4분에 주파한 어떤 사건을 기억하고 있는가? 그것은 고대의 헬라 시대부터 사람들이 달성하고자 노력해온 것이다. 민간인들 사이에 내려오는 바에 의하면 헬라인들은 사자가 달리는 사람의 뒤를 추격하면 그가 더 빨리 달릴 수 있다고 믿어 사자와 함께 달렸다는 이야기가 있다. 그들은 기록을 위해 호랑이의 젖을 먹기까지 했다고 한다. 오늘날 우리가 건강 식품을 파는 데서 구입할 수 있는 것과 같은 종류가 아니라 진품으로 말이다. 하지만 그들이 시도한 것은 아무런 효과가 없었다. 따라서 그들은 사람이 1마일을 4분 내에 주파하는 것은 불가능하다고 결론을 내렸다. 사람들은 천 년 이상을 그렇게 믿어왔다. 골격 구조상 그것이 불가능하다는 것이 첫 번째 이유였다. 바람의 저항을 피할 수도 없고 말이다. 거기에다 폐활량도 부족하다는 것이었다. 그 외에도 이유가 수없이 많았다.

그런데 한 사람이 지금까지 이것을 계속 시도해 온 의사와 트레이너, 운동 선수, 그 밖의 수많은 달리기 선수들의 생각이 잘못 되었다는 것을 증명해 보였다. 로저 배니스터가 1마일을 4분 안에 주파하는 기록을 경신한 그 해에 서른 일곱 명의 선수가 '1마일 4분'의 벽을 허물고 기록을 깼다는 사실은 기적 중의 기적이었다. 그리고 다음 해에는 3백 명이나 되는 선수들이 그 기록을 깼다. 몇 년 전 뉴욕에서 개최된 육상 경기에서는 출전 선수 13명 전원이 4분대의 벽을 깨는 위업을 이루었다. 다시 말해, 뉴욕 육상 대회에서 최하위를 기록한 선수가 불과 몇 십 년 전에만 그러한 기록을 냈더라도 그는 불가능한 인간 한계를 극복한 인물로 추앙을 받았을 것이다.

이러한 일이 어떻게 가능할 수 있었을까? 훈련이 획기적으로 발전된 것도 아니었다. 바람의 저항을 조절할 수 있는 방법이 개발된 것도 아니었다. 사람의 골격과 신체가 갑작스럽게 개선된 것도 아니었다. 단지 사람의 태도에 변화가 있었기 때문이다.

당신은 목표를 세우고 그것을 이룰 수 있다. 누가 당신을 가리켜 경쟁자보다 강하지 못하고, 명석하지 못하며 뛰어나지 않고, 근면하지 않으며 능력이 없다고 말하든 상관이 없다.

사람들이 당신을 가리키며, "그것을 할 수 없다."고 말하는 것은 중요하지 않다. 중요한 것, 단 한 가지 중요한 것은 당신이 그렇게 말하는 것이다.

우리는 로저 배니스터가 나타나기 전까지 전문가들의 말을 그대로 믿었다. 그러므로 "전문가들"은 사람들의 잠재 능력을 발휘하는데 오히려 방해가 되었다. 이유가 무엇일까? 전문가들이 갖고 있는 영향력 때문이다. 나는 추종자들이 지도자에게서 그들의 행동보다 태도를 더 빨리 배운다고 확신한다. 사람들은 지도자의 행동은 따르지 않을지라도 태도에는 영향을 받는다. 태도는 말하지 않는 가운데 표현된다.

기업의 중역을 뽑을 때 후보자들의 태도를 중요하게 여기는 것은 지도자의 태도가 다른 사람들에게 미치는 영향이 매우 크기 때문이다.

심리학자들에 의하면 기업체 내의 종업원들 가운데 중역 승진 대상자를 선발할 때는 다음과 같은 5가지의 중요한 분야, 즉 야망, 정책에 대한 태도, 동료 직원에 대한 태도, 부하 직원에 대한 감독 기술, 정해진 시간과 능력 안에서 업무가 과도하게 요구될 때 그것을 대하는 자세에 대한 평가가 이루어져야 한다고 한다. 이 가운데 어느 한 가지라도 결여된 후보자는 틀림없이 부정적인 태도를 나타낼 것이며, 따라서 훌륭한 지도자가 되기에 부적절한 사람이다.

여기에서 잠시 다른 사람들에게 나쁜 영향을 주고 있다고 생각하는 당신의 부정적인 태도를 생각하고 그것들을 기록해 보라.

1. _____
2. _____
3. _____
4. _____

### 자신의 태도를 어떻게 변화시킬 수 있는가?

오늘날 많은 사람들이 명문 러트거스 대학교의 문화 인류학 교수인 애슬리 몬태그가 명명한 "심리 경화증"이란 질병으로부터 고통을 받고 있는 것 같다. 심리 경화증은 마치 동맥에 경화 현상을 일으키는 동맥 경화와 비슷한 것으로 우리의 태도를 경화시키는 현상이다.

메닝거 재단의 데이비드 나이스웽거는 만약 우리가 과학의 도움으로 100살까지 산다 해도 증오나 공포, 고독감 혹은 죄책감으로 인해 삶을 충분히 즐길 수 없다면 100살까지 사는 것이 무슨 의미가 있겠느냐고 질문한다.

아래의 항목들은 당신이 자신의 태도를 변화시키는데 있어 큰 도움을 줄 것이다.

### 자신을 점검하라

수년 전 아내 마가렛과 나는 처음으로 우리의 집을 샀다. 우리가 제한된 재정 안에서 원하는 것을 갖기 위해서는 되도록 돈이 많이 들지 않는 방법들을 찾아야만 하였다.

우리는 인건비를 줄이기 위해 앞마당을 우리가 정비하고 집에 어울리는 분위기를 손수 만들어 나가기로 합의를 보았다. 그리고 그렇게 했을 때 실제로 그것은 매우 훌륭해 보였다.

그런데 어느 날 나는 마당을 거닐다가 우리가 뒷마당을 아름답게 꾸미기 위해서는 시간과 돈을 전혀 투자하지 않았다는 사실을 깨닫게 되었다. 그 이유에 대해 곰곰이 생각해 보았다. 나는 그것이 우리 집 앞을 지나는 사람들에게 보이지 않기 때문이라고 결론을 내렸다. 보이지 않는 곳에 대해서는 우리 부부가 관심을 기울이지 않았던 것이다.

사람들의 삶이 바로 이와 같다. 사람들은 겉으로 보이는 것에 대해서는 돈이나 수고를 아끼지 않는다. 그러나 드러나지 않는 자신의 태도에 대해서는 등한시하고 개발하지 않는다.

당신은 본 장의 서두에서 한 말을 기억하는가? 돌아가서 그것을 다시 읽어 보도록 하라. 그런 다음 당신의 내면에 있는 영역들을 변화시키기 위해서 필요한 정열과 노력을 투자하라.

### 태도를 변화시키기 위한 6가지 단계

1. 문제의 감정을 파악하라. 이것은 자각을 위한 첫 번째 단계임과 동시에 가장 알기 쉬운 단계가 된다.

2. 문제의 행동을 파악하라. 이것은 문제의 핵심으로 들어가는 것이다. 좋지 않은 감정을 유발시키는 원인이 무엇인가? 부정적인 감정을 야기시키는 행동들을 적어 보라.

3. 문제의 생각을 파악하라. 윌리엄 제임스는 "우리의 주의를 끄는 것이 곧 우리의 행동을 결정한다."고 말하였다.

4. 올바른 생각을 파악하라. 종이에 당신이 원하는 것과 진정으로 올바르다고 여겨지는 생각을 써라. 당신의 감정은 바로 당신의 생각으로부터 비롯된다. 따라서 당신은 자신의 생각을 바꿀 때만 감정을 다스릴 수 있다.

5. 올바른 생각만을 실천하겠다는 것을 공식적으로 선언하라. 공식적으로 약속할 때 그것은 보다 강한 효과를 나타낸다.

6. 올바른 생각을 위한 계획을 세우라. 이러한 계획에는 다음과 같은 것들이 포함되어야 한다.

— 당신이 원하는 올바른 생각에 대한 정의
— 진보에 대한 평가 방법
— 진보에 대한 일일 점검
— 당신의 태도에 대한 진보를 점검해 줄 신뢰할 만한 사람
— 올바른 태도의 개발을 위한 일일 자기 학습 과제
— 올바른 사고를 가진 사람들과 교제하기

이것은 자기 개발을 위해 사용할 수 있는 일반적인 방법이다. 그러나 다음 단계들은 태도 개발을 위한 당신의 성공 가능성을 더욱 높여줄 것이다.

### 결단하라

지도자는 다른 사람에게 결단의 시간을 요구할 때, 다음 2가지의 질문에 반드시 답변해야 한다. "그들은 할 수 있는가?(이것은 할 수 있는 능력과 관련된 질문임)"와 그리고 "그들에게는 하고자 하는 의지가 있는가?(이것은 태도와 관련된 질문임)" 이 2가지 가운데 더 중요한 것은, "그들에게는 하고자 하는 의지가 있는가?"라는 질문이다. "그들에게 하고자 하는 의지가 있는가?"라는 질문에 대해서는 일반적으로 2가지의 답변이 가능하다.

첫째는 "그것이 시기적으로 적당한가?" 하는 것이다. 다시 말해, 그 상황을 볼 때 긍정적인 변화를 가져다 주는 것이 가능하냐는 것이다. 두 번째 질문은 "그들에게 열정이 있는가?"의 여부이다. 이것은 필요

한 변화를 위해서 기꺼이 대가를 지불하고자 하는 불타는 뜨거운 열정이 있는가라는 질문이다. 2가지의 질문에 대해 "예!"라고 분명히 대답할 수 있을 때, 결단은 확고하며 성공할 수 있다.

**생각을 바꾸어라**

데니스 웨이틀리는 인생에 성공한 사람들은 언제나 "나는 할 수 있다, 나는 해보겠다, 나는 하고 있다"는 식의 긍정적인 사고 속에 사로잡혀 있다고 말한다. 반면에 인생의 실패자들은 과거에 자기가 했어야 했다거나 아니면 하지 않은 것들에 대한 생각에 집착하는 경향이 있다. 우리는 자기가 한 것이 만족스럽지 않을 때 과감하게 그것을 바꾸어야 한다.

런던에 있는 킹스 칼리지의 암 연구가들은 유방 절제 수술을 받은 57명의 유방암 환자를 대상으로 오랜 시간에 걸쳐 연구를 하였다. 그 결과 그들은 암 진단 판정시 "소망을 잃은" 환자 5명 중 4명이 10년 안에 죽은 반면, "불굴의 투지"로 암을 극복하기 위해 노력한 환자 10명 중 7명이 10년 이상 살았다는 사실을 발견하였다.

건강에 지대한 영향을 미치는 소망에 대한 연구는 심리 신경학이라는 매우 특이한 이름을 갖고 있다. 시애틀에 있는 하버뷰 메디칼 센터는 지금 이 부분에 대해 연구 중에 있는데, 그들의 지금까지의 연구는 킹스 칼리지 연구팀의 결론을 뒷받침해 주고 있다.

2년 동안에 걸쳐 화상 환자들을 대상으로 한 하버뷰 메디칼 센터 연구팀은 부정적인 자세를 가진 환자보다 긍정적인 자세를 가진 환자가 훨씬 더 빠르게 회복된다는 사실을 밝혀냈다.

내가 내 주변의 세계를 변화시킨다는 것은 불가능하다.
그러나 내 안에 있는 세계를 바라보는 태도는 바꿀 수 있다.
내가 보는 세계는 바로 내 안에 있는 세계이다.

## 행동으로 옮겨라

당신이 자신의 생각을 바꾸기 시작할 때는, 동시에 행동도 변화시키도록 하라. 당신이 닮길 원하는 사람의 행동을 모방하라. 당신이 존경하는 사람의 행동을 따라 하도록 하라.

오늘날 많은 사람들이 먼저 생각한 다음 그것을 실천하려 하지만 완전히 실패하고 있다.

어느 날 나는 한 의사의 연구실을 방문했다가 거기에서 다음과 같은 글이 써 있는 의학 잡지를 읽게 되었다.

"흐… 흐… 흐… 우리는 이 소리를 거의 하루도 빠지지 않고 매일 듣다시피 한다. '나는 몸무게를 줄이고 나의 혈당을 측정하는 등의 일을 도저히 못하겠어…' 우리는 당뇨병 환자들에게 병의 치료와 건강을 위해 유익한 것들을 하도록 동기를 부여하는 데 성공을 거두지 못하는 당뇨병 전문가들로부터도 이와 똑같은 탄식을 듣는다.

당신에게 전해줄 새로운 소식이 있다. 동기 부여는 마치 번개처럼 당신에게 임하는 것이 아니다. 동기 부여는 다른 사람, 즉 간호사나 의사 또는 가족 가운데 누군가가 당신에게 주거나 강요할 수 있는 것과 같은 그런 것이 아니다. 동기 부여라는 개념에는 어떤 함정과 같은 것이 있다. 그러므로 동기 부여라는 것에 대해 생각하지 않도록 하라. 다만 그것을 행동으로 옮겨라.

예를 들면 운동하고, 몸무게를 줄이고, 혈당을 측정하는 것 등이 될 것이다. 동기 부여에 대해 의식하지 말고 그것을 행하기만 하라. 그렇게 할 때 어떤 일이 일어날 것인지에 대해 상상하라. 당신이 이것들을 행하기 시작할 때 당신에게 동기가 주어지며, 따라서 그것을 어렵지 않게 계속할 수 있을 것이다."

존 브루너는 이렇게 말하고 있다. "동기 부여는 사랑이나 행복 같은 것이다. 그것은 하나의 부산물로 생기는 것이다. 당신이 어떤 일을 열심히 할 때, 자신도 모르게 그것을 계속하고자 하는 동기가 찾아와 당신이 전혀 예상하지 못하는 순간에 작용을 한다."

우리는 하버드 대학교의 심리학 교수인 제롬 브루너의 다음과 같은 말을 기억할 필요가 있다. "사람은 감정을 먼저 느껴서 행하기보다 행하는 가운데 감정을 느끼게 된다. 그러므로 먼저 실천에 옮겨라! 당신이 해야 된다고 생각하는 것이 있을 때는 먼저 그것을 하도록 하라."

우리 아이들인 엘리자벳과 조엘 포터로 하여금 바른 자세로 성장하도록 돕는 것이 아내인 마가렛과 내게는 매우 중요한 일이다. 우리는 아이들의 태도를 변화시킬 수 있는 가장 효과적인 방법이 그들의 행동을 바꾸어 주는 것이라는 사실을 오래 전에 깨달았다. 우리가 아이들에게 "네 태도를 좀 바꾸어라."고 말하면 그 의미가 너무 포괄적이어서 우리가 원하는 변화가 어떤 것인지를 분명히 알 수 없다.

그러므로 보다 효과적인 방법은 어떤 것이 나쁜 태도인지를 나타내는 행동들을 구체적으로 설명해 주는 것이다. 따라서 우리가 그들의 행동이 변하게 도와줄 때, 그들의 태도 역시 자연스럽게 변하게 된다.

예를 들어, 우리 부부는 아이들에게, "감사하는 마음을 가져라."라고 말하는 대신, 매일 식구끼리 한 가지 이상 감사의 말을 할 것을 권한다. 그들의 삶 가운데 이것이 습관이 될 때, 그들에게는 저절로 감사하는 태도가 생긴다.

### 반복하라

폴 마이어는 "태도는 생각이 습관화된 것이며, 습관은 노력을 통해 획득될 수 있다. 행동의 반복은 곧 태도가 된다."고 말하였다. 한번은 세미나를 인도하고 있는데 잘못된 태도들을 바꿀 수 있는 쉬운 방법을 가르쳐 달라는 부탁을 받았다. 나는 그녀에게 자신의 태도를 변화시키는 데 도움이 될 만한 2가지의 방법을 소개하였다. 그 중 첫 번째 방법은 다음과 같다.

올바른 말을 하라.
올바른 책을 읽어라.
올바른 음반을 들어라.
올바른 사람과 사귀어라.
올바른 일을 행하라.
올바른 기도를 하라.

그리고 두 번째 방법은 위에서 말한 첫 번째의 방법을 한번으로 끝내거나 그녀가 원할 때만 할 것이 아니라 매일 행하고, 자신의 삶이 보다 나아지는 것을 지켜보라는 것이었다.

### 갱신하라

다행스럽게도 시간을 가지고 조금만 노력을 하면 부정적인 태도가 긍정적인 태도로 바뀔 수 있다. 다시 강조하건대, 이것을 위한 노력에 끝이란 있을 수 없지만, 투자할 만한 충분한 가치가 있는 것이라는 사실만은 분명하다. 많은 부정적인 생각들이 긍정적인 생각으로 바뀌게 되고, 개인적으로 보다 많은 새로운 변화를 경험하게 될 것이다.

친구인 레나 워커는 그녀의 할아버지에 대한 칭송과 그가 자기의 삶 가운데 물려준 습관에 대한 글을 썼다. 여기에서 그녀는 계속되는 태도의 발전 과정과 부정적인 생각을 극복하는 것이 얼마나 가치 있는가를 매우 효과적으로 이야기하고 있다.

해마다 봄이 오면 나는 매년 이맘때 전쟁하기 위해 싸움터로 나갔던 백발 노인을 연상하게 된다. 그런데 그분의 적은 "겨자"라고 하는 노란색의 작은 꽃이었다. 우리가 들판과 초원을 언뜻 바라볼 때는 노란색의 겨자가 전혀 무해하게 보인다. 그러나 이것은 매년 조금씩 자라 마침내는 들판 전체를 삼킬 수 있다. 해마다 봄이 되면 나의 할아버지는 노란색의 이 꽃을 뿌리째 뽑기 위해 온 들판을 돌아 다니셨다.

나는 성인이 되어 결혼하여 오하이오주에 있는 한 농장에서 살게 되었다.

봄이 오면 들판에 나가 노란색의 이 꽃이 피어 있는 것을 보았다. 처음 몇 년 동안 나는 그것을 보기만 할 뿐 아무 것도 하지 않았다. 그러나 세월이 지나면서 나는 할아버지의 지혜로운 노력을 깨닫게 되었다. 나 역시 할아버지처럼 적과 싸우기로 결심하고 전쟁터로 나갔다. 매년 들판을 걸어다니며 드문드문 나 있는 겨자풀을 뽑을 때마다 내가 할아버지에게 경의를 표하는 행동을 하고 있음을 느끼게 된다.

   내게 있어 이 잡초는 우리의 나쁜 습관과 부정적인 생각들을 상징한다. 우리가 싱싱하고 신선한 생활 가운데 행복하고 생산적인 삶을 추구하기 위해서는 이러한 나쁜 습관과 부정적인 생각들을 쉬지 않고 제거해야 한다.

## 12장

**밥** 버포드 Bob Buford는 리오그란데강의 수면 위로 약 200피트 정도의 높이에 있는 석회암 절벽을 혼자서 걸어 건넌 날을 결코 잊지 못할 것이다. 24살 된 그의 아들과 그의 두 친구가 재미 삼아 수영으로 강을 건너려 시도한 적이 있다. 버포드는 그때 그 강에서 자기 아들의 생명을 잃은 아픈 상처를 현실로 받아들여야 했다.

버포드는 혼자 이렇게 생각하였다. "이것은 잠을 잔다고 해서 잊혀질 일이 아니다. 생각하지 않는다고 해서 기억에서 사라질 수 있는 것도 아니고. 돈으로 해결하거나 노력으로 극복할 수 있는 것은 더군다나 아니다. 이것은 오로지 신앙으로만 극복할 수 있는 문제다."

버포드는 아주 짧은 생애를 살다 세상을 떠난 아들의 삶이 던져준 영감에 깊이 파묻힌 상태로 자신을 한 기업인에서 어떤 운동의 지도자로 만들어 준 여행을 계속하였다.

버포드는 리더십 네트워크와 페이스워크, 그리고 파운데이션 등을 통해 신앙과 노동의 관계를 강조하는 운동의 지도자로 지대한 영향력을 행사하고 있다. 1994년도에 출간된 「하프타임」 Halftime은 그의 인생에 대한 메시지이자, 그의 삶 자체를 있는 그대로 고스란히 보여주는 책이다. 버포드는 책 속에서 예수 그리스도의 인격을 닮고자 하는 강한 욕망 가운데 자신의 뛰어난 지성과 풍부한 삶의 경험을 제시해 주고 있다.

버포드는 자기가 인생의 중요한 전환점에 와 있다는 사실을 발견했을 때, 자신의 생애를 진지하게 분석하였다. 그리고 자기 생애의 전반전이 삶의 진정한 의미보다는 오로지 성공에만 관심이 집중되어 있었다는 결론을 내리게 되었다. 따라서 버포드의 연구는 그로 하여금 어떻게 하면 자신의 삶의 방향을 성공지향주의에서 의미지향주의(베이비붐 세대에 태어난 자들에게 결핍되어 있는)로 바꿀 수 있을까 하는 과제에 이르게 하였다.

어떤 사람들에게 있어서는 이것에 대한 해결책이 성공지향적인 직업에서 의미지향적인 직업으로 바꾸는 것이 될 것이다. 그런가 하면, 그것이 하나의 과정이 되는 사람들도 있다. 「하프타임」에서 인용한 본 장은 계획을 조정하면서 경기에 계속 임하는 방법에 대해 가르치는 것이 핵심을 이룬다. 바꾸어 말해, 버포드는 인생의 중년기를 살아가고 있는 자들에게 자기의 소명을 발견 내지 재발견할 것에 대해 강한 도전을 주고 있다.

직업의 전환 가능성을 포함하여 자신의 직업에 대해 정기적인 평가 기회를 갖는 것은 일에 대한 만족도와 더 나아가 효율적인 삶의 형성에 크게 기여한다.

버포드는 이것을 가리켜 "최선의 직업 조정"이라고 칭하며, 그것은 현재의 직장에서 떠난다고 해서 반드시 해결되는 것이 아니라는 것을 말하고 있다. 그것은 직업에 대한 핵심적인 요구 조건의 분석과 자신이 추구하는 목적과의 결합을 통해 발견된다.

버포드는 책 속에서, "성공적인 인생의 후반전을 위한 열쇠는 직업을 바꾸는 데 있는 것이 아니라, 마음을 바꾸는데 있다."고 기술하고 있다. 마음의 변화를 통해, 당신은 직업을 바꾸어야 할 것인지, 혹은 현재의 직업을 계속 유지하거나 아니면 2가지를 병행해야 할 것인지의 여부를 결정할 수가 있다. 당신은 당신의 기술이 하나님께서 맡기신 소명과 얼마나 잘 어울리며, 그것이 당신 인생의 후반전을 의미 있는 것으로 이끌어 줄 수 있을 것인지의 여부를 알 수 있다.

Bob Buford의
「하프타임」 Halftime에서

## 게임에 계속 임하면서 계획을 조정하라

내 인생의 후반전은 그동안 전생애를 바쳐 노력해 왔던 일에서 손을 떼면서부터 시작되었다. 아마 당신에게는 그것이 불가능할 수도 있다. 그러나 당신이 그렇다 할지라도, 당신은 후반전을 맞이할 수 있다.

하프타임이 시작될 때까지 당신의 직업에 대한 태도는 "급여는 보잘 것 없어도 내가 그 일을 아주 좋아하기 때문에 나는 그것을 할 거야."에서 "아무리 많은 돈을 번다 할지라도 더 이상은 이 일을 할 수가 없어."라는 자세로 바뀌게 될 지도 모른다. 정말이지 나는 첫 번째에 매우 가까운 반응을 보일 수 있을 정도로 행복한 사람이었다. 하지만 나는 두 번째 반응을 보이는 사람들이 더 많다는 사실을 알고 있다. 실제로 나는 자신의 직업을 목적을 위한 수단으로 사용할 뿐 그것을 좋아서 하는 사람은 많지 않다고 생각한다.

구매 가능한 고객에게 전화나 방문을 통해 직접 위탁 판매를 하는 한 젊은이가 생각난다. 그는 판매 실적이 없을 경우 수입을 한 푼도 올리지 못하는 직업을 가진 사람들 가운데 한 명이었다. 그에게는 정해진 기본급이 없었다. 위탁 판매 외에 일체의 급여가 없었다. 따라서 그는 가가호호 방문하여 판매를 해야 했으며, 이러한 과정에서 그는 아주 저가의 품목들, 즉 자질구레한 생활용품이나 장식품 등을 잡화점이나 철물점에 팔아 넘겼다.

하지만 그는 유능한 청년이었다. 그는 몇 십만 달러를 벌 만큼 높은 판매 실적을 올리기도 하였다. 장식품으로 따지면 그것은 족히 1톤 정도의 분량에 해당되는 것이었다. 대부분의 영업 사원들과 마찬가지로 그 역시 의욕과 열정이 대단하였다. 그가 너무 열심이었기 때문에 내가 그에게 "판매에 남다른 열의를 갖고 있는 것 같다."고 말하자, 그는 이렇게 답변하였다.

"전혀 그렇지 않습니다. 단지 돈이 좋아서 그렇게 하지요." 그 순간 나는 아들인 로스가, "저는 살기 위해서 일하는 것이 아니라, 일하기 위해 살지요."라고 종종 말했던 것이 떠올라 깊은 생각에 잠겼다.

  나의 직업은 내가 좋아하는 것들을 포기할 것을 요구하는 대신 물질적 풍요로 나를 보상해 주었다. 내게는 계약을 맺고 거기에 따르는 자세한 내용에 대해 협의를 한 다음 서로가 축하의 악수를 나누는 것보다 나를 더 기쁘게 하는 것이 없었다. 나는 계약을 성사시키기 위해 전략을 개발하는 것이 그렇게도 재미있었다. 나는 직장 생활에 성공했으며 주위에서 칭찬도 받았다. 따라서 나의 사업에 대한 운영권을 다른 사람에게 양도한다는 것은 결코 쉬운 일이 아니었다. 어떤 의미에서 그것은 직업을 통해 얻는 기쁨을 스스로 포기하는 것과 같았다.

  어떤 사람들은 현재의 일을 훌훌 털어버리고 거기에서 벗어날 수만 있다면 당장이라도 자기들의 문제가 해결될 것처럼 생각한다. 사실 그렇게 많은 사람들이 인생의 전반전을 이러한 상태로 끝내는 이유들 가운데 하나가 바로 여기에 있다. 그들은 출세를 위한 과다 경쟁에 염증을 느낀다. 따라서 그들은 중년의 위기를 성공적으로 극복하기 위한 계획을 세우는 대신 자기의 일을 버리고 쉽게 다른 직업에 뛰어든다. 직업을 바꾸어라! 새로운 사업을 시작하라! 독립하라!

  이러한 선택들 가운데 어떤 것 하나도 나쁜 것은 없다. 그러나 한 가지 분명히 당부할 것은, "일에서 완전히 떠나고 싶은" 충동을 경계하라는 것이다. 그것이 후반전의 인생을 위한 근본적인 해결책은 아니기 때문이다. 나는 자기가 처음 시작한 직업을 지금까지 고수하면서 인생의 후반전을 맞이하며 앞으로도 그 일에서 성공하게 될 사람들을 알고 있다. 후반전의 인생에 대한 성공 비결은 무조건 직업을 바꾸는 것에 있지 않다. 그것은 마음을 바꾸고, 세상을 보는 시각을 바꾸며, 자신의 삶을 재정리하는 데 있다. 그것은 완전히 다른 직업으로 바꾸는 것이 될 수도 있고, 현재의 상태를 계속 유지하는 것이 될 수도 있다. 일반적으로는 이 2가지 가운데 하나가 된다.

## 지질 탐사

텍사스주 출신인 나는 정유 사업에 대해 자연스럽게 몇 가지를 배우게 되었다. 물론 전문가의 수준에는 미치지 못하지만 말이다. 그런데 내가 배운 것들 가운데 한 가지는 무턱대고 밖으로 나가 한 장소를 택해 그곳을 판다고 해서 석유가 나오는 것은 아니라는 사실이다. 위험을 최소화하기 위해서는 그곳이 과연 석유가 나올 수 있는 곳인지의 여부를 알아보기 위해 지대를 정밀하게 조사하는 기본적인 지질 조사를 실시해야 한다. 밖에서는 지표면 아래 구조의 크기와 모양을 알 수 없기 때문에 전자 장비를 통한 여러 다른 각도에서의 수중 음파 탐지기와 같은 자극 시험이 실시된다. 이와 같은 여러 각도에서의 시험을 통해 대체적인 윤곽이 드러난다.

인생의 후반전을 위한 지질 탐사를 하면서 우리가 자신의 인생을 어떻게 재건할 것인가의 문제와 관련해 "지표면 아래의 형태"에 대해 생각한다는 것은 불가능하다. 그것은 우리가 지표면 아래의 크기와 형태에 대해 정확한 개념을 갖고 있지 않기 때문이다. 그리고 우리는 제한된 범위 안에서만 그것을 볼 수 있기 때문에 주위에서 자기가 믿을 만한 사람들을 찾아가 그들의 견해를 묻는다. "수중 음파 탐지기"를 통해 얻어낸 그들의 지식은 우리가 전에 미처 알지 못했던 정보를 제공해 줄 것이며, 마침내 모호하고 불확실하기만 했던 것들의 정확한 크기와 형태에 대한 추론이 하나씩 가능하게 된다. 따라서 이때 우리는 적어도 어떤 훈련을 할 것인지 말 것인지의 여부에 대해 판단할 수가 있다.

혹 당신은 만약 그곳에 석유가 있다는 사실이 확인만 되었다면 내가 당장에 나의 사업에 대한 경영권을 부하 직원에게 넘겨주고 비록 힘들지만 새로운 일을 찾아 떠났을 것이라고 생각할지 모른다. 내가 먹고 살 정도로는 안정되어 웬만한 모험을 시작해도 괜찮았겠지만 만약 그렇게 했다면 그것은 사실 엄청난 과실을 범하는 행동이 되었을 것이다. 따라서 나는 그렇게 하는 대신 먼저 지질 조사를 하였다. 나는 나 자신이 사람을 관리하는 분야에 뛰어난 은사가 있을 뿐 아니라, 그것을 매우 좋아한다는 것을 알았다. 나는 내가 설립한 조직에 계속 남아 있었는데, 그것은 내가 그곳에서의 계속적인 성공을 확신했기 때문이며, 이미 그러한 성공을 체험하고 있기도 했다.

성공은 내가 매우 중요하게 여기고 추구한 것으로 내게 자신의 정체성과 나의 장점이 무엇인지를 보다 잘 알 수 있게 해주었다. 나는 유선 텔레비전 사업을 나의 삶에 의미를 부여해 주는 중요한 요인으로 생각하지 않았다.

나의 고문인 마이크 카미 역시 나와 똑같은 생각을 갖고 있었다. 그의 충고는 분명하였다. 하지만 나는 그것에 대해 전혀 준비가 되어 있지 않았다. "회사를 팔고 그동안 당신이 이야기해 온 사역 중심의 사업에 돈을 투자해 보시지요."

이 충고가 암시하는 것에 몹시 당황한 나는 한참 동안을 멍하니 앉아 있었다. 그러나 나의 아내 린다는 나처럼 그렇게 당황하지 않았다. 나는 그녀의 머리 속에 목회자나 선교사 또는 수도사의 전형적인 상이 스쳐 지나가고 있는 것을 감지할 수 있었다. 그렇다면 우리 수중에 있는 돈이 다 떨어질 때까지 기부하는 자선 사업가 부부가 되어야 할 것인가? 아니면 목회자 부부로 변신해야 할 것인가? 지금까지 우리가 알고 살아온 방식의 삶을 계속 산다면 갑자기 모든 것을 잃고 아주 비참한 결과를 맞이하게 될 것인가?

다행히도 나는 몇 가지의 지질 탐사를 실시하였다. 나는 위대한 두 사람의 기독교인 지도자로 캘리포니아주에 있는 팰로 앨토 교회의 담임 목사인 레이 스테드맨과 인기 작가이자 가정 사역 Focus on the Family의 창설자인 제임스 돕슨을 찾아가 자문을 구하였다. 그들이 각자 내게 준 충고의 내용을 종합해 보면 다음과 같다. "만약 당신이 회사를 매각한다면 결국 기반을 잃게 될 것이며, 아무도 당신에게 그것을 되돌려주지 않을 것입니다." 내게는 어떤 큰 계획을 세우기 전에 현재 내가 가고 있는 인생의 방향에 대해 분명히 아는 것이 필요하였다.

따라서 나는 프레드 스미스와 폴 로빈스, 그리고 「크리스차니티 투데이」지의 해롤드 미라를 비롯한 몇 사람의 믿을 만한 자문가들을 한 자리에 초청하였다. 그들은 내가 일을 시작하기 위해 준비하고 있는 분야인 "미국의 교계"에 대해 폭넓은 견해와 해박한 지식을 갖고 있었다. 그들은 내가 조직의 계획에 따라 얼마나 열심히 일해 왔는가 하는 것과 하늘 나라의 사역을 위해 시간을 기꺼이 투자하기 원한다는 것을 알고 있었다. 나는 이렇게 물었다. "제가 생각하고 있는 특별한 계획으로 다른 사람을 위해 할 수 있는 것이 있다면 무엇일까요?"

그들은 내게 최근 차별화된 목회를 시도하고 있는 큰 교회들을 주지시켰다. 그들은 내가 어떤 식으로든 그러한 교회들에 도움을 줄 수 있으리라고 암시하였다. 따라서 나는 목회자들을 한 자리에 초청하여 폴에게 그들이 눈치채지 않도록 중재자의 입장에서 그들에게 몇 가지 질문을 해 줄 것을 부탁하고는 뒤에 앉아 듣기만 하였다.

듣는 것은 지질 탐사에 있어 중요한 부분을 차지한다. 듣는 것은 우리가 여러 가지 유익한 분야를 발견하는 데 도움을 준다. 나는 목회자들의 견해가 그 분야에 매우 유익하리라고 생각했다. 따라서 나는 큰 교회의 담임 목회자를 중심으로 이루어진 그룹을 구성하여 사전 조사를 계속 실시하였다. 마침내 그들은 토론의 범위를 자기들이 그 분야에 유익할 것이라고 생각하는 3가지로 좁혀 나갔으며, 나는 나 자신의 후반기 인생의 소명이 구체화되어 가고 있음을 알 수 있었다.

이러한 조사를 통해 나는 네트워크를 개발하여 기독교 사역을 위해 소중한 사람들로 구성된 집단을 돕는 조직을 후원할 수 있었다. 대형 교회의 목회자들이라고 해서 나의 마음을 끄는 어떤 신비로움이 있었던 것은 아니다. 다만 하나님의 섭리 안에서 인간을 조직하고 관리하는 것을 좋아하는 나의 흥미와 자기들의 교회에서 일어나고 있는 역동적인 현상들을 이해해야 하는 그들의 요구가 조화를 잘 이룬 것이다. 만약 내가 다른 방법을 썼더라도 나는 해외 선교 기관들의 실무진이나 또는 지방의 작은 교회들의 조직망과 쉽게 연결될 수 있었을 것이다. 그러나 마이크 카미의 제안이 있었을 때 무턱대고 직장을 포기하고 처음부터 교회와 관련된 일에 뛰어 들었다면, 나는 아마 나 자신에 대해 그렇게 가까이에서 들여다 볼 수 있는 어떤 것들을 발견하지 못했을 것이다.

지질 조사에 성공을 거두기 위해서는 2가지의 핵심적인 요소가 필요하다. 그 중 첫 번째는 먼저 자신을 아는 것이고, 두 번째는 신뢰할 수 있는 사람으로부터 조언을 구하는 것이다. 나는 두 사람의 친구에게 조언을 구할 때, "내가 어떤 면에서 도움을 줄 수 있을까요?" 하고 물었다. 그들은 "당신을 구성하고 있는 실체가 무엇인지를 살펴 보십시오."란 말로 답변을 대신하였다. 이것은 인생의 후반전을 맞이하는 사람들에게 있어 대단히 중요한 질문이다. 하나님께서 능력을 주시지 않으면 우리는 아무 것도 할 수 없기 때문이다.

당신이 전도를 많이 하지 않는 것에 대해 죄책감을 느낀 나머지, 인생의 후반전에 접어들면서 목회자나 선교사가 되기 위해 직장을 그만두기로 했다고 가정하자. 당신이 자신에 대해 모든 것을 온전히 알고, 받아들인 상태에서 그러한 결정을 내렸다면 훨씬 더 바람직했을 것이다. 당신의 은사와 능력에 대해 정직하게 평가하라. 목회자가 되는 것이 당신에게 주어진 은사인가? 만약 당신에게 이것보다 더 좋아하고 잘 할 수 있는 것이 있다면, 신학교에 입학원서를 제출하거나 아프리카에 선교사로 떠나기에 앞서 지질 탐사를 행하도록 하라. 예를 들어, 예수님에 대해 배우는 것에 관심을 갖고 있거나 또는 단기선교사역에 지원하는 자들에게 목사님을 대신하여 전화를 해 주는 것도 한 가지의 길이 될 수 있을 것이다. 만약 이처럼 간단한 시험이 긍정적인 결과로 나타날 때는 앞으로 해야 할 것에 대해 보다 더 진지하게 생각하도록 하라. 그러나 결과가 부정적으로 나타난다면, 당신은 장차 당신에게 나타나게 될 많은 어려움으로부터 오히려 자신을 구하게 될 것이다.

당신이 하나님을 위해 최선을 다하는 것은 그분께서 당신 안에 창조하신 핵심적인 본능 때문일 것이다. 당신은 성경의 달란트 비유를 기억하는가? 이 비유가 우리에게 가르치고 있는 위대한 교훈은 우리가 다른 사람이 갖고 있거나 그들이 우리에게 기대할지도 모르는 어떤 것이 아니라 자기에게 주어진 것에 대해서만 책임을 다하면 된다는 것이다. 두 달란트를 받은 사람은 그것을 배로 남겼을 때 처음 다섯 달란트를 받은 사람과 똑같은 칭찬을 들었다. 우리에게는 모두 동일한 능력이 주어지지 않는다. 그러나 우리는 자기에게 주어진 것이 무엇인지를 발견하여 그것을 지혜롭게 투자하는 것이 필요하다.

## 적은 비용의 탐사

내게는 인생의 하프 타임이 나와 흡사한 시기의 친구가 있다. 그는 하나님께서 자신의 삶 가운데 동기를 부여하시는 가장 중요한 분이시라는 것을 확신했으며, 따라서 자기에게 주어진 리더십의 은사를 다시 하나님께 돌려 드릴 수 있는 방법을 찾고자 하였다. 그 무렵 그에게는 멀리 서쪽으로는 태국에서 그리고 멀리 동쪽으로는 유럽에까지 걸쳐 지사를 경영하는, 자산이 20억 달러에 이르는 대기업의 최고 경영자 자리에 대한 제의가 들어왔다. 그것은 감당하기 힘든 어려운 제의였지만, 명예도 얻고 연봉 약 1백만 달러나 되는 부도 얻을 수 있는, 그의 마음을 매우 끄는 자리였다. 실제로 그것은 기업 세계에서는 많은 사람들이 몹시 소망하는 자리이다.

그러나 일단 그 제의를 수락하게 되면, 그는 적어도 자기가 하나님 나라의 사역을 위해 바치기 원했던 5년이란 세월을 그 일에 바쳐야 했다.

거기에다 그는 신학교에 입학하는 문제를 놓고 계속 생각해온 터였다. 따라서 그는 2가지의 선택 가운데 어떤 것을 택해야 할 것인지의 문제를 갖고 내게 찾아왔다. 그것은 포춘지가 선정한 500대 기업의 총수가 될 것인지, 아니면 신학교에 들어가 성서 해석학 개론을 공부할 것인지의 선택에 대한 문제였다. 그는 하나님을 위해 자기의 삶을 헌신하기로 이미 결단한 사람이었다. 하지만 그것이 풀타임 기독교 전문사역이 되어야 할 것인지, 아니면 그 밖의 다른 방법이 되어야 할 것인지에 대해서는 확실히 알 수가 없었다.

나는 그에게 신학교에 들어가는 문제는 포기하고 최고 경영자의 자리를 수락한 다음 몇 가지 비용이 적게 드는 탐사를 실시할 것을 권하였다. 나로서는 그 이상의 다른 대안을 권할 수가 없었다. 만약 신학교에 들어간다면, 그는 3년 후 50살이 넘은 나이에 아마추어 사역자가 되어 학교를 졸업하게 될 것이다. 그는 큰 교회의 부목사직에 앉게 되고, 50대 중반에 이르러서야 재정적으로 간신히 빚지지 않고 살림을 유지해 나가는 교회의 담임 목사가 될지 모른다. 그렇다면 그 친구는 하나님께서 자신을 어떻게 해서든 자립하기 위해 애쓰는 중형 교회의 목회자로 세우시기 위해 25년 동안에 걸쳐 기업 경영과 실무적인 지도자 과정을 통해 훈련시키셨다고 생각했을까?

그러나 이것이 친구가 하나님께 대한 자기의 헌신을 포기해야 한다는 의미는 아니다. 저렴한 탐사란 당신이 자신의 후반전 인생을 바치고 싶은 한 가지 분야 내지 몇 가지 분야에 대해 실질적인 탐사를 실시하는 것을 의미한다. 예를 들어, 나의 친구 같은 경우 자기가 세계적인 규모의 기업의 핵심적인 자리에 앉는 것이 필요하지만, 다른 최고 경영자들을 위한 비공식적인 성경 공부라는 네트워크를 시작할 수도 있다. 만약 그것이 진정 필요하고 자기가 해야 할 일이라면, 그는 자신을 알리기 위해 전화를 하고 팩스를 보내며, 몇 가지의 시험을 해보아야 할 것이다. 아니면 자기가 직장을 완전히 그만두고 전문 사역에 더욱 열심히 일해야 한다는 생각이 들 때는 기독교 기관을 위해(경우에 따라서는 무료로) 상담을 하는 것을 고려해 볼 수 있을 것이다.

내가 목회자들을 초청하여 모임을 갖는 것은 비용이 적게 들어가는 탐사의 또 하나의 예가 된다. 그 전에 나는 올바른 방향을 제시해준 신뢰할 만한 지인들에게 자문을 구하는 식으로 지질 탐사를 행하였다. 그러나 나는 그것을 전적으로 의지하지는 않았다. 만약 목회자들을 초청하여 가진 첫 번째 모임이 실패로 끝났다면, 나는 내가 투자한 시간과 돈 역시 실패로 돌아갔다고 생각하여 쉽게 다른 일을 시도했을지 모른다.

비용이 적게 들어가는 탐사의 핵심은 자신의 은사를 하나님과 교회를 섬기는 데 직접 사용하므로 실제적인 경험을 하는 것이다. 사업에서는 이것이 시장 조사나 품질 조사, 계획에 대한 성공 가능성의 실험과 같은 형태로 항상 이루어지고 있다. 사람들이 인생의 후반전으로 들어갈 때 개인적으로 이러한 조사를 하지 않는 것은 아직도 전반전과 같이 힘들여 하는 일을 개의치 않기 때문이다. 후반전을 위한 결정은 단순히 더 많은 투자나 판매보다 훨씬 더 중요한 것에 관한 것이라는 사실을 기억하라. 서두르지 마라. 신중히 하라. 그리고 주변의 상황을 살펴라.

### 적은 수고를 위한 선택

당신이 현재의 직업을 매우 좋아하고, 솔직히 말하면 그것이 당신에게 필요하다고 가정하자. 당신에게는 정기적인 봉급의 지급과 건강 보험, 그리고 연금에 대한 보장이 필요하고, 더불어 자신의 직업에 따르는 신분에도 매우 만족한다. 당신은 자신이 근무하는 미드타운 애소시에이트사 영업부장 자리에 만족하고 있다. 그렇다면 당신과 같은 사람에게서 과연 보람 있는 결과가 따르는 인생의 후반전을 기대할 수 있을까?

솔직히 말해, 많은 사람들이 바로 이 부류에 해당할 것이다. 따라서 자기의 직업을 반드시 좋아하지는 않지만 그것을 그만두는 것이 해결책이 아니라는 것을 직시하는 사람들의 수가 더욱 많아지고 있다.

고무적인 사실은 이러한 무리에 속한 사람들이 틀림없이 전반전보다는 나은 인생의 후반전을 맞이할 수 있다는 것이다. 이것에 대해 솔직히 말해 보도록 하자. 당신이 어떤 한 가지 일을 10~20년 동안 해왔다면, 당신은 그것에 꽤 숙련이 되었을 것이다. 직장 안에서 직무를 위임하는 법을 배웠을 것이고, 일과 관련해 알게 된 사람들로 이루어진 조직망을 갖고 있으며, 일에 대한 대략의 윤곽을 알고, 사업을 위해 유익한 다수의 고객 명단을 작성해 놓았을 것이며, 목적을 이루기 위해 무서운 속도로 일하지 않고도 하루 하루의 과제를 성취할 수 있는 방법을 알고 있을 것이다.

　자신에게 진실로 정직할 때, 당신은 절반의 노력으로도 탁월한 효과를 얻을 수 있는 것이다. 나의 변호사 친구가 바로 그렇게 하고 있다. 그는 꽤 이름 있는 법률 회사의 수석 변호사로 있으면서 우리 나라 정계의 고위층과 유명 인사들의 사건을 맡고 있다. 스콧(가명)은 자기가 하는 일을 매우 좋아했으며, 그 분야에서 세계적으로 알려진 사람이었다. 하지만 그는 인생에는 법률적으로 큰 사건을 처리하는 것보다 더 중요한 것이 있다는 사실을 알았다. 그는 자기가 무엇인가를 잃고 있다는 것을 알았던 것이다. 그에게는 인생의 후반전에 자기가 하기를 원하는 것들이 있었다. 하지만 그는 자기가 그렇게 열심히 노력해서 쌓아 놓은 것을 그만두고 싶지 않았다.

　그는 회사에 계속 몸담고 있으면서도 자기가 살고 있는 주에 산재해 있는 공립학교와 관련된 매우 가치 있는 일에 자신을 투자할 수 있다는 사실을 깨달았다. 만약 당신이 그에게 직업에 대해 묻는다면, 그는 "저는 동료 변호사들에게 아직도 제가 변호사업을 계속하고 있다는 것을 확신시키려고 노력하고 있습니다."라고 다소 익살스러운 답변할 것이다. 그는 지금 지난 날 자신의 업무를 수행하는 데 사용했던 시간의 절반을 새로운 인생 후반전을 위해 투자하는 데 바치고 있다.

여기에서 내가 알고 있는 공립학교의 교사에 대한 한 가지의 예를 들어 보도록 하자. 그는 자기가 살고 있는 주에서 가장 우수한 과학 교사 가운데 한 사람으로 정년을 바로 눈 앞에 두고 있었다. 하지만 그 역시 추구하는 인생 후반전의 목적이 몇 가지 있다. 그 중 하나가 자신이 갖고 있는 행정 능력을 자기가 다니는 교회의 경영에 활용하는 것이었다. 그도 처음에는 나의 변호사 친구와 똑같이 시작하였다. 그는 자기가 맡은 일에 최선을 다하기 위해 잠시도 쉬지 않고 16시간씩 일하는 혼신의 노력을 기울였다. 두 사람 모두 자기의 일을 좋아했으며, 그것에서 손을 떼서는 안된다고 생각하였다. 따라서 그들은 자기가 좋아하는 본업을 하고 남는 시간과 에너지를 후반전 인생의 목표를 성취하는 데 속도를 조정하며 사용하고 있다.

당신이 알다시피, 전반전보다 나은 후반전의 인생을 갖는 데는 당신이 억만장자의 최고 경영자든, 고수익을 올리는 변호사든 혹은 교사든, 그것이 하등 문제가 되지 않는다. 중요한 것은 당신이 하나님께서 당신으로 하여금 특별히 개발해 놓은 재능들을 사용할 수 있도록 마련해 놓으신 방법의 발견을 통해 시작하는 것이다.

## 13장

비행기에 타고 있던 사람은 화려한 경력을 가진 TV 방송국의 고참급 경영자였다. 우리가 그에게 혹시 오랫 동안 프로서브 텔레비전 방송국의 사장을 지낸 밥 브리너를 아느냐고 물었을 때, 그는 "예"라고 분명하게 답변하지 않았다.

예의를 갖추지 않고 감탄사같은 한 마디로 답변하는게 불편했던지, 그는 다시 자기의 답변을 두 개 정도의 단락으로 장황하게 설명하였다. 그런데 그의 답변이 거의 끝날 때쯤, 그는 자기가 개인적으로 종교에 전혀 관심을 갖지 않았을 때도 밥 브리너에 대해 자기의 신앙을 사업에 그대로 실천한 훌륭한 사업가로 알고 있었다고 말하였다.

그것은 그가 브리너에 대해 말할 수 있었던 극찬 가운데 하나였다. 브리너는 프로 스포츠와 텔레비전 방송, 그리고 사업계에서 영향력 있는 인물로 활동하는 동안 성경이 제시하는 세계와 일상의 세계를 의도적이고 공개적이면서 동시에 기술적으로 하나가 되게 하는 작업을 행하였다.

브리너는 1999년 암으로 세상을 떠났다. 그러나 신앙과 직업을 하나로 통합시켜 준 그의 업적은 우리에게 중요한 삶의 메시지와 유산으로 남아 있다. 브리너는 그러한 메시지를 「양들의 포효」Roaring Lambs라는 자신의 책에서 매우 열정적이면서도 설득력 있게 이야기하고 있다.

브리너는 본 장을 통해 오늘날의 직업 세계에 있어 소금의 개념에 대해 상세히 다루고 있다. 브리너는 소금은 부패를 지체시키지만, 그것을 막지는 못한다는 사실을 분명하게 밝히고 있다. 따라서 그것은 찬장 위에 올려놓고 잊어버려도 되는 것이 아니다. 그것은 삶의 모든 영역에 걸쳐 사용되어야 한다.

브리너는 사회에 현실적으로 영향을 미치는 예술과 대중 매체, 그리고 학문 세계에 특별한 열정을 갖고 있었다. 브리너는 우리가 해외 선교사와 같은 사역자를 위해 사람을 준비시키는 일과 사회에 영향을 미치는 중요한 직장에서 일하는 사람들, 특히 그리스도가 그 안에 없어 그분을 필요로 하는 사람들을 위해 일할 자를 준비시키는 크고 작은 일에 관심이 있었다.

브리너는 성경이 우리에게 주는 세상의 빛과 소금이 되라는 명령이 그리스도를 기피하는 사람들이 많은 직종에서 일하는 것을 의미한다는 것을 밝히고 있다.

브리너의 유산은 그리스도를 추종하는 자들에게 교회라는 식탁용의 소금통에서 나와 세상이라는 그릇 속으로 들어갈 것에 대해 강한 도전을 주는 메시지가 되고 있다.

Bob Briner의
「양들의 포효」
Roaring Lambs by Bob Briner에서

## 소금 : 그것을 사용하라

내게는 양을 키우는 친구가 있다. 그에 의하면 양은 농장에서 사육되는 동물 중 가장 잘못 이해되고 있는 것들 가운데 하나라고 한다. 그는 양이 정말 온순한 동물이라고 말한다. 양들은 인도해 줘야 할 사람이 필요하다. 따라서 세심한 관심과 주의를 기울여 주는 목자가 없을 때, 양은 엄청난 곤경에 빠진다. 그것은 양에게 가장 큰 재난이 될 수도 있다.

이 친구에 의하면 목자에 대한 양의 믿음이 얼마나 강한지 양은 목자의 지시를 무조건 따른다고 한다. 그는 양이 목자의 보살핌 가운데 자기가 안전하다고 느낄 때는 가장 용감하고 강한 동물이 될 수 있다고 말한다.

이것이 바로 우리가 추구해야 하는 모습이다. 완전히 신뢰할 수 있는 목자를 갖고 있는 우리는 실제 복음을 위한 전투에서 최전선에 나가는 것을 두려워하지 말아야 한다. 우리가 그렇지 못한 원인은 마태복음 5장 13절에 기록되어 있는 "너희는 세상의 소금이니"란 말씀을 제대로 이해하는지(혹은 오해하고 있는지)의 여부와 깊은 관계가 있다.

일반적으로 그리스도인들은 소금에 대해 그것을 플라스틱 통에 넣어 선반 위에 올려 놓았다가 필요할 때 내려서 사용하는 것으로만 생각을 한다. 이것이 바로 우리가 범하는 첫 번째의 오해이다. 그렇다고 해서 자신을 지나치게 탓하지는 마라. 만약 당신이 교회에서 20분 이상만 설교를 경청했다면, 당신을 가리켜 세상의 소금이라고 말하는 것을 들었을 것이다. 그리고 당신이 들은 대부분의 내용은 당신으로 하여금 자신이 소금의 역할을 충분히 감당하지 못한 것에 대해 죄책감을 느끼게 했을 것이다.

만약 당신이 화가나 사업가 또는 사회 지도자의 은사를 갖고 태어났는데, 아무도 당신에게 당신이 해야 할 역할에 대해 분명히 말해주지 않은 것에 대해서는 개의치 마라. 당신이 소금의 역할을 감당하는 특별한 자로 생각했던 사람들은 모두 전임 기독교 사역을 위해 목회자로 "부름받은" 자들이었다. 당신은 진정 소금이 되기를 원하는가? 그렇다면 서둘러 현직에서 물러나 아이티섬과 같은 곳에 선교사로 나가라.

그러나 그렇게 하는 것만이 반드시 소금의 역할을 하는 것은 아니며, 한 가지 비유를 들자면, 포효하는 양이 되라는 요구 역시 이것을 의미하지 않는다.

성경이 말하는 "소금"이란 단어는 우리가 너무도 흔하게 듣고 복음을 전하는 자들이 가장 많이 사용하는 고유어가 되다시피한 나머지 그것이 갖고 있는 강한 영향력이 상실되었다. "소금"은 일상적인 언어 가운데 너무 자주 사용되고 지나치게 많이 듣기 때문에 그 말이 갖고 있는 독특한 의미를 퇴색했다.

당신에 대해서는 내가 알 수 없지만, 나는 이 성경말씀대로 살아가는 사람에 대해 생각할 때면 위대한 기도의 용사로 살아가고 있는 어느 중년의 부인이나 또는 교회에 많은 헌금을 바친 마음이 후한 노년의 신사가 떠오른다. 나는 성경의 본문에 어울리는 사람으로 이와 같은 중년의 부인이나 물질적으로 관대한 노년의 신사 이외에 다른 사람을 연관시켜 생각할 수가 없다. 나도 언젠가는 그 할아버지와 같은 노신사가 되어 매주일 아침이면 교회의 강대상에서 가까운 앞자리에 앉아 설교를 들어야 하겠지만, 그때까지는 사업을 계속할 것이다.

그렇다면 나도 소금이 될 수 있을까? 내가 탁자를 사이에 놓고 소니 회사의 회장과 마주하면서도 예수 그리스도를 위해 여전히 세상에 영향력 있는 사람으로 일할 수 있을까? 오늘날 대부분의 미국인들에게 있어 "세상의 소금" 같은 사람은 어딘지 둔해 보이지만 자기 일을 꾸준히 하고 순종하는 사람, 다시 말해 열심히 일하고 정직하면서도 아주 온순하고 교회 밖에서는 다른 일을 거의 하지 않는 교회 일에만 충성된 사람으로 받아들여진다.

그러나 예수님께서 소금에 대해 말씀하실 때 염두에 두신 생각은 무뎌진 양심을 자극하고 각성시키고 깨끗하게 하며 권면하는 것이지 둔감하거나 유순한 것이 결코 아니다. 그러므로 우리가 그리스도께서 말씀하시는 소금이 되기 위해서는 전투의 최전방에서 싸우는 첨병의 역할을 해야 한다.

"너희는 세상의 소금"이라는 예수님의 말씀은 그때나 지금이나 그분을 구주로 영접한 모든 사람을 가리켜 하신 말씀이다. 이것은 제자들을 향한 성경에 언급되어 있는 예수님의 가장 분명한 선포 가운데 하나이다. 그분께서는 우리에게 장차 소금이 되어야 할 것을 말씀하시지 않았다는 사실을 주목하라. 그분께서는 우리를 가리켜 이미 소금이 된 자들이라고 말씀하셨다. 우리는 그분을 우리의 삶 가운데 영접하는 순간 세상의 소금이 된다.

본 절의 하반부는 우리에게 소금이 된다는 것이 무엇을 의미하는지 이해할 수 있는 통찰력을 제시해 준다. "소금이 만일 그 맛을 잃으면 무엇으로 짜게 하리요 후에는 아무 쓸데없어 다만 밖에 버리워 사람에게 밟힐 뿐이니라" 그렇듯이 우리가 소금이 되는 것만으로는 충분치가 않다. 좀 더 솔직히 말해, 우리가 소금이면서 짠맛을 내지 못한다면 우리는 전혀 쓸모 없는 그리스도인이라고 말하는 것이 옳지 않겠는가?

이것이 바로 성경이 우리에게 말하고 있는 것이다.

그러나 문제는 우리가 무엇을 하고 있느냐는 것이다. 우리가 세상의 소금이 되기 위해서는 어떻게 행동해야 할까? 이것에 대한 해답을 우리는 소금이 사용되는 방법에서 찾을 수가 있다. 소금은 맛을 냄과 동시에 방부제의 역할을 한다. 소금은 맛을 돋우고 향을 내므로 조미료의 역할을 한다. 소금에는 또 더러운 것을 씻어내고 부패를 방지하므로 음식을 보존하는 능력이 있다. 소금이 2가지의 역할을 모두 하기 위해서는 사용되어야 한다. 용기 속에 담겨만 있어서는 아무 소용이 없다. 뿌려져야 한다.

20여 년 전 감리교의 위대한 저술가이자 선교사였던 스탠리 존스는 교회 안에서 가장 커다란 문제가 되고 있는 것이 무엇이냐는 질문을 받았다. 이때 그의 입에서 즉각 나온 답변은 "무관계성"이라는 것이었다. 교회는 처음에 세상과 무관하지 않았다. 그러나 그리스도인들이 사람들에게 그리스도께서 오늘날 삶의 모든 영역과 얼마나 깊은 관계가 있는 분이신지를 구체적으로 보여주고, 그들이 이해할 수 있도록 설명해 주지 못한 것이다. 훌륭한 퀘이커 교도의 교사이자 저술가인 엘튼 트루블러드는 이것에 대해 다음과 같이 표현하였다. "오늘날의 교회와 현대인은 서로가 아주 무관한 관계에 있는 것 같다."

그리스도인이 예수님께서 명령하신 소금이 되는 첫 번째 방법은 그분과 현실과의 관계성에 대해 가르치고 그것을 증거하며, 삶의 모든 영역에서 그분의 그러한 관련성을 보여주는 삶을 사는 것이다. 우리가 우리들끼리만 말하고, 우리들에 대해서만 글을 쓰며, 우리들끼리만 어울리고, "안전한" 직장이나 직업에서만 일하면서는 결코 이것을 실천할 수 없다. 소금이 된다는 것은 목회자와 선교사를 양산한다는 의미가 결코 아니다. 세상의 소금이 되는 것은 보다 헌신적인 평신도들로 하여금 정치와 광고, 대중 매체, 고등교육, 연예, 예술, 스포츠와 같은 분야에서 하나님 나라를 세우기 위한 방법들에 대해 전략적으로 생각하고 행동하도록 돕는 것을 말한다.

그리스도를 교회 안에만 가두어 놓는 것은 소금을 용기 속에 보관하는 것과 같으며, 우리가 그리스도에 대해 알리지 않으면 그분께서는 결코 전해질 수 없다. 따라서 우리는 그분을 가는 곳마다 알리므로 현대인의 모든 삶의 영역에 있어 그리스도의 관계성을 보여 주어야 한다. 이것은 결코 선택 사항이 아니다. 이것은 절대적인, 곧 성경이 우리에게 명령하는 절대적 의무이다.

우리가 소금이 되라는 그리스도의 명령에 순종하는 방법은 그분의 다른 명령들이 침투에 관한 것인 것과 마찬가지로 침투하는 것이다. 고기를 싱싱하게 보존하기 위해서는 소금이 그것에 침투해 들어가야 한다. 침투한다는 것은 바깥에 서서 담장 너머로 비판이라는 수류탄을 던지는 것을 뜻하지 않는다. 그것은 반대하고 부정하는 것을 의미하지도 않는다. 침투한다는 것은 자신에게 있는 능력과 달란트를 갖고 안으로 들어가 하나님의 도우심과 성령의 인도 가운데 부패하고 악한 것들에게 성경에 근거한 방법들을 제시하는 것을 말한다.

우리는 그리스도인에게 주어진 진정한 의미에서의 침투가 결코 쉬운 것이 아니라는 사실을 이해해야 한다. 예를 들면, 가족의 가치, 그리스도인의 용기, 또는 영원한 진리 등을 권면하는 양질의 TV 프로그램이나 시리즈를 만들어서 제작 판매하고 보급하는 것보다, 별로 바람직하지 않은 TV 프로그램에 대해 시청을 거부하는 것이 훨씬 쉽다는 것이다. 마치 쓰레기 같은 TV 프로그램을 후원하는 회사의 제품들에 대한 불매 운동의 참여는 우리로 하여금 선하고 옳은 일을 했다고 느끼게 할지 모르지만, 그것이 세상의 소금이 되는 것과는 전혀 상관이 없는 것과 같다. 그것은 분명히 그리스도께서 우리에게 요구하시는 헌신이 아니다. 불매운동 본부에 몇 푼의 기부금을 내고 몇 주간 동안 특정한 상품의 비누를 사지 않는 것과 그리스도를 영화롭게 하는 전국에 방영될 TV 프로그램을 제작하여 각 가정에 제공하기 위해 자신과 자신의 재력과 직장을 희생하는 사람을 비교해 보라.

전자가 하찮고 별로 보잘 것 없는 일이라면, 후자는 기도와 희생적인 헌신으로 후원할 만한 가치가 있는 것이다. 그리스도인들이 아무런 대책도 없이 비판하고 트집을 잡으며 불평만 할 때, 세상 사람들은 냉소적인 태도로 그들을 비웃는다. 실제로 우리는 "보다 더 탁월한 방법"을 제시할 때만 사람들에게 많은 관심을 요구하고 또 받을 수 있다.

성경 학자이자 일리노이주의 오크 파크에 있는 갈보리 메모리얼 교회의 담임 목사인 레이 프리처드 박사는 이렇게 말하였다. "세상의 소금이 된다는 것은 악이 만연하는 것을 방지하는 정화제로서의 역할을 하는 것을 의미한다. 예수 그리스도를 따르는 우리는 악이 확산되어 가는 것을 막는 '도덕적인 살균제'가 되어야 한다. 우리는 진실과 정의를 외치는 공동체의 양심이 되어야 한다."

이것을 하기 위해서는 우리가 그러한 공동체에 속해야 한다. 우리는 그러한 공동체의 일원이 되어야 한다. 우리는 멀리 떨어져서 아무런 영향력도 행사하지 못하는 '도덕적인 살균제'가 되어서는 안된다. '헐리우드에서 활동하는 사람들'은 매우 악하다거나 TV와 관련된 자들은 불신자들이라거나 인쇄 매체는 항상 아주 비굴한 방식을 취한다거나 정부의 정책 입안자들은 성경의 진리를 완전히 무시한다거나 음악과 예술 분야는 부패할 대로 부패했다는 등의 경멸어린 어투로 다른 사람과 함께 불만을 털어놓은들 하등 유익할 것이 없다. 교회의 의자에 앉아 세상의 부패에 대해 두 손을 맞잡고 가슴을 쥐어짜며 의분을 표한다고 해서 곧 소금이 되는 것이 아니다. 바람직한 대안의 제시 없이 악한 세상을 비난만 하는 것도 역시 마찬가지이다.

이 세상에는 아주 놀라운 일들이 많은 것이 사실이다. 그러나 나는 그것을 비난하는 설교보다 그것을 위해서 할 수 있는 보다 좋은 방법들이 있다는 것을 확신한다. 악의 범람을 막을 수 있는 최선의 방법은 그것을 선한 것으로 대체하는 것이다.

저속한 내용의 가사로 이루어진 대중 음악의 확산을 막는 가장 좋은 방법은 인간의 영혼을 고양시켜 주는 훌륭한 음반을 취입하는 것이다. 크리스챤 가수인 애미 그랜트는 세상적인 라디오 방송을 통해 음악이 나갈 때마다 악의 확산을 그만큼씩 막아주고 있다. 그녀에 대해 기독교적이지 않은 음악으로 세속적인 세상을 "넘나들고" 있다고 비판하는 자들은 분명히 한가지 사실을 모르고 있는 것이다. 그것은 그녀의 음악이 부패와 도덕적인 타락만을 가져다 주는 다수의 음반들 가운데 하나가 차지할 수 있는 방송 시간을 점유한다는 사실이다. 이러한 면에서 애미 그랜트는 세상의 소금이 되고 있는 것이다. 그녀는 내가 갖고 있는 훌륭한 음악가 상을 수상할 포효하는 양들의 후보자 명단 가운데 상위권에 있다.

애미 그랜트가 인기를 얻은 음반은 대중 음악의 폐해를 신랄하게 비판하는 수많은 설교나 불량한 음반회사에 대해 전국적인 불매 운동을 펼치는 것보다 부패해 가는 세상에서 훨씬 더 영향력 있는 소금의 역할을 하고 있다. 우리에게는 썩어져 가고 있는 세상에 대해 비난하는 설교보다 애미 그랜트와 같은 인물이 더욱 필요하다. 우리에게는 또 대중 음악 산업의 전반에 걸쳐 영향력을 행사할 수 있는 그리스도인 음악가와 유능한 매니저, 제작자, 음반 회사 경영자도 필요하다.

내 말에 오해가 없기를 바란다. 하나님의 부르심을 따를 때 우리에게는 극한 악과 맞서 큰 소리로 외쳐야 할 때가 있다. 하지만 그것이 우리가 하는 일의 전부라면, 특히 우리들끼리만 모여서 큰 소리로 떠들어댈 때, 우리는 결코 소금이 되지 못하는 것이다. 소금이 된다는 것은 선으로 악을 대체하는 것이지, 악에 대항해서 소리만 지르는 것이 아니다.

창세기에 기록되어 있는 소돔과 고모라의 이야기는 의로운 자들이 갖고 있는 세상을 보존하는 능력에 대한 매우 교훈적인 이야기로 어떠한 상황 속에서도 하나님의 백성에 의해 구원되는 소금의 역할을 잘 묘사해 주고 있다. 하나님께서는 소돔성 안에 몇 사람의 의인만 있을지라도 그곳을 멸망시키지 않으셨을 것이다. 성안에 의로운 사람이란 유일하게 롯 한 사람 뿐이었지만, 하나님께서는 그가 떠날 때까지 성을 멸망시키지 않으셨다. 오늘날도 그리스도인들은 사회의 소외된 곳에 남아 롯처럼 "마지막 의인"으로 남도록 부름받고 있다. 우리는 일부 직업에 대해 도덕적으로 타락했기 때문에 그리스도인이 가져서는 안 된다는 선입견을 버려야 한다. 우리는 인간의 노력이 합법적으로 인정되는 모든 영역에서 그것을 하나님의 진노로부터 보호하는 롯의 역할을 하도록 부름받고 있다. 우리가 그곳을 오랫동안 보존하고 거기에서 소금의 역할을 오래 하면 할수록, 거기에 있는 사람들 가운데 그리스도께로 나아오는 자들의 수가 더욱 많아진다.

소금이 된다는 것은 우리가 복음을 전하는 것만을 의미하지 않는다. 거기에는 우리가 악을 선으로 변화시키므로 복음을 전할 수 있는 분위기를 조성하는 것이 포함된다.

성령 안에서 살고, 선과 악 사이에서 치열하게 싸우며, 선한 것을 보존하고자 격렬하게 노력하는 것처럼 소금을 대체할 만큼 효과적인 것이 없다. 그리스도인들이 소금의 역할을 하지 못할 때 그것을 대신해 줄 사람이 없으며, 우리는 인생의 향기와 의미를 찾아볼 수 없을 것이다. 유럽의 기독교 역사를 보라. 지난 20여 년 동안 나는 런던을 적어도 100여 차례 이상 다녀왔다.

어느 한 해에는 고향인 달라스를 제외한 다른 어떤 도시보다도 런던에서 많은 시간을 보낸 적도 있다. 나는 파리에 있는 우리 아파트를 중심으로 유럽의 중요한 도시들에 대해 아주 잘 알고 있다. 안타까운 것은 이러한 도시와 사회들이 거의 이교도화될 만큼 점차 세속적이며 인본주의적으로 변해가고 있다는 것이다. 어떠한 현실적인 목적을 위해

외형적으로는 교회가 존재하고 있지만, 영적인 생명력은 크게 상실된 채로 남아 있다. 과거의 역동적이고 현실 생활과 밀접하게 관련되었던 기독교가 사라지면서 그리스도인들의 삶과 생활을 풍성하게 해준 소금의 맛도 찾아볼 수가 없다. 모든 사람이 가보기를 원할 만큼 우리의 눈을 매혹시키는 관광지이지만, 그러한 호기심을 배제하고 그들의 삶의 내막을 들여다 본다면 우리는 마치 모든 사람이 어딘가에 사로잡혀 있는 듯한 실존적인 불안감을 느끼는 것을 쉽게 발견할 수 있을 것이다. 그들에게는 소금이 없는 것이다. 그 사회에는 소금으로 침투해서 미각을 강하게 자극하고 돋구어 주는 맛을 내게 하는 적극적인 교회가 없다.

이와 똑같은 현상이 여기에서도 일어날 것인가? 어떤 사람들은 그것이 이미 일어나고 있다고 말한다. 대영제국 및 유럽 국가들과 역사적으로 긴밀한 관계를 갖고 있는 지역들은 지난 날 그리스도의 메시지에 크게 영향을 받았던 사회가 완전히 세속화 되다시피하여 시대에 어울리지 않게 존재할 때 그 사회가 어떻게 변해버릴 수 있는지 그 예를 극명하게 보여주고 있다. 영국과 유럽에도 역동적인 그리스도인과 훌륭한 교회들이 분명히 있다. 그러나 통계학적으로 볼 때 거의 무의미할 만큼 그 수가 터무니없이 적다. 알프레드 노스 화이트헤드는 오늘날의 교회에 대해 다음과 같이 지적하였다. "교회는 이제 더 이상 우리의 생활 양식에 영향을 주지 못하고 있다." 교회는 현실과 무관한 상태에 있다. 지금 우리에게는 소금이 없다.

사회가 일시적인 만족을 추구하는 극단적인 세속화로 인해 수많은 문제를 야기시키고 있는 가운데서도 미국의 교회는 여전히 사회에 적게나마 소금의 역할을 하고 있다. 충분하지는 않지만 우리의 삶 속에서 나름대로 소금의 맛을 내고 있는 것이다. 그러나 전반적인 추세는 세속화와 인본주의로 흘러가고 있다. 우리가 이러한 경향에 개의치 않고 내버려 둔다면, 우리는 그저 이 상태에 머물면서 서로에게 계속 입바른 소리만 하게 될 뿐이다. 그러나 우리 사회가 과거의 상태로 회복되는 것을 보기 원한다면, 우리는 거기에 소금을 뿌려야 한다. 우리는 양들이 포효하게 해야 한다.

나는 2개의 직업 세계, 곧 프로 스포츠와 TV 방송 분야에 내 인생의 상당 시간을 바쳤다. 잘못된 견해일지 모르지만, 나는 당신이 이 2가지 분야보다 더 영향력 있는 세계를 말할 수는 없으리라고 생각한다. 아주 뛰어난 운동 선수로부터 당신의 안방으로 계속 전달되는 TV 프로그램에 이르는 이 2가지 분야는 실제 오늘날 문화 형성의 발원지가 되고 있다. 그리고 여기에는 최고의 그리스도인과 최악의 그리스도인이 모두 존재하기도 한다.

미국에서 빅 스포츠 게임을 찾아 다니며 즐기는 사람이라면 그것의 문제점에 대해 잘 알고 있을 것이다. 프로 스포츠 뿐만 아니라, 대학이나 고교 스포츠와 같은 집단에서조차 부정직과 사기, 약물 복용, 음란한 성행위, 통제 불가능한 자기 욕망의 추구와 황금만능주의가 매우 심각한 문제로 대두하고 있다. Friday Night Lights 라는 베스트 셀러를 쓴 H. G. 비싱어 H. G. Bissinger는 자신의 책에서 텍사스주의 오뎃사에 있는 고교 축구팀의 끔찍스러운 사례를 통해 프로 스포츠 세계의 여러 가지 추악한 문제점을 제기해 주고 있다. 그러나 산재한 모든 문제들에도 불구하고 프로 스포츠 세계에는 그 집단을 다른 어떤 집단보다도 더 흥미롭고, 역동적이며 의미있는 분위기로 만들어주는 그리스도인들이 있다. 이것은 수 년 전에 그리스도인들이 복음이라는 소금을 통해 그 집단을 적극적이고 효과적인 방법으로 침투해 들어가고자 심사숙고하여 내린 뛰어난 전략의 결과인 것이다.

그리스도인들은 미국인들의 삶 가운데 어떤 한 분야보다도 스포츠를 포함한 거의 모든 활동 분야에서 소금의 역할을 하고 있다. "기독교 체육인회"는 미국의 거의 모든 고등학교와 대학교를 상대로 사역을 하고 있다. "활동하는 체육인"이란 단체는 그리스도인 운동선수들에게 운동 실력을 통해 복음의 메시지를 전할 수 있는 기회를 부여한다. 메이저리그 야구와 전미미식축구연맹, 그리고 전미농구협회에 소속된 모든 팀에는 매주 예배를 드리는 것에서부터 팀의 멤버들을 심층적으로 훈련시키는 것에 이르기까지 모든 업무를 담당하는 목회자가 있다. 용감하게 공을 던지기로 유명했던 전메이저리그 투수인 데이브 드라베키는 암으로 인해 팔을 잃은 후 샌디애고와 샌프란시스코팀의 담당 목회자와 함께 하는 체계적인 성경공부를 통해 성숙한 그리스도인이 된 후 그 훈련 효과에 대해 확신한다.

프로 골프 투어와 프로 테니스 투어에만 전적으로 헌신을 하는 사역자들이 있다. 그리고 프로 낚시꾼들로 구성된 농어 낚시 투어팀 가운데도 예배를 드리는 모임이 있다.

스포츠 모임에는 어디에나 거의 예외 없이 독실한 그리스도인이 포함되어 있다. 월드 시리즈와 슈퍼 볼(미국의 프로 미식 축구 챔피언 결정전 — 역자주), 올림픽, 모든 프로 스포츠에서 개최하는 올스타 전과 메이저 팀 코치 대회, 그리고 전미대학체육협회 등은 모두 조찬 기도회나 목회자 초청 오찬 모임 혹은 특별 성경공부 등을 실시하고 있다. 거기에다 항상 부부 동반을 위한 활동이나 초청 프로그램이 있다.

디트로이트지의 스포츠 담당 기자였던 웨디 스폴스트라가 「스포츠계에서 활동 중인 기독교인 인사」란 부제가 붙은 잘 나가는 월간지인 「긴밀한 동행」 Closer Walk을 발간하고 있다. 그런데 1991년 12월호는 표지 전면을 다음과 같은 제목으로 장식하였다. "슈퍼스타 데이빗 로빈슨, 예수 그리스도를 영접하다." 본 기사는 샌 안토니오 스퍼스팀의 7피트가 넘는 장신의 센터가 어떻게 해서 스퍼스 팀의 담임 목사에 의해 그리스도께 인도되었는지에 대해 상세히 설명하고 있다. 이것은 미국의 스포츠계가 자연스럽게 복음화 되어가고 있음을 보여주는 대표적인 예라 할 수 있다.

그런데 더 중요한 사실은 스포츠계에서 커다란 영향력을 행사하는 거물급 인사들뿐 아니라 많은 유명 스타들까지 공개적으로 그리스도에 대한 자기의 신앙을 고백하고 있다는 것이다. 예를 들어, 명예의 전당에 등록된 축구계의 톰 랜드리와 로저 스타버치, 농구계의 줄리어스 어빙, 그리고 야구계의 오렐 허시스와 라디오 해설가인 어니 하웰, 테니스계의 스탄 스미스는 공개적으로 그리스도에 대한 자기의 신앙을 선포한 사람들 가운데 대표적인 인물에 해당한다.

이것은 빅 스포츠계가 마치 주일 학교를 옮겨 놓은 커다란 야외 학습

장이 되고 있다는 의미가 아니다. 우리는 결코 그렇지 않다는 사실을 알고 있다. 그러나 기독교의 메시지가 환영을 받고, 예수를 믿는다는 이유로 개인이 조롱당하지 않는 곳이 스포츠계이다. 그리고 가장 존경받는 지도자들 가운데 그들의 운동이나 뛰어난 관리 능력 못지 않게 헌신적인 신앙으로 널리 알려진 자들이 있는 분야이기도 하다. 그렇다면 당신이 일하고 있는 현장에 대해서도 당신은 이런 이야기를 할 수 있는가?

스포츠 세계에서 기독교 신앙이 이렇게 살아 남을 수 있는 이유는 경기장 안에서 술이 제공되고 주일에 경기가 진행되며, 도박판이 벌어질지라도 그리스도인들이 경기장을 뛰쳐나오지 않았기 때문이다. 그들은 오히려 이러한 문제의 요인들을 스포츠에서 야기될 수 있는 필연적인 부분으로 간주하고, 자기들이 계속 남아서 더욱 소금의 역할을 해야 할 이유가 된다고 생각하였다.

그러나 내가 마이애미 돌핀스팀으로 가기로 결정했을 때 내게 쏟아진 여러 비판들 가운데 하나는 "그리스도인이 어떻게 주일날 경기를 하는 집단에서 일할 수 있을까?"라는 것이었다.

우리는 스포츠와 TV 사이에 나타나는 차이점을 쉽게 비교할 수 있다. 스포츠 세계에서 당신은 어디를 가든 그리스도인을 만날 수 있을 것이다. 그러나 20년 이상을 TV 방송에 종사해 온 나는 지금까지 주요 TV 방송 사업에 관련된 사람들 가운데 자신이 그리스도인이라는 것을 공개적으로 고백하는 사람을 거의 보지 못하였다. 이 두 세계 사이의 차이점에 대해서 그것을 더 쉽게 알 수 있다. 스포츠계의 독실한 그리스도인들은 TV 세계에서는 전혀 찾아볼 수 없는 삶의 질을 높여주는 조미료를 제공하고 있다. 가정에 공급되고 있는 대부분의 TV 프로그램에 유대교적이거나 기독교적인 내용이 전무한 것에 대해 놀랄 이유가 없다. 프로듀서나 방송 작가, 카메라맨, 또는 제작 책임자 가운데 기독교인이 없는 상태에서 TV에 출연하는 사람들이 기독교의 가치관을 정확하게 보여 주리라는 것을 어떻게 기대할 수 있는가 말이다.

나는 스포츠 세계에 처음 들어섰을 때 교회로부터 어떠한 격려의 말도 듣지 못하였다. 누군가가 취직을 위해 버뱅크에 있는 NBC 방송사에 이력서를 갖고 가 면접을 보려 한대도 교회는 어떠한 관심을 기울이지 않을 것이다. 그런데도 TV가 우리의 기독교적인 가치관을 반영해 주기를 바라는가?

나는 여기에서 스포츠 세계에서 그리스도인의 참여를 높이려 하는 사람들에게 몇 가지 주의를 주고 싶다. 상황은 다음과 같다. 그리스도인들의 적극적인 참여, 스포츠와 관련된 모든 기독교 사역, 그리고 거개의 모든 스포츠 분야에서 떨치고 있는 그리스도인들의 영향력에도 불구하고 악은 여전히 존재하며 오히려 더 심각해져 가고 있다는 것이다. 이것은 너무나 자명한 사실이다. 친구인 프리처드 박사가 한 말이 생각난다. "소금은 부패를 지체시켜 줍니다. 소금은 부패되는 과정 자체를 막지는 못하지만, 그것을 늦추는 것은 가능합니다…." 그리스도인의 영향력이 없는 스포츠계의 상황은 상상만 해도 끔찍하다. 스포츠계에 여전히 악한 것들이 잔재한다는 것은 분명한 사실이다. 그러나 만약 그리스도인들이 스포츠계를 떠났다면 상황은 훨씬 더 나빠졌을 것이다. 그리스도인으로서 우리의 의무는 세상에 있는 다양한 공동체를 장악하는 것이 아니라, 그들 속에 침투하여 그들과 함께 하면서 악에 대한 하나님의 대안을 제시하고, 그들에 대한 그리스도의 관계성을 밝히므로 그리스도와 그분의 교회를 위해 가능한 한 훌륭한 대리자가 되는 데 있다.

  너무나 많은 그리스도인들이 소금이 되는 것보다는 수치에 더 많은 관심을 갖고 있다. 이러한 사고 방식의 문제점은 그것이 우리의 승리는 세상 사람들이 바라보는 방법의 "승리"가 결코 아니라는 것과 상충하는데 있다. 스포츠 세계에서와 마찬가지로, 만약 교회와 교인들이 매우 효과적인 방법으로 특정한 집단에 침투하여 어떤 역할을 할지라도 우리 주님께서 다시 오셔서 그분의 새로운 왕국을 세우실 때까지 악이 근절되지는 않을 것이다. 소금은 부패를 지체시키지만, 그것을 막지는 못한다. 우리의 의무는 수치를 높이는 것이 아니라 그리스도를 위해 사는 것이다. 우리는 그리스도를 통해 최후 승리를 누리게 된다는 것을 알고 있다. 하지만 그것은 이 땅에서 실현될 수 있는 것이 결코 아니다. 다만 우리가 효과적으로 역할을 감당할 때, 우리는 승리와 성공의 기쁨을 누리게 될 것이다. 성령께서 우리의 수고를 우리 주변 사람들의 삶 가운데 바람직하고 유익한 것으로 바꾸어 주시지만, 악은 여전히 존재하며 오히려 더 번성할 것이다. 그러므로 우리의 의무는 최선을 다하고 결과를 주님께 맡기는 것이다.

  통계 수치에 관심을 갖는 사고 방식은 그리스도인의 TV 접근 방법에 있어 가장 흔하게 나타나는 현상이다. TV 프로그램을 개선해 보겠다는 좋은 의도로 TV 방송을 감시하는데 많은 시간을 투자하는 그리스도인들이 있지만, 그들은 매우 비효율적인 방법으로 일하고 있다. 그 수치를 통해 우리가 폭력적인 행동과 노골적이고 선정적인 장면, 그리고 반기독교적인 내용이 전국적인 방송망을 타고 얼마나 많이 방영되는지에 대해 말할 수는 있겠지만 말이다. 다시 말하지만, 우리의 의무는 악을 감시하는 것보다 그것을 막을 수 있는 대안을 제시하는 데 있다는 것을 알아야 한다.

부도덕한 TV 프로그램의 전체적인 방영 시간을 조사하고, 그것이 가져다 준 결과를 보고하며 시청 거부 운동을 펼치기 위해 사용된 노력을, 시청자들에게 보다 바람직한 방향을 제시해 줄 수 있는 국민을 위한 양질의 프로그램을 하나라도 더 만들어 보급하는데 투자했다면, 그것은 프로그램에 대한 잡다한 통계 수치를 내는 것보다 훨씬 더 가치가 있을 것이다. 그리고 이것은 세상의 소금이 되라는 그리스도의 명령을 보다 더 충실히 실천하는 것이 될 것이다.

스포츠에는 우리에게 소금이 되는 것에 대해 가르쳐 주는 또 하나의 교훈이 있으며, 그것은 우리가 노력을 기울이는 다른 모든 분야에도 적용된다. 우리가 자기의 역할을 효과적으로 감당하기 위해 반드시 최고가 되어야 하는 것은 아니지만, 최선을 다해야 한다는 것은 분명한 사실이다.

투수인 바이런 발라드는 한번도 메이저리그에 진출해 본 적이 없다. 그러나 변함없이 성실하고 열심히 노력하는 팀원이었던 그에게 텍사스 주의 에머릴로에서 경기가 있을 때 데이브 드라베키에게 복음을 전할 수 있는 기회가 주어졌다. 데이브는 그때 그리스도를 영접했으며,

메이저리그의 훌륭한 투수가 되었다. 이것을 계기로 그는 야구계의 최상류층에서 매우 강한 영향력을 행사하게 되었으며, 많은 사람을 상대로 계속 사역을 하고 있다. 결국 바이런은 이것을 위해 마이너리그에 남았던 것이다. 그는 프로 야구계에 들어가기 위해 자기가 갖고 있는 모든 기술과 능력을 활용했으며, 자신의 기량을 최대한 발휘하고, 복음을 전할 수 있는 기회가 주어지면 그것을 효과적으로 전하기 위해 애를 썼다. 바이런이 메이저리그에 직접 복음을 전하지는 못했지만, 그의 영향력은 그곳에까지 미쳤다. 바이런 발라드야말로 세상의 소금이다.

이 책을 읽고 있는 당신 역시 그와 같은 소금이 될 수가 있다. 이것이 바로 내가 원하는, 양들이 우리 나라의 모든 문화의 현장 속에 들어가 포효하는 것이다.

우리 사회의 모든 영역에 침투해 들어가기 위해서는 경쟁력과 함께 헌신적인 마음을 갖춘 그리스도인이 필요하며, 그것을 하기 위해서는 소금이 되라는 그리스도의 명령을 마음 가운데 깊이 새겨야 한다. 만약 교회가 전문 목회만을 중요한 소명으로 간주하여, 그리스도의 몸된 교회 전체의 관심 분야로 여기며 기도와 재정적인 뒷받침을 통해 후원해야 하는 유일한 소명으로 생각한다면, 하나님 나라의 건설은 치명적일 정도로 위축될 것이다.

오늘날 교인들로 하여금 매일 소금의 역할을 하도록 준비시키기 위해 구체적이고 적절한 방법들을 모색하고 그들이 침투해 들어갈 특정한 분야를 겨냥하기 위해 의식적으로 치밀하게 전략을 세우는 교회가 과연 얼마나 되는가? 우리는 거의 없다고 대답할 수 밖에 없을 것이다.

이것은 주일의 교회 출석률이나 복음전도를 위한 특별 세미나, 또는 매년 개최되는 선교대회 등의 성과를 높이기 위해 시간과 노력을 바치는 것보다 훨씬 더 어렵고, 많은 생각을 필요로 한다. 포효하는 양의 역할은 특별한 날이나 특별히 중요한 어떤 것, 혹은 특별한 사람이나 특별한 직업에만 해당되는 것이 아니다. 오히려 이것은 사회의 모든 분야에서 그리스도를 효과적으로 나타내겠다는 목적을 갖고 평범한 사람들이 자기의 일상적인 일에 임하는 것을 말한다. 교회는 바로 이러한 목적을 위해서 존재해야 한다.

최소한 교회 안에서는 젊은 사람들에게라도 그들의 직업에 대해 그것이 무엇이든 상관 없이 교회가 후원하는 해외 선교사들의 사역과 똑같이 활력을 불어넣어 주고, 교인들로부터 많은 관심을 받으며 선교 사역의 상당 부분을 감당하고 있다는 사실을 인지하게 해야 한다. 이것은 해외 선교사들에 대한 후원을 줄이라는 말이 결코 아니다. 그러나 선교사들을 위해 예산을 세우고, 선교에 대해 지속적으로 설교하며, 선교를 특별히 강조는 하면서도 선교적 사명인 세상의 빛과 소금이 되라는 그리스도의 명령을 실천하기 위해 어렵고, 의무적인 삶을 실천하려는 젊은이들을 무시한다면 그것이 과연 옳은 일인가?

일반적으로 교회 안에서 특별한 관심과 특별 상담, 특별 기도, 그리고 특별한 재정적 지원을 담당하고 있는 사람들은 교인 가운데 전문 사역자로 부름받은 자들이다. 그에 반해 의학 계통이나 교육, 출판업, 저술, 배관 기술, 소매업, 그리고 그 밖의 다른 직업을 갖고자 하는 젊은 이들에게는 최소한의 관심조차 기울이지 않는 이유가 무엇인가? 그들에게는 적어도 그들의 직업을 통해 교회의 선교적 사명이 실현되고 책임을 감당하게 된다는 것을 이해시킬 필요가 있다. 따라서 그들에게는 그것에 대한 이유뿐만 아니라 그것을 실현하기 위한 최소한의 교육이 실시되어야 한다. 그들에게는 또 그들이 날마다 자신의 일터에서 복음이란 소금을 전할 때 뒤에서 그것을 소중히 여기고, 기도와 지원을 아끼지 않는 자들이 있다는 사실을 주지시킬 필요가 있다. 이것이야말로 진정 그들이 포효하는 양이 되는 방법이다.

분명히 성경은 우리에게 세상의 소금이 될 것을 명령하고 있다. 이러한 명령은 특정한 분야만을 선택해서 침투하는 것이 아니라, 분명히 사회 모든 영역에 침투할 것을 요구하고 있다. 이러한 명령은 그리스도인 가운데 일부 지식층이나 전문적인 직업을 가진 사람만이 아니라 모든 그리스도인을 향한 것임이 분명하다. 소금이 되는 비결은 부정적이고 비판적인 것과는 대조적으로 자기가 처한 곳에서 긍정적이고 바람직한 대안을 제시하는 것을 의미한다. 소금이 되라는 명령에는 분명히 능력과 헌신이 요구되며, 우리는 할 수 있는 대로 그리스도를 전하는 일에 최선을 다해야 한다.

교회는 그리스도의 명령을 실천하고자 분명한 목적 의식을 갖고 지속적이며 신실한 자세로 모든 교인, 특히 젊은 사람들을 준비시키는 일에 힘써야 한다. 소금이 없는 삶은 맛과 향이 없으며 소금이 있을 때보다 훨씬 더 빠른 속도로 부패한다. 소금이 되기 위해서는 그만한 대가를 치러야 하는 것이 사실이다. 세상은 하나님의 말씀이라는 소금이 주는 자극에 대해 반드시 너그럽지만은 않다. 소금이 되라는 명령은 통계 수치와 일치하지도 않는다. 그러나 우리는 그리스도로 말미암아 최후의 승리를 누리게 될 것을 믿는 진리 안에서 최선을 다하고 결과는 그분께 맡기기만 하면 된다.

  마지막으로, 문화 형성에 중요한 영향을 주는 직업들에 특별히 소금이 부족한 것이 사실이다. 그러므로 이 책의 나머지 부분에서는 그러한 직업들에 대해 좀 더 자세히 살펴보고, 어떻게 하면 우리가 지금까지 포기한 영역들을 되찾는 중요한 일에 당신이 참여할 수 있는지 그 방법에 대해 생각하도록 도전을 주고자 한다.

  우리가 이것을 할 수 있는 한 가지의 유일한 방법은 기꺼이 포효하고자 하는 양들을 찾아 나서는 것이다.

## 맺는말

　베스트 셀러 목록 가운데 계속 상위를 차지하고 있는 「당신의 낙하산 색깔은 무엇입니까?」 What Color is Your Parachute? 라는 책의 저자인 리차드 볼스 Richard Bolles는 73살의 성공회 전임 목회자이다. 그는 자기 생애의 대부분을 사람들이 자신의 직장 생활과 일로부터 야기되는 복잡한 문제들을 해결하도록 돕는 일에 헌신해왔다.

　그는 오크랜드 바로 외곽의 나지막한 산허리에 있는 자기의 사무실에 앉아 우리가 자기의 재능을 활용하지 않으면서 하나님의 일을 하려 하는 것은 커다란 과오를 범하는 것이라고 설명하였다. 그는 계속해서 이렇게 말하였다. "만약 누군가가 '내가 하나님을 위해 이것을 하긴 하지만, 좋아서 하는 것은 아닙니다.' 라고 말한다면 그것은 모순입니다."

　이미 6백만 부 이상의 판매 부수를 기록하고, 지난 30여 년 동안 10개 언어로 번역된 책의 저자인 볼스는 매일 세 종류의 조간 신문을 읽는 것으로 하루를 시작한다.

　그것은 자기 회사에서 최고의 자리에까지 올라간 사업가에 관한 이야기가 아니었다. 그것은 인터넷 회사의, 열정적인 의욕을 갖고 있던 기업의 총수에 대한 이야기가 아니었다. 그것은 훌륭한 운동 선수에 관한 이야기도 아니었다. 그것은 동네의 세이프웨이 슈퍼마켓(미국에서 제일 큰 슈퍼마켓 — 역자주) 체인점에서 일하는 한 점원에 대한 이야기였다. 그녀는 금전 등록기의 자판을 두들기던 시대에 슈퍼마켓에서 점원으로 일하였다. 그때는 물건 가격을 신기하게 읽어내는 바코드 판독기가 없었다. 볼스는 우리에게 다음과 같이 말해주었다. "그녀는 금전 등록기에 판매액을 기록하기 위해 키를 누를 때 그것을 리듬에 맞추어서 했지요. 그러면서 식료품을 종이 가방으로 어떻게 포장해 줄 것인지에 대해 생각했습니다."

고객이 자기가 사는 물건의 조리법을 정확히 알지 못할 때는 영수증에 그것을 상세히 적어 주었다. 그리고 아이와 함께 슈퍼마켓에 오는 손님에게는 부모의 허락을 받아 아이에게 사탕을 주었다.

그것은 누구나 할 수 있는 일이었다. 그것에 대해 볼스는 다음과 같이 말하였다 "하지만 그녀는 자기가 개발한 독특한 방법으로 그것을 했지요. 그녀는 '단지' 점원의 신분에서 이처럼 다양한 역할을 했던 것입니다. 이것이 바로 우리가 자기의 소명을 행하고, 또 그것을 행하기 위해 반드시 기억해야 하는 부분입니다. 즉 일상적이고 평범한 일을 잘 하기 위해 항상 노력해야 한다는 것이지요. 예수님께서 산에 올라가 제자들 앞에서 변화하신 사건은 내게 소명이 무엇이라는 것을 가르쳐 주었습니다.

소명은 평범한 일상의 일을 하나님께 맡기면서 그분께 우리가 그것을 변화시킬 수 있도록 도와주실 것을 구하는 것입니다. 그것은 세상의 평화를 구현하는 것과 같이 반드시 위대한 일을 하는 것이 아니어도 됩니다. 그것은 슈퍼마켓의 점원으로 자기의 역할을 충실히 감당하는 것이 될 수도 있습니다. 그것은 우리가 자기의 의무를 얼마나 독특한 방법으로 행하느냐의 여부에 있습니다."

## 실제 평가하기

우리는 서두에서 본 책이 단순히 식탁 위에 빵 조각을 올려놓는 것과 같은 것이 아니라 자기의 일을 보다 더 훌륭하게 감당하기 원하는 자들을 위해 쓰여졌다는 것을 언급하였다. 본 책은 우리로 하여금 자신의 소명을 발견하여 하나님을 존귀케 하고 영향력을 극대화하는 삶을 살도록 돕고자 집필되었다. 그런데 이러한 소명들은 우리에게 있어 대부분 하나님을 위한 "사역"으로 간주되지 않는 것이 일반적인 현상이다. 그러면 이것에 대해 잠시 생각해 보자.

당신이 살고 있는 지역에서 대다수의 사람들이 하나님의 "사역"으로 간주하는 직업에 종사하는 이들이 얼마나 되는가? 그리고 전통적으로 하나님을 위한 "사역"으로 간주되지 않는 직업에서 일하는 사람은 얼마나 되는가? 마지막으로, 자기의 일에 대해 그것 — 다른 사람들이 어떠한 고정 관념의 시각을 갖고 보느냐는 문제와는 무관하게 — 을 하나님의 "사역"으로 간주하는 사람이 얼마나 되는가?

본 책의 각 장이 설명하고 있는 것처럼, 그리스도를 믿는 사람들은 삶 가운데 신앙과 노동을 분리시켜 생각해서는 안된다. 그리스도인은 그 것들을 동일한 관점에서 보아야 하며, 그것이 바로 성경이 우리에게 주는 명령이기도 하다. 우리는 또 성경의 지혜와 성령의 인도하심을 통해 자기의 일이 영원히 의미 있는 것이 되도록 하기 위해 힘써야 한다.

본 책의 각 장은 우리가 이것을 어떻게 시작할 것인지에 대해 훌륭하고도 실질적인 조언을 제시해 주고 있다. 여러 가지 유익한 내용들 가운데 하나는 우리가 많은 이점들로부터 보편적인 견해를 얻어낼 수 있다는 사실이다. 그러나 우리는 "도처에서" 일관성과 연속성의 부족함을 느끼게 하는 불리한 면을 만나기도 한다. 이와 같은 분리 의식을 해소하고자, 우리는 무엇보다도 모든 내용을 통합시키는 진술을 하기 위해 노력하였다.

이러한 진술은 각 장의 메시지를 단순히 반복하는 차원을 넘어 저자들의 생각을 하나로 통일시켜 주고 있다. 우리는 그것들을 다음과 같은 4가지의 제목으로 나누어 생각할 수 있다. 노동의 목적, 소명의 필연성, 명료한 표현의 중요성, 차별의 가치.

### 노동의 목적

- 노동은 하나님께서 제정하신 하나의 특권임과 동시에 의무로, 인간에게 주어지는 유익한 제도이다.
- 노동은 경제적 욕구 외에 인간의 삶 가운데 수많은 필요한 것들을 충족시키기 위해 하나님에 의해 계획된 것이다.
- 시장에서의 활동 기회와 훈련과 압력은 그리스도 안에서의 지속

적인 배움과 성장과 성숙에 있어 매우 중요한 역할을 한다.
- 시장에서의 혹독한 체험을 통해 배우는 교훈은 종종 삶의 다른 부분에도 적용이 된다.

### 소명의 필연성
- 우리의 삶 가운데 있어 그리스도의 부르심에 대한 개인적이고 분명한 이해가 절대적으로 필요하지만, 그것을 안다는 것이 아주 어려울 때가 있다.
- 만약 우리가 그리스도께서 우리를 부르신 일을 하고 있다면, 우리의 일은 곧 그분의 일이 되며, 우리의 직업은 그분의 영원한 계획을 성취하는 데 기여한다.
- 소명과 건전한 노동 윤리 사이에는 중요한 관계가 있다.
- 자신의 업무 능력을 포함하여 직무에 대해 정기적으로 평가하는 것은 일에 대한 만족도와 삶의 영향력을 높이는데 기여한다.

### 명료한 표현의 중요성
- 직업을 성스러운 것(sacred)과 속된 것(secular)으로 구분하여 표현하는 것을 포함하여 노동의 종류에 따라 순위를 정하는 것은 인간이 만들어낸 것으로 성경의 원리와 정반대가 된다.
- 성경이 성공적인 직장 생활에 대한 기준을 제시해 주고 있지만, 하나님께서 명령하시는 것과 노동 환경이 요구하는 것 사이에는 종종 엄청난 긴장 상태가 발생한다.

### 차별의 가치

- 우리에게 빛과 소금이 되라는 명령은 아마 그리스도를 기피하는 사람들이 많은 직종에서 일하라는 것을 의미할 것이다.
- 성경에 설명되고 묘사되어 있는 리더십 기술은 인도를 받는 사람들의 삶 가운데 의미 있는 변화를 일으키라는 중요한 명령으로 일반적인 인간의 행동과는 차이가 있다.
- 직장 안에서의 신앙 생활은 우리를 지도자로서 평범한 사람들과 구분시키는 내적인 변화를 가져다 줄 수 있는 것이 되어야 한다.

### 실천에 옮기기

그렇다면 지금부터 우리가 취해야 할 행동은 무엇인가? 나는 본 책의 5가지 분야를 중심으로 다음과 같은 몇 가지의 행동 지침을 제시하고자 한다.

**기초** : 직장 생활의 기초를 예수님과의 개인적인 관계에 두도록 하라.

캔 블랜차드 Ken Blanchard는 기업 경영에 있어 세계적으로 유명한 강연가, 저술가, 강사였다. 이러한 것들이 그를 더욱 위대한 사람으로 만들었다. 정상에 우뚝 선 그는 어떻게 해서 자기가 그 자리에 오르게 되었는지에 대해 자못 의구심을 가졌다. 그는 정말 그렇게 위대한 사람이었을까? 그는 자기가 성공하기까지의 과정에 있어 어떤 위대한 힘이 작용하고 있었다는 사실을 전혀 의식하지 못하였다. 그것에 대해 생각할수록, 그에게는 더 많은 궁금증이 더해지기 시작하였다. 그런데 이러한 질문들은 그로 하여금 마침내 그리스도 안에서만 찾을 수 있는 답변에 이르게 하였다.

블렌차드는 밥 버포드나 빌 하이벨스, 그리고 필 하지스와 같은 친구들의 인도로 하이벨스가 "3인 컨설팅 회사 — 성부 하나님께서 처음 시작하시고, 성자 하나님께서 그대로 사셨으며, 성령 하나님께서 오늘날 경영 관리자가 되신 —"라고 칭한 곳에 입사하기로 하였다.

"블랜차드 훈련과 개발"을 위한 "최고의 영적 사관"이라는 명칭을 쓰고 있는 블랜차드는 이미 「1분 동안의 경영인」 The One Minute Manager과 같은 베스트셀러를 이미 저술했거나 또는 공동 집필하였다. 그는 한때 동기 유발에 대한 강사로 널리 알려진 인물이다. 그러나 그가 자신의 일에서 진정 성공했다고 말할 수 있는 것은 그리스도를 영접한 후부터였다.

블랜차드는 실제로 이렇게 말하였다. "나는 사람들이 세상적인 성공만을 추구한다면, 영적으로 진정 가치 있는 것을 얻기란 절대 불가능하다는 사실을 깨달았습니다. 그러나 우리가 영적으로 가치 있는 것에 관심을 기울일 때는, 세상적인 성공도 누릴 수가 있습니다."

**장애물 :** 순결한 삶을 사는 것이 힘들다거나 열심히 일해야 할 동기가 사라질 때도 결코 포기하지 마라.

대기업의 세무 담당 변호사인 래리 랑돈은 회사의 부사장이 불법적인 판매 행위를 하려 한다는 것을 알아차렸다. 랑돈은 그에게 솔직히 말해 주었다. "이런 행동을 하면 교도소에 가게 된다는 것을 명심해야 합니다."

랑돈은 훗날 The Life@Work Journal과의 인터뷰에서 "내 말에 그는 몹시 불안해 했지요."라고 말하였다. 랑돈은 마침내 회사를 떠날 당시의 자신의 심경을 솔직하게 고백하였다.

랑돈은 이렇게 말하였다. "정직한 행동에는 반드시 대가가 요구됩니다. 그러나 마침내는 바르게 행동한 것이 지혜로웠다는 사실을 깨닫게 되지요." 그리스도를 믿는 사람들은 직장 생활 가운데 많은 장애물을 만난다. 그러한 것들은 특히 하나님께서 우리에게 원하시는 것과 직장에서 요구하는 것의 대립으로부터 비롯되는 경우가 대부분이다. 그러나 랑돈이 지적했듯이 우리는 하나님의 방법대로 행한 것이 옳다는 것을 마침내 깨닫게 된다. 물론 그렇지 않은 경우도 있지만 말이다. 그러나 영원의 관점에서 볼 때 올바른 행동에는 결코 후회가 없다.

**도구 :** 자신의 직업에 대한 발전을 위해 성경과 그 밖의 다른 활용 가능한 자료를 통해 평생을 배우는 일에 시간을 바쳐라.

위대한 신학자인 해리 아이런사이드가 점점 시력을 잃어가고 있을 때, 두 제자가 찾아와 그의 조교로 일하게 해달라고 부탁했다. 그들이 한 일은 무엇보다도 아이런사이드의 편지를 대필하고, 그를 대신해서

운전하는 것이었다. 그래서 아이런사이드가 종종 텍사스 주의 달라스에서 타일러로 여행을 할 때면 제자들이 대신 운전을 하였다.

그 중 한 학생이 하워드 헨드릭스였는데, 그가 성경에 해박한 지식을 갖고 있는 하나님의 신실한 자녀와 함께 차 안에서 많은 시간을 보낼 수 있었던 것은 결코 우연이 아니었다. 저명한 교수요 강사며 신학자인 헨드릭스는 훌륭한 지도자를 의도적으로 찾아왔던 것이다.

한번은 헨드릭스가 달라스 신학교에 있는 그의 연구실에서 다음과 같이 말하였다. "저는 제가 원하는 것을 갖고 계신 분이 과연 어떤 분일까 궁금했었습니다. 그래서 '어떻게 하면 그분과 함께 있을 수 있는지' 그 방법을 궁리했었지요."

헨드릭스는 자기보다 앞서 그 길을 간 사람들이 반드시 있으며, 그들을 찾아 그들에게서 배우는 것은 전적으로 자신에게 달려 있다는 것을 알고 있었다.

**주도하라** : 하나님께서 주신 리더십을 발휘할 기회를 받아 들이고 그것의 영향력을 극대화시켜라.

윌리엄 윌버포스가 그의 초기 정치 활동 시절에 2가지를 반드시 실현하고자 했을 때, 지각 있는 사람들은 그에게 2가지 중 어느 한 가지도 가당치 않다고 말해 주었을 것이다. 그의 "위대한 목적" 가운데 하나는 영국 사람들의 "획기적인 예절의 변화"가 일어나는 것을 보는 것이었다. 그리고 다른 한 가지는 대영 제국 전역에서 노예제도가 폐지

되는 것을 보는 것이었다.

노예제도의 폐지를 위한 운동이 시작되었다. 이때 위대한 설교가인 존 웨슬리로부터 그것은 기적이 아니고는 절대 불가능하다는 말을 들은 윌버포스에게는 두려움이 엄습해 왔다. 웨슬리의 말은 그에게 경고와 동시에 권면의 역할을 하였다. 웨슬리는 그에게 다음과 같은 내용의 서한을 보냈다. "만약 하나님께서 이 일을 위해 당신을 세우지 않으셨다면, 당신은 인간과 악한 세력의 반대에 부딪쳐 넘어질 것입니다. 그것은 하나님께서 당신을 반대해도 마찬가지일 것입니다."

윌버포스는 이것을 위한 싸움에 47년이란 세월을 바쳤으며, 그가 죽은 지 3년 후인 1833년 마침내 노예제도가 폐지되었다. 하지만 그것은 대영 제국 뿐 아니라, 아프리카와 인도, 그리고 미국에까지 영향을 주었다. 전기 작가인 존 팔로크의 말처럼, "도덕적 타락과 신앙적인 불신이 만연해 있는" 사회에서 윌버포스는 대중적인 인기를 주도해 나가는 사람들로부터 호감을 사는 행동을 일으키는 중요한 역할을 하였다. 그것은 기업의 운영과 정부의 통치 방식에 커다란 변화의 바람을 가져왔다.

팔로크는 자신의 책에 다음과 같이 기술하고 있다. "어떤 약점이 있는 것은 사실이지만, 19세기 영국에서의 공공 생활은 인격과 도덕, 정의를 강조하는 것으로 유명했으며, 또한 영국의 기업 세계는 정직하기로 유명했다." (A Man Who Changed His Times, by John Pollock, The Trinity Forum Reading, Spring 1996)

우리는 여기에서 하나님을 의지하는 지도자의 영향력을 과소 평가해서는 안 된다는 교훈을 깨달아야 한다.

**미래** : 당신이 하는 일과 직업에 대한 선택을 최근 예수님께서 부르신 소명과 비교해 평가하고, 앞으로의 방향을 정하라.

레이몬드 리는 미국 대도시 빈민가의 참담한 실상을 보고는 지구의 반바퀴를 돌아 가난에 시달리고 있는 인도의 거리로 가기로 마음 먹었다.

리는 이렇게 말하였다. "인도에서는 수 천 마리의 살진 소가 돌아다니고 있지만, 캘커타에서는 수 천 명이나 되는 사람들이 죽어가고 있다. 그것의 중요한 원인은 자원에 대한 문제에 있지 않다. 그것은 당신이 세상을 어떻게 바라보고, 당신의 청지기적인 사명을 어떻게 감당하느냐 하는 데 있다. 올바른 세계관을 가질 때 자원을 제대로 할당받게 된다."

리와 그의 몇몇 친구는 성경의 원리에 의해 경영되며 낡은 빌딩에 대한 전문 수리 업체인 "오아시스 개발기업"이란 부동산 개발 회사를 창설하였다.

리는 다음과 같이 말하였다. "우리는 큰 재정적 환원을 위해 투자하고 있지만, 우리는 또 모든 사람에게 유익을 주는 치밀한 투자 전략의 발견에도 지대한 관심을 갖고 있습니다. 그렇게 할 때 많은 이익이 돌아오고, 또 그리스도의 몸이 하나됨을 보여주게 되지요."

이러한 일을 통해 리와 그의 팀 동료들은 투자자와 시와 주 및 정부의 고위층 인사, 그리고 도시의 재개발로 유지비가 적게 들면서도 잘 단장된 주택에서 사는 저소득층에게까지도 그리스도를 나타내

주고 있다.

리가 꼭 필요한 일에 마음을 갖게 된 것은 그리스도에 대한 신앙 때문이었다. 그는 자신의 기술과 능력으로 자기의 도움을 필요로 하는 사람들에게 도움을 줄 수 있는 자기만의 독창적인 방법을 발견한 것이다. 그런데 무엇보다도 중요한 것은 그가 이런 필요를 돕고자 실천에 옮겼다는 사실이다.

## 조언

지금까지 본 책에 작품을 기고한 저자들에게서 배운 것처럼, 직장 생활은 우리에게 새로운 발견을 위한 다양한 기회를 제공한다.

하나님께서 우리에게 어떤 은사를 주셨는지, 이 시대에 하나님께서 갖고 계신 그분의 계획을 실현하는 법을 발견할 수 있게 한다. 성경은 이것을 가리켜 **소명(calling)**이라고 부른다.

직장에서 하나님의 대리자로 어떻게 구별된 행동을 해야 할 것인지를 깨닫게 한다. 성경은 이것을 가리켜 **지도력(leading)**이라고 부른다.

우리로 하여금 자신의 삶 가운데 직장에서 보내는 100,000시간 이상의 긴 기간 동안 성령께서 역사하시도록 허락하는 법을 깨닫게 한다. 성경은 이것을 가리켜 **성숙(growth)**이라고 말한다.

근로 환경 속에서 우리에게 종종 나타나는 어렵고, 힘든 것들을 대해 어떻게 해결해야 할 것인지 비결을 깨닫게 한다. 성경은 이것을 가리켜 **인내(perseverance)**라고 말한다.

일할 때에도 그리스도 — 곧 그분의 능력과 은혜와 사랑과 보장 — 께 집중할 수 있게 한다. 성경은 이것을 가리켜 **예배(worship)**라고 부른다.

가수겸 대중 가요 작곡가인 스티븐 컬티스 채프먼 Steven Curtis Chapman은 그의 가장 유명한 곡 중 하나에서 그리스도인의 삶을 위대한 모험에 비유하고 있다. 실제로, 우리의 직장 생활은 소명과 성숙에서 인내와 예배에 이르기까지 모든 것이 위대한 모험의 일부이다.

트럭 운전사에서 기업의 최고 경영자에 이르기까지, 농장 노동자에서 대통령에 이르기까지, 가정 주부에서 목사에 이르기까지 하나님께서는 그분의 영광을 위해 먼저 우리를 부르신다.

따라서 나는 이 신나는 모험에 당신이 동참하기를 바란다!

The editors of The Life@Work Journal wish to gratefully acknowledge the following publishers for the permission to reprint copyrighted materials.

Cook Communications Ministries for "Human Labor: Necessarily Evil or God's Design" from Christians in the Marketplace by Bill Hybels, copyright © 1992 by Cook Communications. Copied with permission. May not be further reproduced. All rights reserved.

NavPress for "Working for God - His Work, His Way, His Results" from Your Work Matters to God, copyright © 1987 by Doug Sherman and William Hendricks. Used by permission. All rights reserved.

The Free Press, a Division of Simon & Schuster, Inc., for "What Is a Calling?" from Business as a Calling: Work and the Examined Life by Michael Novak, copyright © 1996 by Michael Novak. Reprinted by permission.

Word Publishing for "Combating the Noonday Demon" from The Call by Os Guinness, copyright © 1998 by Os Guinness. For "Something's Not Working" from Why America Doesn't Work by Charles Colson and Jack Eckerd, copyright © 1991. And for "Vision: Seeing Beyond Mediocrity" from Living Above the Level of Mediocrity by Charles Swindoll, copyright © 1990.

Thomas Nelson Publishers for "Common Tensions Believers Face" from Believers in Business by Laura Nash, copyright © 1994. For "Basic Biblical Minimums" from Business by the Book by Larry Burkett, copyright © 1998. And for "The Extra Plus in Leadership: Attitude" from Developing the Leader Within You by John Maxwell, copyright © 1998.

Zondervan Publishing House for "Learning Is Everybody's Business" from The Soul of the Firm by William Pollard, copyright © 1996 by The Service Master Foundation. Used by permission. For "Staying in the Game, but Adjusting the Plan" from Halftime by Bob Buford, copyright © 1994 by Robert P. Buford. Used by permission. And for "Salt: Make Use of It" from Roaring Lambs by Bob Briner, copyright © 1993 by Bob Briner. Used by Permission.

Hyperion, an imprint of Buena Vista Books for "Introduction," "The Selection Process," "He Did Not Kick the Donkey." and "He Said Why Not Me?" from Jesus, CEO by Laurie Beth Jones, copyright © 1995 by Laurie Beth Jones. Reprinted by permission.

Doubleday, a division of Random House, Inc., for "What Is Leadership?" from Leadership Is an Art by Max DePree, copyright © 1987 by Max DePree. Used by permission.

### 세상과 구별된 삶

2004년 3월 20일 초판 1쇄 인쇄
2004년 3월 30일 초판 1쇄 발행

지 은 이 | 빌 하이벨스 외
옮 긴 이 | 조용만
펴 낸 이 | 윤순식

펴 낸 곳 | 도서출판 청우
등록번호 | 제 8-63호
주    소 | 경기도 고양시 일산구 장항동 573-28
전    화 | 031) 906-0011
팩    스 | 031) 905-0288
e-mail  | cwpub@korea.com
주 문 처 | 열린유통

편집책임 | 백승선
편    집 | 변혜정
마케팅팀 | 이성현, 김용환

값 12,000원
ISBN 89-85580-52-3    03230
잘못된 책은 서점에서 바꾸어드립니다.